Maria na Liturgia
e na piedade popular

Direção editorial
Claudiano Avelino dos Santos

Coordenação de revisão
Tiago José Risi Leme

Capa
Marcelo Campanhã

Editoração, impressão e acabamento
PAULUS

Seja um leitor preferencial **PAULUS**.
Cadastre-se e receba informações sobre nossos lançamentos e nossas promoções:
paulus.com.br/cadastro
Televendas: **(11) 3789-4000 / 0800 016 40 11**

1ª edição, 2017
1ª reimpressão, 2021

© PAULUS – 2017

Rua Francisco Cruz, 229 • 04117-091 – São Paulo (Brasil)
Tel.: (11) 5087-3700
paulus.com.br • editorial@paulus.com.br

ISBN 978-85-349-4616-2

Pe. Valdivino Guimarães, C.Ss.R. (org.)

Maria na Liturgia e na Piedade Popular

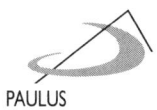

Sumário

Agradecimento 6

Prefácio 7

Apresentação 11

MARIA NO CONTEXTO DA EVANGELIZAÇÃO
DA IGREJA À LUZ DO VATICANO II 15
Irmã Lina Boff

RESGATAR A HUMANIDADE DE MARIA COMO PROFETISA
É COLOCAR AS GRANDES QUESTÕES DO FEMININO 31
Irmã Lina Boff

A MÃE DO SENHOR NO ANO LITÚRGICO 59
Penha Carpanedo, pddm

MARIA NOS TEXTOS EUCOLÓGICOS 71
Frei Alberto Beckhäuser, ofm

EVANGELIZAÇÃO E APARECIDA: ATRAVESSAR DESERTOS,
LANÇAR AS REDES EM ÁGUAS PROFUNDAS 87
Ir. Afonso Murad

A DIMENSÃO CELEBRATIVA DA AVE-MARIA 113
Monsenhor João Alves Guedes

A DIMENSÃO CELEBRATIVA DO ROSÁRIO MARIANO 117
Luís Felipe C. Marques, OFMConv.

O *MAGNIFICAT* COMO PARADIGMA DE LITURGIA INTEGRAL ... 131
Pe. Valney Augusto Rodrigues – Pe. Antonio Marcos Depizzoli

CANTOS MARIANOS: LITURGIA E DEVOÇÃO 147
Joaquim Fonseca, ofm

LITURGIA DAS HORAS E OFÍCIO DIVINO:
O LUGAR DE MARIA 155
Pe. José Humberto Motta

NA SALA DAS PROMESSAS OU DOS MILAGRES
EM APARECIDA: A EXPERIÊNCIA HUMANA
DE SALVAÇÃO E GRATIDÃO 165
Frei José Ariovaldo da Silva, ofm

SIGNIFICADO DA ROMARIA COMO ESPAÇO DE ÊXODO 187
Pe. Alexandre Awi, ISch

CONSIDERAÇÕES SOBRE A CONSAGRAÇÃO
A NOSSA SENHORA 205
Pe. Antonio Elcio de Souza

O "NOVO LECIONÁRIO MARIANO".
A BÍBLIA, FONTE PERENE DA MARIOLOGIA LITÚRGICA 217
Prof. Dr. Dom Rafael Maria Francisco da Silva, osb

O LUGAR DE MARIA NO ESPAÇO CELEBRATIVO 233
Cláudio Pastro

Agradecimento

Nossa missão junto à Academia Marial de Aparecida só se torna profícua graças à intercessão da Virgem Maria e ao trabalho árduo de tantos que caminham conosco.

Não teríamos conseguido colocar esta obra em vossas mãos caso não tivéssemos contado com trabalho acurado dos autores dos textos contidos nela.

Gratidão é um sentimento que não nos pode faltar. Sem distinção, agradecemos a todos os que contribuíram para este trabalho.

Nossa gratidão especial a dois autores que, antes da impressão deste livro, partiram para junto de Deus: Frei Alberto Beckäuser, ofm, e Cláudio Pastro, que dedicaram suas vidas ao serviço da Liturgia da Igreja no Brasil.

Prefácio

Congratulo-me com a Academia Marial de Aparecida por presentear-nos com mais um livro sobre Maria, Mãe de Deus e nossa. O tema central da obra é: *Maria na Liturgia e na piedade popular*. Eis um tema tão necessário para a vida e a pastoral da Igreja no Brasil. Esta feliz e sábia iniciativa merece nossas congratulações e nosso agradecimento. Precisamos aprofundar nossos conhecimentos marianos, litúrgicos e devocionais. O livro veio em boa hora.

Acolhamos, leiamos e divulguemos esta obra teológica, em que competentes teólogos e pastoralistas nos ajudam a conhecer e amar, cada vez mais, Maria, Mãe de Deus, Mãe da Igreja, nossa Mãe.

O livro faz parte das comemorações dos 300 anos do encontro da imagem de Nossa Senhora Aparecida nas águas do rio Paraíba e do Ano Mariano Nacional. Sobre Maria na Liturgia, o Concílio Vaticano II ofereceu uma profunda reflexão na Constituição Dogmática *Lumen Gentium*.

Por outro lado, fomos agraciados pelo Papa Paulo VI com a Exortação Apostólica *Marialis Cultus* (o Culto à Virgem Maria), de 1975. Outro tesouro a respeito de Maria na Liturgia é a coletânea de Missas de Nossa Senhora e o respectivo Lecionário. Rezar como Maria é uma tarefa urgente em nossos dias.

Celebrando o ciclo anual dos mistérios de Cristo, mistérios da salvação, a Igreja venera, com especial amor, Santa Maria, Mãe de Deus, que está unida com vínculo indissolúvel à obra salvadora de seu Filho. Claros testemunhos de piedade para com a Mãe do Senhor se encontram no Missal Romano, no livro da Liturgia das Horas, em outros livros litúrgicos e nas Orações Eucarísticas.

A Igreja celebra os fatos da salvação, nos quais Maria, pelo desígnio salvífico de Deus, participou em vista do mistério de Cristo. Na sagrada Liturgia, os fiéis são convidados à imitação da Santíssima Virgem, por causa da fé e da obediência com que aderiu amorosamente ao plano da salvação. O exemplo de Maria brilha na ação litúrgica e impele o povo de Deus a conformar-se à Mãe, para mais plenamente se conformar ao Filho.

Quanto à religiosidade popular, os Documentos de Aparecida e da CNBB, como também a Exortação Apostólica *Evangelii Gaudium*, do Papa Francisco, constituem, por si só, um manancial de espiritualidade, de teologia e de práticas pastorais, sobre a devoção mariana. A Mensagem dos Bispos do Brasil, comemorando a celebração do Ano Mariano, privilegiou e enfocou a religiosidade popular. Tomo a liberdade de transcrever, na íntegra, a referida Mensagem:

"Eis aí tua mãe" (Jo 19,27)

Daqui de Aparecida, junto ao Santuário Nacional, nós, Bispos do Brasil, reunidos na 55ª Assembleia Geral da CNBB, saudamos a todos com as palavras do Anjo a Maria: "Alegra-te, cheia de graça, o Senhor está contigo" (Lc 1,28). Alegremo-nos, pois o Senhor fez conosco maravilhas! Estamos celebrando os 300 anos do encontro da imagem de Nossa Senhora da Conceição Aparecida nas águas do rio Paraíba do Sul. "Aparecida é o lugar onde pulsa o coração católico do Brasil" (São João Paulo II, na dedicação do Santuário Nacional, 1980). Comemoramos, também, os 100 anos da aparição de Nossa Senhora em Fátima, os 10 anos da canonização do primeiro santo nascido no Brasil, Frei Galvão, e os 10 anos da Conferência e do Documento de Aparecida. "Deus benigníssimo, sapientíssimo, misericordiosíssimo, para redimir o mundo, pensou em Maria" (LG 52).

O Ano Mariano Nacional e a visita da imagem de Nossa Senhora Aparecida às nossas dioceses estão produzindo frutos. Em nossas comunidades, acontece uma jubilosa manifestação da fé, um florescimento da esperança e um revigoramento da caridade. Maria nos aproxima de Jesus e da Igreja, reúne a nós, seus filhos e filhas, fomentando entre nós a irmandade, a comunhão e a solidariedade. Por ocasião deste Ano Jubilar, agradecemos a Deus o testemunho de fé de todos os romeiros e devotos de Nossa Senhora Aparecida, bem como a presença, o trabalho e a missão dos Missionários Redentoristas, desde 1894, no Santuário Nacional, casa da Mãe e de cada brasileiro.

A piedade mariana tem caracterizado o catolicismo brasileiro, desde as origens da nossa história. Trata-se de um precioso tesouro, uma força evangelizadora, um testemunho de fé inculturada: "Se alguém quiser saber quem é Maria, vá aos teólogos. Se quiser saber como amar Maria, vá ao povo" (Papa Francisco, *Homilia em Santa Marta*, 25/3/2013). O Santo Padre valoriza e promove a piedade popular com um profundo e afetuoso testemunho de devoção mariana. Quantos de nós fomos evangelizados pela piedade mariana de nossas mães e pais, catequistas, lideranças de nossas comunidades, consagrados e consagradas, presbíteros e bispos.

Para muitas pessoas e famílias, a devoção mariana facilita o relacionamento pessoal e filial com a Mãe de Deus, ajuda a sentir sua ternura, misericórdia, proteção e intercessão. Maria desperta a vocação missionária do seguimento de Jesus. Assim, são atraídos para Deus, filhos, parentes, amigos, vizinhos, como também os afastados, os que de boa vontade procuram a Deus, os incrédulos e a própria sociedade: "A piedade mariana é um vínculo resistente de manter fiéis à Igreja setores que carecem de atenção pastoral adequada" (*Documento de Puebla*, 284). A piedade popular é um caminho importante de evangelização, mantendo-se fiel à Palavra de Deus, à comunidade eclesial e à tradição da fé católica. Para isso, podem contribuir muito teólogos, presbíteros, religiosos(as), líderes de movimentos eclesiais, de modo especial os dos movimentos marianos, coordenadores de comunidades e pastorais...

Em Maria, Mãe e modelo da Igreja, os cristãos leigos e leigas se alegram por compreender o que são para Deus, o que Deus realiza neles e como são chamados a fazer de sua vida um serviço aos irmãos e irmãs. Ela é a melhor e mais perfeita discípula da Palavra e nos diz: "Fazei tudo o que Ele vos disser" (Jo 2,5). Maria nos estimula a escutar, assimilar, pensar, falar e agir conforme as Sagradas Escrituras. Assim, podemos dizer: "Faça-se em mim, segundo a tua Palavra" (Lc 1,38), e percorrer o caminho da serva do Senhor.

Ao escolher Maria, Deus dignifica e engrandece a mulher. É necessário ampliar os espaços para uma efetiva presença feminina na Igreja, na sociedade e em todos os lugares onde se tomam decisões importantes para a defesa e a promoção da vida. Maria, nossa Mãe, dá à luz a nova humanidade, um novo mundo. Um coração materno suscita um espírito fraterno e acolhedor.

No Cântico *Magnificat* de Maria encontramos inspiração e coragem para reavivar as obras de misericórdia, a centralidade das bem-aventuranças, a dimensão social e profética do Evangelho. Nessa oração, Maria nos ensina a olhar com olhos misericordiosos os aflitos, os oprimidos, os pobres, os humildes, os pecadores e os desorientados, comprometendo-nos com eles. A autêntica devoção mariana leva a romper as correntes da escravidão, de ontem e de hoje. Consola-nos ver que Maria, serva de Deus, assume a fisionomia do povo a quem ela se manifesta: "Mulher forte, Maria conheceu a pobreza e o sofrimento, a fuga e o exílio" (Paulo VI, *Marialis Cultus*, 37). Chora nossas lágrimas e participa de nossas alegrias. O coração do povo de

Deus exulta de gratidão pelas bênçãos e prodígios recebidos de Deus através da intercessão da Mãe de Deus e nossa.

A piedade mariana nos motiva a rezar o terço, especialmente em família; a visitar as casas, hospitais, presídios e periferias; a interceder pelos enfermos, pecadores, aflitos e por todos; a viver com alegria o cotidiano, a exemplo de Maria de Nazaré. Ela é saúde dos enfermos, refúgio dos pecadores, consoladora dos aflitos, auxílio dos cristãos: "Se as tentações, as tribulações, as ondas de orgulho, os desejos desordenados, o abismo da tristeza e o medo da condenação te abaterem, olha para a estrela e invoca Maria" (São Bernardo, *Homilia em louvor à Virgem Maria*).

Motivados pela graça do Ano Mariano, lancemos as redes em águas mais profundas, como discípulos missionários. Assim, haverá peixe em abundância, famílias recuperadas, saúde alcançada, corações reconciliados, vida cristã reassumida. Maria mantém viva a nossa esperança: "Em Aparecida, Deus deu a cada brasileiro sua própria mãe. Deu-nos uma lição sobre si mesmo, sobre a Igreja e sobre a humildade. Não podemos esquecer nem desaprender essa lição" (Papa Francisco aos Bispos do Brasil, Rio de Janeiro, julho de 2013).

"Nossa Senhora Aparecida, cuja imagem foi encontrada há 300 anos, ajudai a deixar-nos encontrar por vosso Filho Jesus, Água Viva. Volvei vosso olhar e estendei o vosso manto sobre cada um de nós, nossas famílias e nossa Pátria. Sim, *Mãe querida*, cuidai, protegei, intercedei em favor de todos. Ó mãe clemente, ó piedosa, ó doce sempre Virgem Maria, Rainha e Padroeira do Brasil, rogai por nós e mostrai-nos sempre Jesus."

Aparecida, maio de 2017.

Dom Orlando Brandes
Arcebispo de Aparecida
Presidente da Academia Marial de Aparecida

Apresentação

No começo da Carta aos Efésios, o apóstolo Paulo destacou que Deus nos escolheu desde toda a eternidade, "para sermos santos e íntegros diante dele no amor" (Ef 1,4). O mundo não existia, mas nós já existíamos no coração do Criador. Assim como cada um de nós, a Mãe de Jesus podia proclamar: Ele me predestinou à adoção como filha, "por obra de Jesus Cristo, para o louvor de sua graça gloriosa" (Ef 1,5-6).

Na história do mundo e da Igreja, Maria apareceu por ocasião da encarnação do Verbo: "O anjo Gabriel foi enviado por Deus... a uma virgem...[que] se chamava Maria" (Lc 1,26-27). Já na Anunciação, foi-lhe dado o primeiro elogio – aliás, o mais importante que recebeu, por vir da parte de Deus: Tu és "cheia de graça"; estás repleta dos favores divinos (Lc 1,28).

A primeira saudação que a Mãe de Jesus ouviu da parte de uma criatura partiu do coração de Isabel: "Bendita és tu entre as mulheres e bendito é o fruto do teu ventre" (Lc 1,42). Não sabemos se, além dela, alguém ouviu essa saudação de Isabel.

O primeiro elogio público a Maria foi feito por uma mulher, da qual nada sabemos, nem mesmo o nome. Escreveu Lucas: "Enquanto Jesus assim falava, uma mulher levantou a voz no meio da multidão e lhe disse: 'Feliz o ventre que te trouxe e os seios que te amamentaram!'" (Lc 11,27). Aquela mulher devia estar profundamente emocionada por conhecer Jesus. Somente uma mulher, ao aclamá-lo, pensaria em sua mãe e manifestaria admiração pelo ventre que o havia gerado e pelos seios que o haviam amamentado. Sem saber, a desconhecida deu origem ao que a Igreja chamaria, um dia, de piedade popular ou religiosidade popular mariana – uma religiosidade que atravessaria os séculos.

Na História da Salvação, a Liturgia ocupa um lugar de destaque, pois é principalmente por meio dela que "se exerce a obra de nossa redenção" (Concílio Vaticano II, *Sacrosanctum Concilium - SC, 2*). Mas "a vida espiritual não se restringe unicamente à participação na sagrada Liturgia" (*id.*, 12). O Espírito Santo encontra-se também na origem das manifestações religiosas do povo de Deus.

Piedade popular ou religiosidade popular é a maneira pela qual o cristianismo se encarna nas diversas culturas e se manifesta na vida do povo. Trata-se de diferentes manifestações culturais, de caráter privado ou comunitário, que, no âmbito da fé cristã, se exprimem não com os elementos da sagrada Liturgia, mas através de formas peculiares, que nascem do jeito do povo, de sua etnia ou de sua cultura (cf. Congregação para o Culto Divino e a Disciplina dos Sacramentos, *Diretório sobre piedade popular e Liturgia,* 9). Naturalmente, as expressões dessa piedade devem submeter-se às leis gerais do culto cristão e à autoridade da Igreja (SC, 13).

As manifestações da piedade popular referentes à Virgem Maria nasceram da fé e do amor do povo para com Jesus Cristo e da percepção da missão que Deus confiou a Maria Santíssima, em vista da qual ela não é somente a Mãe do Senhor, mas também a Mãe de todos os homens e mulheres. Maria ocupa um lugar privilegiado no mistério de Cristo e da Igreja, pois "ela está sempre presente na alma de nossos fiéis e impregna as profundezas do seu ser, assim como neles desperta externamente muitas expressões e manifestações religiosas" (Bem-aventurado Papa Paulo VI, Discurso aos Reitores de Santuários da Itália, 24/11/1976). De fato, "no âmbito da religiosidade popular, os fiéis compreendem facilmente a ligação vital entre o Filho e a Mãe. Sabem que o Filho é Deus e que ela, a Mãe, é Mãe também deles. Intuem a santidade imaculada da Virgem e, ainda que a venerando como Rainha gloriosa no céu, mesmo assim estão convictos de que ela, cheia de misericórdia, intercede em seu favor. Por isso, imploram com confiança seu auxílio. Os mais pobres a sentem particularmente próxima de si. Sabem que ela foi pobre como eles, que sofreu muito, que foi paciente e humilde. Têm compaixão de sua dor na crucifixão e morte do Filho e alegram-se com ela pela ressurreição de Jesus. Celebram com alegria suas festas, participam com entusiasmo de suas procissões, vão em peregrinação a seus santuários, gostam de cantar em sua honra e fazem-lhe ofertas. Não admitem que alguém a ofenda e instintivamente desconfiam de quem não a honra" (Congregação para o Culto Divino e a Disciplina dos Sacramentos, *Orientações e propostas para a celebração do Ano Mariano,* 03/04/1987, n. 67).

Se o tema da piedade popular é importante para quem quer conhecer o lugar de Maria na vida de um povo, mais o é para nós, latino-americanos. Afinal, como lembra o Documento de Aparecida: "A piedade popular penetra delicadamente a existência pessoal de cada fiel e, ainda que se viva em uma multidão, não é uma '"espiritualidade de massas"'. Nos diferentes momentos da luta cotidiana, muitos recorrem a algum pequeno sinal do amor de Deus: um crucifixo, um Rosário, uma vela que se acende para acompanhar um filho em sua enfermidade, um Pai-Nosso recitado entre lágrimas, um olhar entranhável a uma imagem querida de Maria, um sorriso dirigido ao céu em meio a uma alegria singela" (DAp, 261).

O X Congresso Mariológico, realizado em Aparecida - SP, de 2 a 5 de junho de 2016, promovido pela Academia Marial de Aparecida, ajudou-nos a conhecer melhor "Maria na Liturgia e na piedade popular". Desse Congresso nasceu este livro – um verdadeiro trabalho em mutirão, pois contém as palestras que nele foram proferidas. Tenho certeza de que, tendo uma visão histórica dessa religiosidade, conhecendo melhor a relação entre a Liturgia e a piedade popular mariana, aprofundando-nos nas principais expressões dessa religiosidade e, analisando os desafios que ela enfrenta, teremos melhores condições de nos voltar para Jesus Cristo e de proclamar, com alegria idêntica à da mulher anônima: "Feliz o ventre que te trouxe e os seios que te amamentaram!" (Lc 11,27).

Dom Murilo S. R. Krieger, scj
Arcebispo de São Salvador da Bahia e Primaz do Brasil
Vice-Presidente da CNBB

Maria no contexto da evangelização da Igreja à luz do Vaticano II

Irmã Lina Boff

O Concílio Ecumênico Vaticano II, pela primeira vez na história da Igreja, dedicou a Maria um capítulo inteiro da Constituição da Igreja *Lumen Gentium*. Dedicou o capítulo VIII dessa Constituição, colocado como coroamento da caminhada do povo peregrino que se direciona, na fé, na esperança e no amor, à Casa do Pai, que vive em seu mistério. Em qual contexto da evangelização da Igreja Maria foi colocada nesse capítulo?

Os parágrafos que abrem o capítulo VIII apresentam um contexto que se expressa na "plenitude dos tempos", contexto que envolve toda a ação de Maria de Nazaré ao longo de sua caminhada terrena. Por outro lado, o clima vivido pelo povo hebreu ainda está voltado para a experiência do Êxodo, que prolonga a expectação do Messias prometido pelos Profetas e aponta para uma libertação que venha realizar a esperança alimentada por séculos e milênios por esse povo.

Por fim, percebe-se e tenta-se viver um tempo novo de abertura da Igreja para o mundo e a sociedade, um tempo de inovação e de esperança.

A mãe do Messias no Antigo Testamento

O parágrafo 55 faz várias alusões a Maria de Nazaré na linhagem das mulheres do Antigo Testamento como de toda a humanidade (§ 55). Poucas pessoas que estudam a Sagrada Escritura escrevem sobre Maria de Nazaré a partir do Antigo Testamento. Começam sempre pelo Novo Testamento, como que esquecendo a origem primeira dessa santa mulher à qual o Vaticano II faz várias alusões como filha do Antigo Testamento. A *Lumen Gentium* por duas vezes afirma que Maria é sacrário do Espírito Santo, mas, ao mesmo tempo, está unida, na estirpe de Adão e Eva, com todas as pessoas a serem salvas (cf. LG 53). Não só, mas o § 55 descreve a História da Salvação que prepara a vinda de Cristo.

No § 56, que fala da Anunciação do Senhor, em que Maria responde seu SIM à interpelação de Deus, dá um exemplo para nós: Maria, como filha de Adão e Eva, consente na Palavra de Deus e, assim, se torna Mãe de Jesus. Nós também, ouvindo e obedecendo à Palavra de Deus, nos tornamos pessoas seguidoras de Jesus, como fez Maria. Pois, daí por diante, ela se dedicou, totalmente, à causa de seu filho. Nesse sentido, avançou no caminho da fé e manteve-se unida a Jesus para a salvação de toda a humanidade (cf. LG, 58).

O pecado de orgulho dos nossos primeiros pais, ao qual Maria está associada como todos nós, não a impediu de dizer seu SIM a Deus sobre o que Ele lhe pedia: ser a Mãe de seu Filho, o Salvador da humanidade toda. Por ter dito seu SIM ao Projeto do Pai, Maria aqui refulge para todos nós como aquela que foi concebida sem pecado, porque foi preservada, isenta do mal que se fez pecado pelo mau uso da liberdade humana.

Maria foi crescendo na fé e na santidade e entrando, intimamente, na História da Salvação. Essa é a primeira e mais importante cooperação de Maria, cujo ícone claro e evidente é a comunidade de fé que ela une e reúne em torno de seu filho, o Cristo da fé.

Nesse sentido, ela se torna, para nós, mãe na ordem da graça, porque, em toda a História da salvação, Maria está presente com sua cooperação, que continua estendendo-se e estende-se na milenar missão apostólica da Igreja.

As mulheres que precederam Maria de Nazaré

Cabe reconhecer que todas as filhas de Israel que tiveram um papel de cuidado amoroso, de guarda atenta e de libertação junto a seu povo, tiveram suas ressonâncias na Maria histórica do Novo Testamento e apontaram para a missão de Maria de Nazaré, porque ela vem desta linhagem. Aqui se podem citar, em primeiro lugar, as grandes mães:

> *Eva, a Mãe de todos os viventes* – a esposa que deu origem à maternidade inicial da humanidade, segundo a Sagrada Escritura. Admira-se nesta mulher a vocação de ser Mãe de todos os viventes da terra e conservar-se incólume em meio a tantas interpretações controvertidas.

Sara, nome que significa a princesa, esposa de Abraão – a mulher que, na sua idade avançada, contra a própria falta de sua fé e de sua esperança, dá descendência ao marido, dando à luz Isaac. O autor da Carta aos Hebreus interpreta o nascimento de Isaac como uma recompensa de Javé a Sara, que, mesmo tendo duvidado ao ser avisada desse fato, considerou fiel o autor da Promessa.

E, finalmente, Agar, a mulher que se antecede a Sara na descendência – com seu filho Ismael. O deserto no qual ela se encontra a sós com seu filho vem ligado ao nome de um poço com água. Essa figura aponta para o fato de que Deus não cessava de ver e compadecer-se de seu drama, porque esse Deus lhe estava próximo.

As grandes matriarcas

Destacamos o nome de algumas, tais como:

Maria, a irmã de Aarão

Maria, a profetisa, irmã de Aarão, tomou na mão seu tamborim, e todas as mulheres a seguiram com tamborins, formando coros de dança. E Maria lhes entoava: "Cantai a Javé, pois de glória se vestiu" (cf. Ex 15,20s). E desse jeito foi arrastando atrás de si todas as mulheres para render graças pela graciosa passagem de seu povo pelo mar Vermelho, sem nada lhes acontecer. O Cântico entoado por essa profetisa antecipa a irrupção das mulheres que tiveram contato e vivência com o Messias que pregava o Reino incluindo a todos nessa sua pregação, não só os órfãos, as viúvas e o estrangeiro, mas também as mulheres que não pertenciam à Aliança.

Maria, irmã de Aarão, evoca uma Maria histórica determinada com personalidade própria, como a que encontramos em Lucas, que dá a palavra a Maria de Nazaré. Por quatro vezes ela fala com sua autoridade de mãe. Na Anunciação, quando reage com uma pergunta de dúvida ao Anjo que lhe dá a notícia de sua maternidade messiânica. A seguir, depois da tensão vivida, totalmente acolhedora diz, consciente e livremente: "Eis aqui a Serva do Senhor" (cf. Lc 1,38).

Na perda de Jesus de volta para casa depois de celebrar a Páscoa em Jerusalém, mobiliza as mulheres e seus maridos com quem voltava para procurar seu filho. Ao encontrá-lo, não lhe poupa a chamada de atenção de que não devia fazer aquilo sem avisar seus pais. Ainda que tenha recebido uma resposta que não entendeu, prosseguiu na sua caminhada. E, finalmente, sua

palavra de orientação aos serventes nas bodas de Caná: "Fazei tudo o que Ele vos disser" (cf. Jo 2,5).

A irmã de Aarão mostra essa determinação e criatividade em tomar a dianteira e arrastar atrás de si todas as mulheres que aí se encontravam depois da passagem do mar Vermelho. Essas mulheres não se contentam apenas com o canto de Moisés e os israelitas querem fazer ouvir também sua voz de ação de graças. Nada sabemos se o canto de Maria, irmã de Aarão, que dançava e cantava com as outras mulheres, se reduziu a um estribilho ou se foi longo como o Canto de Moisés com os israelitas.

Rute, a mulher estrangeira

Esta também foi uma mulher ousada. Como tal episódio ressoa na vida de Maria de Nazaré? Ressoa no texto da genealogia em que damos de encontro com uma interrupção que traz a descendência matriarcal na frente da patriarcal, como mandava a Lei. A citação é clara: Jacó gerou José, esposo de Maria, da qual nasceu Jesus (cf. Mt 1). Cristo vem na contramão da História da Salvação e à margem de todo um povo que foi escolhido por Javé para ser sua herança.

Maria encontra-se fora da estrutura da Aliança, mas é por ela que o Cristo Salvador vem para toda a humanidade. A mulher – que naquele tempo era vista só como a procriadora de filhos e filhas, tendo como visibilidade o ventre crescido –, a partir de agora, inverte o andamento das coisas e das leis criadas e ditadas pelos patriarcas. A matriarca trouxe o Salvador, e não o patriarca.

Essa atitude mostra que Maria, longe de ser uma mulher passiva diante da própria lei que impede a caminhada histórica do povo, não duvidou em afirmar que o amor do Senhor se estende sobre aqueles que o temem (cf. MC 37).

Ana, mãe de Samuel

Ana aspirava a uma descendência. Ana faz sua oração diante do altar do Senhor no Templo. Essa oração é a fonte de Lucas, que coloca nos lábios de Maria o cântico de ação de graças de Maria de Nazaré.

Vamos escrever os versos e as expressões que mais se aproximam do *Magnificat*. Vejamos como Ana faz sua oração diante do altar do Senhor no Templo:

> O meu coração exulta em Javé,... a minha boca se escancara contra meus inimigos, porque me alegro em tua salvação. Não há Santo

como Javé, e Rocha alguma existe como o nosso Deus. Não multipliqueis palavras altivas, nem brote dos vossos lábios a arrogância... O arco dos poderosos é quebrado, os debilitados se cingem de força. Os que viviam na fartura se empregam por comida, os que tinham fome não precisam trabalhar... É Javé quem empobrece e enriquece, quem humilha e quem exalta. Levanta do pó o fraco e do monturo o indigente, para os fazer assentar-se com os nobres e colocá-los num lugar de honra... Ele guarda o passo dos que lhe são fiéis, mas os ímpios desaparecem nas trevas, porque não é pela força que o homem triunfa.

Essa súplica de Ana é considerada a continuidade da presença do Senhor na missão de cada mulher do Antigo Testamento, missão que irrompeu com a vinda de Jesus no meio de seu povo pelo Mistério da Encarnação.

A rainha Ester

O amor ao povo manifesta-se na atitude corajosa de Ester, que salva sua nação graças à sua intervenção, pois era jovem compatriota do seu povo. Para conseguir seu intento em favor do povo, a rainha Ester abandona suas vestes suntuosas, veste-se com roupas de aflição e luto, humilha-se e cobre seu corpo com os longos cabelos com que costumava adornar-se para aparecer em público com a fronte cingida pela coroa real. Em tal atitude, suplica ao Senhor Deus de Israel:

A nós e a meu povo, salva-nos, Senhor, com tua mão poderosa, vem em nosso auxílio, pois estamos sós e nada temos fora de ti, Senhor!... Tu sabes o perigo por que passamos...

E evoca o cântico de ação de graças de Maria de Nazaré, que proclama a realização da promessa do Senhor: a libertação de seu povo.

A juíza Débora

A palavra *Débora* quer dizer abelha. Ela visita todas as flores que pode para construir seu favo de mel. O simbolismo que traz em seu nome é muito rico: a abelha é organizada, laboriosa e infatigável. Não se submete porque tem asas e "canto". Sublima o seu trabalho em mel imortal o frágil perfume das flores. É o quanto basta para conferir elevado alcance espiritual daquilo que representa o mel, fruto de seu labor incessante, paralelamente, ao simbolismo temporal. Operárias da colmeia, elas asseguram a perenidade da espécie. "Imitai a prudência das abelhas", recomenda

Teolepto de Filadélfia, citando-as como exemplo na vida espiritual das comunidades monásticas.

Cabe sublinhar que, por causa de seu mel e de seu ferrão, a abelha é considerada o emblema de Cristo: por um lado, sua doçura e sua misericórdia, mas, por outro, o exercício de sua justiça na qualidade de Cristo-juiz (cf. *Dicionário de Símbolos*, José Olympio, p. 3-4).

A juíza Débora ressoa junto ao trabalho anônimo de tantas mulheres e se aproxima do povo que constitui as comunidades de fé, no labor e no suor de cada dia.

O Vaticano II e o atual pontificado

Em tempos de um pontificado que nos convoca a sairmos dos nossos lugares de missão para outros que apresentam maior urgência do anúncio da Boa Notícia trazida pelo Cristo ressuscitado, pode-se considerar que estamos retomando o espírito do Vaticano II, com suas múltiplas práticas ainda não conhecidas nem experimentadas por nós mesmos. Com esse objetivo, achamos por bem falar dos parágrafos 284 a 288 da *Evangelii Gaudium*.

A corajosa Maria de Nazaré na *Evangelii Gaudium*

Quando foi publicada a Exortação Apostólica *O Evangelho da Alegria,* ao terminar seu ensinamento, o Papa Francisco dedica vários parágrafos a *Maria como a Mãe da Evangelização*. Esse Papa colocou Maria no trabalho evangelizador. É uma tentativa de apresentar o alcance mariano-evangelizador das expressões e afirmações que o Papa faz de Maria evangelizadora nesses parágrafos citados. Mas, qual a concepção de evangelizar encontrada na *Evangelii Gaudium*?

O sentido que a Exortação explora da palavra *evangelizar* ou *evangelização*, de forma direta, é o de *comunicar*, isto é, o de fazer saber a todas as pessoas aquilo que foi revelado e que leva a tornar comum a Novidade anunciada, para que ela seja difundida na relação que se torna convívio, naquela relação que cria vínculo entre as pessoas, seja a pessoa que evangeliza, seja aquela que acolhe esse anúncio. Evangelizar comunicando é, portanto, estabelecer entendimento, troca de valores e experiências, manter o diálogo, ligar o que está desligado, unir o que está dividido.

Em tal processo, "Maria tinha seu jeito de evangelizar" como "Mãe da evangelização", isto é, como mulher que se aproxima para ficar junto ao povo, mas não sozinha, junto com o Dinamizador Espírito Santo enviado

pelo Pai. A novidade que ela traz é a chegada do filho dela, que é o Filho de Deus. Por isso, é uma evangelização que abrange todas as dimensões da vida humana e religiosa.

O jeito que Maria tem de evangelizar

Ela preside. A iconografia cristã apresenta Maria no centro da reunião dos apóstolos, aguardando o Consolador no dia de Pentecostes. O documento avança dizendo que era ela quem os reunia para a oração, o que tornou possível a explosão missionária que criou a Igreja de Jesus Cristo. Sem a atuação de Maria nessa explosão, não se pode compreender, cabalmente, o espírito da nova evangelização (cf. § 284). Por isso, ela é a mulher evangelizadora que atinge o ponto alto da Nova Evangelização ao pé da cruz, quando sua participação ao Mistério Pascal adquire uma dimensão universal (cf. MC 37).

Geradora da Nova Evangelização

A Nova Evangelização trazida por Maria é o discurso referente à evangelização inicial, à protologia, que percorre todo o caminho da História da Salvação até sua realidade última, a escatologia, ou melhor, a eternidade. A realidade primeira e a realidade última se reclamam e se identificam, mediadas pela própria História da Salvação. Maria foi a primeira redimida, isenta do pecado. Em primeiro lugar, Maria está presente na criação inicial, assim como a encarnação é o princípio da evolução do propósito de Deus de fazer com que toda a criação participe de sua vida divina como relação de amor (cf. Is 43,7). Em segundo lugar, deve-se considerar que Maria é a mulher das primícias desta evangelização inicial, um ato de puro amor. A dinâmica desse amor se derrama sobre todos os seres criados.

A encarnação, permitida pelo SIM de Maria, e a plenitude desta são a criação e a escatologia, pois constituem o caminho por excelência, para que toda a história se compreenda e se processe como criação em busca da plenitude. Este é o modo como o amor de Deus revelado em Jesus Cristo potencializa a maternidade de Maria, que, na História da Salvação, chega à sua plenitude com a vinda do Salvador.

Cabe lembrar aqui que o Papa Francisco cita o nome de algumas mulheres suas seguidoras e que a elas o texto atribui um componente bastante evangelizador. Basta lembrar Lc 8,1-3, com as mulheres que seguiam e serviam Jesus e os apóstolos, a Samaritana do evangelista João e tantas outras.

Ao aproximar essas mulheres de Maria, Estrela da evangelização, as mulheres de hoje continuam evangelizando, inspirando-se ou não na mulher que soube dar uma resposta ao problema dos séculos. Ela não parou nos problemas emergentes de todos os povos, mas foi além destes quando deu seu SIM ao Projeto do Pai, que envia seu Filho nascido de uma mulher, por obra do Espírito Santo.

Emergem como aspectos evangelizadores dois elementos que nos chamam atenção. O primeiro deles é o da *total doação* de Maria, que doa seu filho Jesus ao mundo. O segundo elemento é o da *continuidade dessa doação*, que se dá através de cada pessoa que vive junto ao povo para doar o mesmo Cristo a toda a humanidade. Esse é o processo de evangelização que se desencadeia.

Finalmente, estender a mão para a solução do imediato não significa esquecer, até mesmo com riscos de vida, a coragem profética de arriscar e lançar para mais fundo e mais longe o anúncio da continuidade.

Maria habita em cada pessoa pelos séculos dos séculos

Maria ultrapassa os tempos de sua morada em nós. A ousadia das palavras com que o Papa Francisco atribui a Maria esta ligação com toda a humanidade, que gera filhos e filhas para esta, o leva a citar um Padre da Igreja do século XII, o Beato Isaac da Estrela, num de seus sermões: "No tabernáculo do ventre de Maria, Cristo habitou durante nove meses; no tabernáculo da fé da Igreja, permanecerá até o fim do mundo; no conhecimento e no amor da alma fiel, Maria habitará pelos séculos" (285). Em tal concepção, Maria se torna lugar da Palavra anunciada pelo Povo que a cultua e lhe presta veneração.

Para o Bem-aventurado Isaac, abade do Mosteiro da Estrela, do século XII,[1] Maria é figura da Igreja e sua realização se dá nas bodas que Deus realiza com seu povo. O pensamento desse abade nos apresenta *Maria e a Igreja* em dois pontos fundamentais que inspiram uma espiritualidade de natureza mariana.

Maria se encontra no mistério de Cristo e no mistério da Igreja. A penetração nesse mistério, de Cristo e da Igreja, se dá pelo coração; assim, Maria foi chamada a dar forma humana ao mistério de Deus enquanto comunidade

---

[1] *L'ora di lettura*/1, 173-174: Inglês de nascimento, mas francês de formação, Isaac vive em vários mosteiros antes de se tornar abade em 1145. Funda um mosteiro com o intento de seguir com rigor a regra de São Bernardo, do qual segue o mesmo caminho. Sua reflexão teológica se inspira no tema das núpcias de Deus com a humanidade, na Igreja. Morre em 1169 no mosteiro em que viveu.

divina, através da Encarnação. Se o mistério de Cristo tem sua origem em Deus (Cl 2,2-3), a manifestação dele se deu em Maria de Nazaré.

À luz do mistério de Cristo, pode-se falar da inserção de Maria no mistério da Igreja, pois Cristo está presente nesta através da vida de seu povo. A Mãe desse povo é Maria, que, junto com a Igreja, forma uma só Mãe e muitas mães; uma só Virgem e muitas virgens. Maria e a Igreja concebem, virginalmente, do mesmo Espírito, sem excluir a grandeza da maternidade humana.

Transformadora de situações complexas

Em Belém, Maria consegue fazer de um curral doméstico de animais uma casa acolhedora para seu filho. É um novo nascimento que se inicia no mundo. O parágrafo 286 diz que, com uns pobres paninhos e uma montanha de ternura, Maria transborda de alegria no louvor.

O nascimento que a mulher de Nazaré nos traz dá forma humana à ação do Espírito de Deus. Aqui está a revelação plena do Deus de Israel. Jesus não nasce do querer da carne, nem do querer humano (cf. Jo 1,13). Nasce do querer de Deus, de um Deus Comunidade de amor.

Atenta às necessidades humanas

Não deixa faltar o vinho. Maria, pois, "é amiga sempre solícita para que não falte o vinho em nossa vida". Neste ponto, o documento faz uma conexão bastante ousada, afirmando que, com o coração trespassado pela espada, Maria passa a compreender todas as nossas penas (cf. 286).

Apresenta-se como evangelizadora que se aproxima de nós, para nos acompanhar ao longo da vida, abrindo os corações à fé com o seu afeto materno.

Como verdadeira mãe, caminha conosco e aproxima-nos, incessantemente, de todas as necessidades humanas e espirituais do coração de cada pessoa. O evangelista João nos relata que, em Caná da Galileia, Maria prepara uma festa de casamento e participa dessa festa, que ficou conhecida como "as bodas de Caná", na qual Maria vai não só para divertir-se, mas para ajudar as outras mulheres a preparar a festa. O Evangelho de João assim relata: "... houve um casamento em Caná da Galileia e a Mãe de Jesus estava lá".

A exegese contemporânea diz que o fato de João escrever que "a mãe de Jesus estava lá", quando Jesus chegou com os discípulos e amigos que o acompanhavam como convidados, Maria já se encontrava naquela casa.

Quem iria casar-se, não sabemos, só se sabe que havia uma festa de casamento, que é uma das mais bonitas até nos dias de hoje.

Estar lá antes que Jesus chegasse é uma indicação de que Maria se antecipa ao filho nas coisas da vida: ela estava lá. A participação de Maria se mostrou de um modo bastante atento, dando-nos a percepção de que havia participado de todos os detalhes que esse acontecimento exige quando é celebrado.

Faltou vinho na festa, e Maria toma conhecimento disso pelos que serviam os convivas, e se dirige imediatamente a Jesus, dizendo-lhe: "Eles não têm mais vinho". Jesus parece responder de modo um tanto frio e duro para com sua mãe. Mas não é essa a interpretação que se dá na atualidade. Jesus lhe diz: "Que queres de mim, mulher? Minha hora ainda não chegou". Maria não se assustou com essa resposta, pois conhecia o filho que tinha gerado e como Ele trabalhava na messe do Pai, que o havia enviado a este mundo pela força do Espírito Santo. Toma nova iniciativa e dá uma ordem aos serventes: "Fazei tudo o que Ele vos disser". E assim foi.

Deixa-se olhar por todas as pessoas

Romarias intensas acorrem a Maria para deixar-se olhar pela ternura de seus olhos e de seu afeto profundo (cf. 286). Não é sem razão, e muito menos sem motivo cordial, que as pessoas romeiras se dirigem à Mãe com tanto carinho e dor pelas vicissitudes de uma vida mal aproveitada, mas aberta ao Espírito do Bem. A interpretação desta canção popular dada por Elis Regina, da autoria de Renato Teixeira, confirma o sentimento de dor e de pena que as pessoas romeiras levam para o santuário mariano. Parece ser a última cartada de sua vida para acertar os desacertos da vida.

Romaria

É de sonho e de pó,
O destino de um só,
Feito eu, perdido em pensamentos,
sobre o meu cavalo.
É de laço e de nó,
de gibeira ou jiló
dessa vida cumprida a sol.

Sou caipira, Pirapora, Nossa Senhora de Aparecida!
Ilumina a mina escura e funda
o trem da minha vida!
Sou caipira, Pirapora, Nossa Senhora de Aparecida!
Ilumina a mina escura e funda
o trem da minha vida!

Me disseram, porém,
que eu viesse aqui
pra pedir de romaria e prece
paz nos desaventos:
como eu não sei rezar,
só queria mostrar
meu olhar, meu olhar, meu olhar!

Maria dirige seu olhar, lentamente, de baixo para cima e de cima para baixo ao pobre romeiro e à prece da romeira, como vimos acima. Esse olhar torna-se um ritual de bênçãos para quem busca luz para seu caminho transviado. O olhar é carregado de todas as boas paixões da alma e dotado de um poder gracioso que lhe confere grande eficácia, a eficácia da graça divina.

O olhar de Maria, como "pastora" de seus filhos e filhas é como mar que acaricia nossos pés com suas ondas da graça derramada pelo Pai; ao mesmo tempo, é ainda o reflexo das profundezas submarinas e do brilho que estas apontam para as coisas altas e cheias de significado que vêm do céu.

É desse modo que Maria leva todas as pessoas, que a ela dirigem seu olhar, ao olhar do Criador que olha sua criatura com a ternura que a Mãe lhe passou até os doze anos de sua maioridade, na pessoa de Jesus. Esses dois olhares invocam-se um ao outro como instrumento das ordens interiores, que consolam, mostram o caminho e enternecem os desaventos em olhares que revelam o Senhor na pessoa de sua Mãe.

Mulher reservada: o valor do silêncio de Nazaré

No contexto do processo de evangelização em que estamos falando, não podemos afirmar que Maria tenha falado para um público como a mulher de hoje o faz, dentro e fora da Igreja. Mas também não podemos afirmar que Maria foi muda. Ela silenciou, mas não ficou tomada pelo mutismo.

Na casa em que habitava com José, seu esposo, por duas vezes ela falou e foi capaz também de dizer *não*. Quando recebeu a notícia de que iria ser a mãe do Salvador, o Messias que o povo esperava há milhares de séculos, não aceitou logo ao ser notificada por essa novidade. Aqui Maria fala pela primeira vez, segundo o evangelista Lucas. Por fim, havendo relativamente entendido do que se tratava, responde com liberdade e cheia de fé: "Sim, sou a serva do Senhor e que se faça em mim aquilo que Ele mandar" (cf. Lc 2,26-38).

Quando Maria se sente confirmada de ser a Mãe do Senhor por Isabel, prorrompe em alta voz num Cântico de Ação de graças, que é o *Magnificat*. Aqui, ao mesmo tempo que ela anuncia a chegada do Salvador que o povo esperava, denuncia os desmandos desse mesmo povo guiado por reis e imperadores desumanos e corruptos.

Finalmente, no Templo de Jerusalém, depois de três dias de angústia pela perda do filho que se deixara ficar junto aos teólogos da época discutindo sobre a Lei de Moisés, ao encontrá-lo, toma a iniciativa e lhe chama a atenção por não ter falado disso com ela e seu pai.

Maria disse o que pensava, pois, para ela, era a hora certa de falar. Ainda que pouco tenha compreendido da resposta do filho, guarda em si mesma, no silêncio, o prelúdio da abertura da Revelação que estava desabrochando.

Neste caso, o silêncio de Maria abre uma passagem que ainda se oculta para a maioria do povo. Ela marca um progresso da grande cerimônia, como falam as regras monásticas, a cerimônia do silêncio, que vai revelar a face do Pai no rosto do Filho por Ele enviado. O silêncio envolve os grandes acontecimentos da vida, e Deus chega à pessoa que faz reinar em si a grande cerimônia do silêncio.

Criadora de um estilo mariano de evangelizar

O documento afirma que há um "estilo mariano de evangelizar dentro e fora da Igreja. Sim, porque sempre que olhamos para Maria, voltamos a acreditar na força revolucionária da ternura e do afeto. Nela, vemos que a humildade e a ternura não são virtudes dos fracos, mas dos fortes, que não precisam maltratar os outros para se sentirem importantes" (288).

Maria é a profetisa que proclama a justa vingança de Deus. As palavras do *Magnificat*[2] atribuídas a ela nos falam, em alta voz, do modo mariano de evangelizar. Em palavras mais simples, podemos dizer que o *Magnificat* de

---

[2] Cf. BOFF, Clodovis. *Mariologia Social. O significado da Virgem para a sociedade*. São Paulo: Paulus, 2006, p. 333s.

Lucas – inspirado no cântico da matriarca Ana, mãe de Samuel (1Sm 2,1-11) –, celebra a inversão das condições estéreis de seu povo, transformando-as em condições históricas de fecundidade e graça do Senhor da vida plena. Os fatos que Maria proclama neste cântico nos dão a entender seja o modo mariano de anunciar a Boa Notícia, seja o modo terno e humilde de proclamar a verdade às massas empobrecidas.

A discípula-mãe sai às pressas para a prática evangelizadora

Maria se encontra diante dos ensinamentos de seu filho, partindo não só para dar passos, mas dando-os com pressa e *festinatione*. Foi em tal contexto que Maria proclamou, em seu *Magnificat*, a prática da pregação do filho de suas entranhas e do Filho de Deus Pai que aguardou o *Fiat* de Maria, a mulher do povo, que, ao sentir-se confirmada como Mãe do Senhor, prorrompe num Cântico de Ação de Graças.

E Maria pôs-se a caminho para ajudar Isabel

Os detalhes desta viagem missionária não são descritos no Evangelho de Lucas. Mas nós podemos supor que Maria apressou-se em organizar sua comitiva para prosseguir em direção à casa de Isabel. Maria era jovem, mas Isabel necessitava de ajuda porque era avançada em idade. Diríamos hoje: Como pode uma mulher de idade avançada ter filhos? O Espírito Santo nos responderia: Isso acontece porque Deus quer mostrar que a obra não é dos homens nem das mulheres, mas é d'Ele. Portanto, se Deus pode tudo, pode também criar novas gerações de antigos troncos de antigas e frondosas árvores carregadas de anos.

O fato de se colocar a caminho é próprio da mulher diante da necessidade de qualquer pessoa. Agora, o fato de pôr-se a caminho apressadamente (Lc 1,39) significa que ela se levantou, colocando, em primeiro lugar, a prática da palavra auscultada e dando novo sentido à missão de todas as mulheres e de todos os homens. Não se quer dizer com isso que Maria tivesse tudo claro sobre essa missão.

Levantar-se e sair às pressas é uma atitude atribuída à mulher. No episódio de sua partida de Nazaré para *Ain Karem*, com a finalidade de ajudar Isabel, Maria nos mostra que a solicitude de Deus para com todas as pessoas se expressa no modo de ser feminino, por meio da natureza humana, que, na maternidade, tem sua expressão mais alta, maternidade entendida e exercida em favor da vida em todos os seus níveis.

Enquanto a reflexão teológica se preocupa em aprofundar o sentido do envio e do mandato do Ressuscitado referente às mulheres, agora deparamos com duas delas – Maria e Isabel –, que, consideravelmente, se antecipam às mulheres da manhã da Ressurreição no envio e no mandato missionário.

Maria de Nazaré e Isabel se antecipam às mulheres que conheceram Jesus e o seguiram na sua pregação com os apóstolos.[3] Estamos diante de Maria grávida de Jesus, que se encontra com Isabel grávida de João Batista, aquele que deve preparar o caminho desse Jesus que Maria traz em seu ventre. Estamos diante do encontro das duas mulheres que fazem do seu mistério de vida uma explosão missionária.[4]

O encontro das duas primeiras evangelizadoras do Novo Testamento

O anúncio de Maria de pôr-se a caminho, e pôr-se *cum festinatione,* quer dizer, festejando, em festa, rumo à casa de Isabel, mostra uma festa que provoca o anúncio e a proclama bendita entre as mulheres, por ser a mãe do Senhor (cf. Lc 1,42).

O encontro dessas duas mulheres dá início ao anúncio de uma nova era, de um novo tempo da economia da graça salvadora. O sinal é este: as pessoas pobres e oprimidas são libertadas; assumem a dianteira da nova história que começa com o encontro de Deus com a natureza humana na pessoa de Jesus; Jesus chega ao meio de seu povo por intermédio de uma mulher provinda desse mesmo povo.[5]

No contexto desta explosão missionária provocada pelo encontro de duas mulheres que anunciam o início de uma nova história para o povo de Israel, Maria permanece com Isabel para dar continuidade à realização do mistério que lhe fora anunciado. A demora faz parte do processo histórico anunciado por ela e por sua prima.

A constância e a fidelidade à missão recebida, mesmo que ainda não esteja bem definida e clara, motiva Maria a continuar no seu propósito de fidelidade à palavra divina e fidelidade à palavra dada, isto é, de conservar-se na dinâmica do serviço missionário como a serva do Senhor. Maria entra na casa de Zacarias e saúda Isabel. Nada se diz da saudação dirigida a Zacarias. Ele preside a casa, mas quem cultiva o mistério que essa casa carrega dentro de si não é Zacarias, mas sua mulher, Isabel (cf. Lc 1,40). É uma cena comovente o encontro destas duas missionárias, sobretudo por se dar na igreja

---

[3] BOFF, Lina. *Espírito e missão na obra de Lucas-Atos.* Tese de pós-doutorado. São Paulo: Paulinas, 2007, p. 42-43.
[4] Cf. BOFF, Lina. *Espírito e missão na prática missionária.* Tese de doutorado. São Paulo: Paulinas, 2008, p. 138ss.
[5] Cf. *Idem,* "A misericórdia divina em Maria de Nazaré ", in *Convergência/* 276, outubro de (1994), p. 502-506.

doméstica, e não no Templo, onde Zacarias oficiava como sacerdote com toda a solenidade e pompas que lhe eram próprias. A experiência de Deus que as duas fazem não precisa do toque das trombetas, nem dos ritos usados nas celebrações do Templo.

O Deus feito carne vem na invisibilidade para ser testemunhado pelas pessoas marginalizadas e humildes que vivem à sombra do Todo-poderoso, dispensando os guardiães do Templo, que viviam dentro de seu empoderamento masculinizante. Neste momento tão importante, é a voz da mulher – Maria – que ouve a voz da mulher – Isabel.

Maria é o lugar em que se dá a revelação do Mistério da Encarnação e, junto com esse Mistério, Maria se encontra hoje, numa realidade tão conturbada pela miséria material e espiritual, pela exclusão de tantas pessoas empobrecidas pela ganância dos grandes. Por isso, se queremos nos comprometer para a nova evangelização tão falada pelo nosso bispo de Roma, Papa Francisco, precisamos estar perto das crianças abandonadas, da juventude largada à própria sorte, que perambulam pelas nossas ruas; precisamos estar junto às mulheres silenciadas pelo espancamento de seus maridos e companheiros, junto aos sem-teto, junto aos desempregados e famintos de justiça.

Finalmente, precisamos estar com as mãos estendidas, os olhos abertos e os ouvidos atentos ao grito dos excluídos, que se faz súplica dirigida à graça salvadora que nos vem pelo Cristo Libertador.

Sintetizando as duas partes apresentadas

No contexto da evangelização da Igreja à luz do Vaticano II aplicado para os nossos dias, Maria tem seu princípio no Antigo Testamento, como também na veneranda Tradição de seu múnus como Mãe do Salvador (§ 55). Maria de Nazaré vem na linhagem das mulheres do Antigo Testamento, como vimos, brevemente; na plenitude dos tempos, Maria deu seu consentimento para a obra redentora da História da Salvação (§ 56).

A estreita união da mãe com o filho manifesta-se, primeiramente, na missão de Maria junto a Isabel; a seguir, no nascimento de seu filho, na apresentação no Templo ao Senhor com todos os sinais de contradição que o assinalaram, terminando com a busca dos pais, Maria e José, no Templo, no meio dos doutores (§ 57). No ministério público de Jesus, Maria se encontra solícita nas bodas de Caná, avança em peregrinação de fé e conserva-se fiel até o fim, quando Jesus morre na cruz (§ 58). Finalmente, Maria se encontra na fundação da Igreja depois da Ascensão de seu filho, recebe o Espírito Santo no Cenáculo junto com as outras mulheres, parentes e os apóstolos.

Conclui, assim, sua peregrinação terrena, vive o resto de seus dias com o discípulo amado e, terminada a sua caminhada neste mundo, morre e é assunta ao céu em corpo e alma. Deixa-nos como testamento sua esperança, seu seguimento a Jesus, sua maternidade de gerar filhas e filhos para a Igreja e seu múnus de mãe da humanidade. As orientações práticas de toda essa reflexão mariana serão apresentadas na *Marialis Cultus*.

Bibliografia

BÍBLIA APÓCRIFA. *Morte e Assunção de Maria. Trânsito de Maria. Livro do Descanso*. Petrópolis: Vozes, 1991. *A história do nascimento de Maria. Proto-Evangelho de Tiago*. Petrópolis: Vozes, 1988.

BOFF, Clodovis. *Mariologia Social: o significado da Virgem para os dias de hoje*. São Paulo: Paulus, 2010.

BOFF, Lina. "A misericórdia divina em Maria de Nazaré". In: *Convergência*/276, outubro de l994, p. 502-506.

———. "Maria y la Mujer". In: *Vida Religiosa*/64, mayo l988 (número monográf.).

———. "Maria, a mulher inserida no mistério de Cristo". In: *Atualidade teológica*/3, julh./dez. 1998, p. 25-40.

———. "O advento e a pessoa de Maria". In: *Convergência*, janeiro de 1999, p. 125-140.

———. "Maria e os pobres de Javé". In: *Convergência*/310, 1998, p. 107-115.

———. *Maria na vida do povo: ensaio de Mariologia na ótica latino-americana e caribenha*. São Paulo: Paulus, 2001.

———. *Maria e a Trindade*: implicações pastorais – caminhos pedagógicos – vivência da espiritualidade. São Paulo: Paulus, 2002 (com outras duas autoras).

———. *Mariologia: interpelações para a vida e para a fé*. Petrópolis: Vozes, 2010.

BOFF, Leonardo. *A Ave-Maria: o feminino e o Espírito Santo*. Petrópolis: Vozes, 1980.

———. *O rosto materno de Deus: ensaio interdisciplinar sobre o feminino e suas formas religiosas*. Petrópolis: Vozes, 1979.

FORTE, Bruno. *Maria, a mulher ícone do mistério: ensaio de mariologia simbólico-narrativa*. São Paulo: Paulinas, 1991.

GEBARA, Ivone; BINGEMER, Maria Clara Lucchetti. *Maria, Mãe de Deus e Mãe dos Pobres: um ensaio a partir da mulher e da América Latina*. Petrópolis: Vozes, 1987.

JOÃO PAULO II. *Redemptoris Mater* (A Mãe do Redentor). Carta Encíclica. São Paulo: Paulinas, 1989.

PAULO VI. *Marialis Cultus* (O culto à bem-aventurada Virgem Maria). Exortação Apostólica. São Paulo: Paulinas, 1974.

PINKUS, Lucio. *O mito de Maria: uma abordagem simbólica*. Paulus: São Paulo, 1991.

VV.AA. "Maria nas Igrejas. Perspectivas de uma mariologia ecumênica". In: *Concilium*/188, 1993. Número monográfico.

RESGATAR A HUMANIDADE DE MARIA COMO PROFETISA É COLOCAR AS GRANDES QUESTÕES DO FEMININO

Irmã Lina Boff

Explicando um pouco

Em 2 de fevereiro de 1974, festa da Apresentação do Senhor, o Papa Paulo VI presenteou o povo cristão com uma obra-prima digna de Maria e de seu pontificado, que foi a *Marialis Cultus*, Exortação sobre o culto a Maria, estimulando todos a prestar a Maria um culto sempre mais bíblico, teológico e litúrgico. É uma Exortação bem escrita, pode-se dizer que é uma obra capital de literatura que sai de dentro do espírito humano; ela é visceral, porque fala da experiência de fé que esse Papa testemunha e comunica aos fiéis, na sua originalidade, que perpassa todos os povos que manifestam à Mãe do Senhor sua verdadeira piedade e seu culto de amor sincero.

O documento de Paulo VI tem mais de quatro décadas de vida e ainda é atual, porque coloca em evidência elementos teológico-espirituais que merecem ser retomados, tais como:

1) prestar a Deus o seu mais alto culto de adoração e louvor, como Maria o fez com sua vida;
2) exaltar Jesus Cristo na sua humanidade, que chegou mais perto de nós porque assumiu a nossa condição de filhos e filhas de Deus, através de Maria;

3) afagar o Espírito Santo com o nosso amor para aprender de Maria, com quem primeiro se relacionou a partir da Anunciação, para estabelecer com Ele uma relação que se estende a todo o Povo de Deus que caminha como Igreja em mistério e vive em comunidade de fé na força desse mesmo Espírito, que desceu primeiramente em Maria.

Nesse excelente documento, Paulo VI *resgata* a humanidade de Maria como profetisa, *fala* do Espírito e de Maria, e *coloca* as grandes questões do feminino que interpelam a sociedade dos nossos dias e a própria Igreja Católica; abre-se ao espaço do campo bíblico, litúrgico, ecumênico e antropológico. A versão popular desse documento segue generosamente a ordem dada pelo próprio Papa Paulo VI:

I. O culto da Virgem na Liturgia;
II. Maria, modelo da Igreja no exercício do culto litúrgico;
III. A verdadeira piedade mariana e algumas orientações práticas;
IV. A hora da Ave-Maria e o Santo Rosário;
V. Valor teológico e pastoral do culto a Maria.

I. O CULTO DA VIRGEM NA LITURGIA

1. Breve noção de culto

Para o Antigo Testamento, o culto significa o encontro amoroso com Deus. O culto coloca em comunhão com Deus a pessoa que acredita n'Ele. As estrelas, por exemplo, são um sinal dessa presença e dessa comunhão (cf. Gn 31,45). No culto como serviço religioso, Israel encontra o seu Deus, consulta-o, e põe-se à escuta da sua palavra (cf. Ez 33,7). O culto chega ao seu ponto mais alto com a Promessa, como se verifica com Jesus no Novo Testamento.

No Novo Testamento, o Jesus que prega o Reino não aparece participando de um culto do Povo de Israel. O sinal que Ele deixa de seu culto ao Pai como comunhão com Ele e serviço aos outros até a morte, na docilidade confiante à vontade de Deus, é o *Memorial Eucarístico,* o grande e máximo culto. Jesus, embora tomando distância do culto celebrado no Templo, não rejeita nenhuma ação litúrgica. No espaço familiar, faz sua última ceia com os seus mais íntimos e essa ceia é uma Liturgia.

O livro dos Atos dos Apóstolos mostra os cristãos na sua relação com o Templo, e lembra inclusive as reuniões de oração e as celebrações eucarísticas feitas nas casas (At 2,42-47). A celebração descrita em Trôade, prolongada até a meia-noite (At 20,7-12), na qual estavam reunidos os primeiros cristãos para a fração do pão, demonstra ser uma Liturgia já bastante organizada.

O verdadeiro culto, segundo São Paulo, é oferecer a Deus a própria vida; a verdadeira Liturgia compromete toda a existência cristã no anúncio e na construção do Reino de Deus que já se encontra no meio de nós.

A origem e o desenvolvimento do culto a Maria vêm do testemunho de fé das comunidades primitivas que celebravam os momentos de culto descritos acima. Foi neste culto que os textos marianos neotestamentários foram inseridos como parte integrante da profissão de fé, seja nas celebrações dos primeiros cristãos, como na catequese primitiva e na pregação dos Padres da Igreja. O Magistério da Igreja confere uma importância singular à presença de Maria e seu culto no âmbito da Liturgia e da prática pastoral. É o que se verá com o estudo da Exortação Apostólica *Marialis Cultus.*

2. O lugar de Maria na Liturgia da Igreja Romana

Os bons ventos de renovação trazidos pelo Concílio Ecumênico Vaticano II, que se realizou de 1962 a 1965, aberto por João XXIII, mais conhecido como "o Papa bom", e levado adiante por Paulo VI, junto com todos os bispos do mundo cristão e católico, oriental e ocidental, traçaram normas litúrgicas da celebração da obra salvífica do Pai, distribuindo ao longo do ano todo o Mistério de Cristo, desde a Encarnação até a sua vinda gloriosa, que se dará no fim dos tempos.

Neste Mistério foi inserida a memória de Maria como Mãe de Cristo, no ciclo anual dos mistérios de Jesus seu filho, celebrando-se de maneira explícita e organizada a íntima ligação que a Mãe tem com o Filho de Deus. Por este motivo, muitas comemorações e festas de Nossa Senhora mudaram de data na Liturgia da Igreja, conservando, assim, mais estreita a relação de Maria com o Mistério de Cristo e da Igreja como mistério. Veremos cada uma destas festas principais.

Maria no Advento

O tempo do Advento é considerado pela Igreja o tempo litúrgico mariano mais forte, caracterizado pela presença de Maria, que responde à proposta do Pai no Mistério da Encarnação de Jesus pela força do Espírito Santo. Temos aqui toda a Comunidade divina, que se revela aos povos de todas as raças e nações, sendo o lugar dessa revelação Maria de Nazaré.

A Liturgia não só celebra a Imaculada Conceição de Maria no dia 8 de dezembro e a preparação para a vinda do Salvador, como começo de uma Igreja nova e sem mancha, mas também recorda com frequência a Virgem Maria com relação à chegada iminente do Messias. A Igreja faz ecoar antigas palavras proféticas acerca da Virgem e acerca do Messias; proclama episódios evangélicos acerca do nascimento iminente de Jesus e de seu Precursor (MC 3-4).

Ano A: "José, filho de Davi, não temas receber Maria tua mulher, pois o que nela foi gerado vem do Espírito Santo" (Mt 1,18).
Ano B: "Eis que a Virgem concebeu e dará à luz um filho e por-lhe-ás o nome de Emanuel" (Is 7,14).
Ano C: "Donde me vem que a Mãe do meu Senhor me visite?" (Lc 1,43).

Por estas antífonas se percebe como a Igreja vive o espírito do Advento com sua forte carga mariana. A figura da Virgem é trazida à memória dos fiéis que cultuam a Maria da Espera do Salvador, que é inevitável, e a espera da segunda vinda de Cristo glorioso para toda a humanidade. O Advento, portanto, é o tempo particularmente adequado para o culto da Mãe do Senhor.

Maria no tempo do Natal

Neste tempo litúrgico, coloca-se em destaque a Maternidade divina, virginal e salvífica de Maria. No dia de Natal, ao adorarmos o Menino Jesus, veneramos também sua Mãe, Maria Santíssima. Na Festa da Epifania do Senhor, que quer dizer Manifestação do Senhor, contemplamos a Virgem, verdadeira Mãe do Rei que apresenta aos Magos o Redentor de todas as gentes (cf. Mt 2,11). E na festa da Sagrada Família contemplamos reverentes a Família que tem como filho o próprio Filho de Deus (cf. Mt 1,19).

Oito dias depois da festa do Natal, celebramos a Santa Mãe de Deus por ser a Mulher inserida no Grande Mistério do Pai revelado em seu Filho Jesus Cristo, Príncipe da Paz. Maria, como Mãe, é a Mulher que participa da mediação do Príncipe da Paz como Rainha da Paz para o mundo e toda a criação. Por isso, tudo celebra-se o Dia Mundial da Paz em primeiro de janeiro de cada ano.

Às duas solenidades já recordadas – a da Imaculada Conceição de Maria e a da sua Maternidade divina (MC 5) –, acrescentam-se ainda outras celebrações marianas, como as que apresentamos em seguida.

Maria na Anunciação do Senhor

A grande Tradição da Igreja acrescenta ainda as antigas celebrações de 25 de março e de 15 de agosto. A Anunciação do Senhor é uma celebração do Verbo que se torna filho de Maria (cf. Mc 6,3) e da Virgem que se torna Mãe de Deus por obra do Espírito Santo. Celebra-se aqui o sim de Maria ao plano de salvação do Pai e o sim do Verbo Encarnado, que, ao entrar no mundo, disse: "Eis-me aqui (...), eu vim, ó Deus, para fazer a tua vontade" (Hb 10,7). É uma festa conjuntamente de Cristo e de Maria.

Este é o momento alto do início da nossa redenção, porque a natureza divina assume a natureza humana de Jesus numa indissolúvel unidade esponsal na única Pessoa do Verbo Encarnado (MC 6). São João Crisóstomo define a Anunciação do Senhor como a "Festa da Raiz", no sentido do princípio absoluto que inaugura o novo tempo presente, o novo "éon", o começo do céu já em construção nesta terra. É o Reino que já começou com a pregação de Jesus, sua exaltação na cruz, Ressurreição, Ascensão aos céus e o envio de seu Espírito sobre toda carne (cf. At 2,17). Segue-se a festa de:

Maria ressuscitada e assunta ao céu em corpo e alma

É a festa do destino de Maria pela missão desempenhada no Mistério de Cristo, que veio ao mundo como Enviado do Pai para salvar a todos. É a festa de Nossa Senhora da Glória, a Assunta. Celebra-se o fim da caminhada terrena que Maria fez com seu povo, chegando à glorificação de sua missão como Mãe e Virgem concebida sem pecado, imaculada porque Mãe de Deus. Nesta celebração, emerge a perfeita figura do Cristo ressuscitado (MC 6).

Maria nos precede nesta experiência de plenitude de vida em Deus, Comunidade de Amor. A solenidade de Nossa Senhora da Glória propõe à Igreja e à humanidade a realização da esperança final que todos alimentamos em nosso peregrinar nesta terra. Essa glorificação plena é o destino de todos aqueles que Cristo adotou por seus irmãos e irmãs por pura graça. Todos nós temos em comum o sangue e a carne de Jesus dados por Maria e a adoção de filhos de Deus pela graça salvadora de Jesus.

As quatro solenidades referidas antes, dedicadas à Mãe de Deus, colocam em destaque, na Liturgia da Igreja, as principais verdades dogmáticas referentes à humilde Serva do Senhor. Estas verdades são chamadas de *dogmas*, ou seja, verdades proclamadas pelo magistério eclesial com base na experiência de fé das comunidades eclesiais e à luz da palavra revelada da Sagrada Escritura. Temos então:

- a verdade da Imaculada Conceição de Maria;
- a sua maternidade humana e divina;
- a sua virgindade;
- e a Assunção de Maria ao céu em corpo e alma.

3. Maria nas celebrações de outros eventos da nossa salvação

Nestes eventos, Maria aparece intimamente associada ao Filho, em primeiro lugar, no Memorial do Senhor ou Celebração Eucarística, a Missa, quando se invoca a memória da sempre Virgem Maria, Mãe de nosso Deus e Senhor Jesus Cristo. A seguir, temos as Memórias incorporadas pela Liturgia da Igreja e aquelas que nascem da experiência de fé das comunidades cristãs.

A evocação de Maria no Memorial do Senhor

É importante salientar a presença de Maria nas Preces Eucarísticas que comemoram a Mãe do Senhor em termos densos de doutrina e de fervor cultual. Essas preces foram colocadas no coração do Memorial do Senhor. Por isso, essa evocação da Virgem é a forma particularmente expressiva do culto que a Igreja presta à *Bendita do Altíssimo* (cf. Lc 1,28). Vamos ver como algumas Orações Eucarísticas da Missa veneram, fazem memória e cultuam Maria Santíssima (ressaltamos as referências em itálico):

- Em comunhão com toda a Igreja, veneramos a sempre *Virgem Maria, Mãe de nosso Deus e Senhor Jesus Cristo*; e também São José, esposo de Maria, os santos Apóstolos e Mártires... (Oração Eucarística I).
- (...) Nós vos pedimos, tende piedade de todos nós e dai-nos participar da vida eterna, *com a Virgem Maria, Mãe de Deus*, com os santos Apóstolos e todos os que neste mundo vos serviram ... (Oração Eucarística II).
- Que Ele faça de nós uma oferenda perfeita para alcançarmos a vida eterna com os vossos santos: *a Virgem Maria, Mãe de Deus*, os vossos Apóstolos e Mártires... (Oração Eucarística III).
- Concedei-nos ainda, no fim da nossa peregrinação terrestre, chegarmos todos à morada eterna, onde viveremos para sempre convosco. *E em comunhão com a bem-aventurada Virgem Maria*, com os santos Apóstolos e Mártires... (Oração Eucarística VI-D).
- Ajudai-nos a trabalhar juntos na construção do vosso Reino, até o dia em que, diante de vós, formos santos com os vossos santos, *ao lado da Virgem Maria e dos Apóstolos...* (Oração Eucarística VII).

Cabe salientar a importância do culto à Virgem que a Igreja universal lhe presta ao longo da história, tanto no Ocidente como no Oriente. Da Tradição perene e viva da fé da Igreja colhemos as expressões mais altas e mais límpidas da piedade popular mariana (MC 9-15). Isto se dá em virtude da presença constante do Espírito e da abertura à Palavra de Deus que se fazem presentes nas interpelações da nossa sofrida realidade. Através da voz da Igreja que nos acompanha e nos orienta pelos caminhos do Senhor, temos Maria como companheira de estrada.

Memórias marianas

A seguir temos a evocação da Virgem nas diferentes celebrações a ela dedicadas que apontam para o Mistério de seu filho, como:

a) A *Natividade de Maria*, em 8 de setembro, memória em que Maria é invocada como Mãe da Esperança para o mundo e Aurora da salvação para todos os povos;

b) A *Visitação de Maria a Isabel*, em 31 de maio, memória em que Maria é proclamada por Isabel "a Mãe do Senhor", ao que Maria responde a essa proclamação direta com seu Cântico de Ação de Graças: o *Magníficat*;

c) *Nossa Senhora das Dores* ou *Nossa Senhora da Soledade*, em 15 de setembro, memória em que Maria é lembrada, juntamente com o Filho exaltado na cruz, como a Mãe que com Ele compartilha o sofrimento que redime toda a humanidade.

d) A *Apresentação do Senhor* no Templo por Maria e José, em 2 de fevereiro, evoca a memória do Filho de Deus e de sua Mãe; Maria realiza a missão iniciada pelo povo de Israel e abre-a com a fé para o novo povo de Israel, que somos todos nós. Jesus será sinal de contradição para muitos de seu próprio povo (MC 7). Jesus não só completa a Antiga Lei, mas também a ultrapassa pela Nova Lei, trazida pela sua vida e pela sua obra – realizar o Plano de reconciliação da humanidade com o Pai.

Algumas destas memórias marianas estão ligadas a motivos de culto local, mas que alcançaram uma força tão profunda no testemunho e na experiência de fé das comunidades eclesiais que entraram no Calendário Litúrgico Romano. São memórias marianas como estas:

a) Nossa Senhora de Lourdes, em 11 de fevereiro;
b) Nossa Senhora do Carmo, em 16 de julho;
c) Nossa Senhora do Rosário, em 7 de outubro;
d) A memória de Santa Maria *in Sabato,* no Sábado, sobretudo no Primeiro Sábado de cada mês do ano litúrgico (MC 8).

Essas memórias marianas aqui elencadas foram extraídas do Missal Romano, mas não são todas. Hoje contamos com outras muitas memórias que evocam a presença de Maria em milhares e milhares de comunidades cristãs, fato que se deu pela sadia liberdade que o Vaticano II deu às expressões de fé nas diferentes culturas, no respeito das tradições populares e no modo de expressar a fé de cada povo.

Para todo o nosso continente latino-americano, por exemplo, celebramos a festa de Nossa Senhora de Guadalupe, patrona e "madroeira" dos povos latinos. E para o nosso Brasil celebramos a festa de Nossa Senhora da Conceição Aparecida. Ambas as festas constam do nosso Calendário Litúrgico.

Pode-se afirmar que, no testemunho da experiência de fé nas comunidades de todos os tempos, esteve presente o culto a Maria como a Imaculada, a Mãe de Deus, a Virgem-Mãe da Igreja e a Assunta ao céu em corpo e alma. As demais expressões de fé inspiradas em Maria, Discípula-Mãe de seu filho, também floresceram no âmbito da Liturgia da Igreja ou a ela foram incorporadas pela força da piedade popular genuína, nascida da fé originária do Evento Pascal, que encontra sua plena expressão no Ressuscitado e na vinda de seu Espírito sobre toda a carne, em Pentecostes.

II. MARIA, MODELO DA IGREJA NO EXERCÍCIO DO CULTO LITÚRGICO

Não há culto sem oração. O destaque neste parágrafo é dado às relações entre Maria e a Liturgia da Igreja, que celebra os mistérios da História da Salvação. O exemplo da Virgem nessa História e nesta caminhada de todos os tempos, junto com seu povo, resulta de sua íntima inserção com Cristo, na ordem da fé e na ordem de sua profunda relação amorosa e livre com o Espírito, que funda a Igreja do Senhor Jesus. É pela força desse mesmo Espírito que a Igreja-Povo invoca o Senhor Ressuscitado e por meio d'Ele presta o devido culto ao eterno Pai (MC 16). Nesse contexto, Maria é modelo inspirador para toda a Igreja, pelas disposições interiores que ela testemunha e pelas quais ela é conhecida e amada:

1. A Virgem que sabe ouvir

Maria acolhe a Palavra de Deus com fé e é com esta fé que ela concebe e dá à luz o Filho de Deus Encarnado. Crendo, Maria concebe, e, crendo, ela dá à luz aquele que concebeu na fé. Antes de conceber Jesus em seu ventre sagrado, Maria o concebe nas entranhas de sua fé e de sua mente pura e santíssima, toda voltada para seu Senhor (MC 17).

Maria ouve e ausculta, isto é, escuta por dentro de seu coração e de seu espírito, os acontecimentos da infância de seu filho, que lhe fala, responde às suas perguntas, e ela, não compreendendo o que Ele diz, guarda-as em seu coração. Assim foi com o episódio do Templo, quando Jesus se deteve para discutir a lei de Moisés com os doutores de Jerusalém, por ocasião da celebração da Páscoa hebraica (cf. Lc 2,41-50).

Maria sabe ouvir porque sabe silenciar e perscrutar a Palavra de Deus que cai mansamente em seu coração, em sua mente e em sua vida como um todo. Ela é modelo para toda a Igreja nessa escuta, sobretudo na Liturgia, onde a Palavra se faz comida e bebida para todos os fiéis que participam da Celebração Eucarística, ponto culminante de toda a Liturgia eclesial. Assim alimentada, a Igreja-povo perscruta os sinais dos tempos, interpreta e vive os acontecimentos da história que interpela a todos. Maria é conhecida e amada por ser:

2. A Virgem que sabe orar

Maria é caracterizada como a Virgem que reza. Em três momentos especiais de sua vida narrada pelos Evangelhos, que testemunham seu modo de rezar, sem excluir os outros momentos de sua vida de oração, ela reza como mulher profética no *Magnificat*; ela reza como Mulher intercessora numa festa de casamento; reza como Mãe da Igreja, fazendo-se presente no Cenáculo (MC 18). Maria ora sempre, mas vamos destacar o momento em que ela rende graças ao seu Senhor pela missão que recebeu dele, proclamando seu Cântico ao Senhor Javé e suplicando-o pelas pessoas mais pobres e excluídas.

No Magnificat – Este momento de oração feito pela Virgem se dá pelo Cântico de Ação de Graças, que ela proclama com as palavras do *Magnificat*. É o espelho da alma de Maria. Essa oração é feita quando de sua visita missionária à casa de Isabel, que necessitava de ajuda pela vinda ao mundo do Precursor do Messias, João Batista. O Messias já está presente e atuante no seio da Virgem que o concebeu. Por isso, ao ouvir a saudação de Maria, a criança estremece no ventre e Isabel fica repleta do Espírito Santo (cf. Lc 1,41).

Maria faz uma oração dos tempos messiânicos, isto é, dos tempos em que a expectativa milenar dos patriarcas e das matriarcas converge com a expectativa do povo do tempo de Maria, no meio do qual ela é vista e invocada como profetisa que prolonga a oração da Igreja inteira e de todos os tempos.

Maria reza também com sua atuação, com seu compromisso de estar sempre do lado de quem precisa. Ela antecipa a "hora" de Jesus, colocando-se do lado dos noivos.

Nas bodas de Caná, *onde* faz uma súplica delicada e confiante para prover a uma necessidade temporal, daquele momento. Nessa ocasião, Maria faz uma constatação familiar óbvia: falta vinha para a festa. Ela faz um pedido ao filho para que venha em socorro. A constatação da Mãe torna-se uma ordem para o Filho e a falta de vinho se resolve com esta frase da Mãe: "Fazei tudo o que Ele vos disser" (Jo 2,5).

Fazer o que Jesus diz é trazer para o meio do povo o vinho novo, que é o próprio Jesus como Messias, o Enviado do Pai. E Maria continua rezando depois que a "hora" de Jesus se realizou como o plano do Pai havia estabelecido. Maria continua rezando no tempo do Espírito que a coloca na Igreja nascente: os Atos dos Apóstolos escritos por Lucas descrevem Maria, a Mulher orante (cf. At 1,12-14). É o único evangelista que coloca Maria no nascimento da Igreja pelo Espírito Santo. A Mãe de Jesus é apresentada como que presidindo a oração dos Onze e das outras mulheres, suas companheiras e familiares.

A figura de Maria nesse contexto evoca a presença contemplativa e atuante da Igreja, das "Marias" cheias de fé e de entusiasmo, as nossas "Marias" evangelizadoras de hoje. Presidir a oração comunitária e o serviço da mesa da Palavra é um espaço que as nossas "Marias" de hoje estão ocupando cada vez com maior consciência do chamado do Senhor dirigido a elas. Ocupam esse espaço cada vez mais com a competência que lhes dá a natureza de sua vocação e o tempo que dedicam à sua formação, para melhor servir ao Povo de Deus, à Igreja, à Sociedade e ao mundo todo. A construção do Reino é feita por todas as mulheres e por todos os homens que se abrem ao chamado do Senhor e por Ele são enviados. Assim, Maria é fecunda por ser:

3. A Virgem que é Mãe

O núcleo da oração de Maria como Virgem-Mãe está na sua obediência e na sua fé, pelas quais gerou o Filho de Deus na força do Espírito Santo. Esta é a maior de todas as orações da Virgem, porque, através de Jesus Cristo, que ela trouxe, a pregação e o batismo geraram novos filhos e filhas para a vida da Igreja, pois esses filhos são concebidos pelo Espírito e nascidos de Deus Pai (MC 19).

Com razão o Papa São Leão Magno afirmava, numa homilia natalícia: "A origem que Cristo assumiu no seio da Virgem Maria coloca-a na fonte do batismo: Ele conferiu à água aquilo que deu à Mãe (...), a graça de gerar o Salvador pelo Espírito Santo e a de gerar filhos para a Igreja". O Espírito, que fez de Maria a Mãe do Filho de Deus, é o mesmo que regenera os filhos da Igreja na pia batismal.

Maria nos ensina que a virgindade é entrega exclusiva a Jesus Cristo. Torna-se fecunda pela ação do Espírito e desta união esponsal com o Espírito Santo ela se torna Mãe da Igreja de seu Filho. A virgindade materna de Maria, portanto, conjuga, no mistério da Igreja, duas realidades: a entrega total a Cristo e, com Ele, a entrega total como Mãe da Igreja e servidora da humanidade.

Silêncio, contemplação e adoração dão origem à missão, que pede uma resposta fecunda expressa na evangelização dos povos de todas as culturas (cf. DP 294). Nesse contexto, Maria é:

4. A Virgem que doa Jesus ao Mundo

É conhecida também como *a Virgem oferente,* aquela que oferece não só a própria vida a Deus e ao Mundo, mas oferece seu próprio filho Jesus. O episódio da Apresentação de Jesus no Templo, para ser consagrado ao Pai, como era costume consagrar o primogênito (cf. Lc 2,22-35), inspirou e continua inspirando a reflexão teológica feita na ótica da mariologia a descobrir o sentido mais profundo da narrativa evangélica, que é penetrar o Mistério de Cristo como Salvador nos seus distintos aspectos.

Em primeiro lugar, Maria doa ao mundo o filho que traz a universalidade da salvação nas palavras de Simeão. Este se dirige ao Menino, como Luz que ilumina as nações e como glória de Israel seu Povo (cf. Lc 2,32). Depois, volta-se para Maria e lhe diz que este filho será sinal de contradição e que uma espada lhe transpassará a alma (cf. Lc 2,34-35). Entrevê-se aqui o Mistério salvífico da cruz, que se verifica no alto do Calvário. A glória passa pela cruz.

Em segundo lugar, esta íntima união da Mãe com o Filho na obra da redenção se perpetua como memorial do Senhor na Páscoa da Ressurreição e se atualiza em nossos dias sobre os altares em torno dos quais todo o povo de Deus, como povo sacerdotal, presidido pelo ministro ordenado, con--celebra a vida plena da humanidade toda (MC 20).

Finalmente esta interpretação teológica teve seu caminho ao longo do tempo, na Igreja. Desta intuição temos um testemunho na afetuosa oração de São Bernardo ao dirigir-se diretamente a Maria com estas palavras: "Oferece, Virgem Santa, o teu filho e apresenta ao Senhor o fruto de teu ventre. Sim! Oferece a hóstia santa e agradável a Deus, para a reconciliação de todos nós!". Por isso tudo Maria é cultuada como:

5. A Virgem, mestra de vida espiritual

Maria é "mestra" de vida espiritual porque viveu a experiência do "faça-se em mim segundo a tua vontade" (Lc 1,38), que antecipa a estupenda oração do Pai-Nosso – "seja feita a vossa vontade" (Mc 6,10).

A Igreja, como povo de Deus, procura traduzir as múltiplas relações que estabelece com Maria através de atitudes cultuais, distintas e eficazes, tais como:

a) a atitude de veneração profunda – quando o povo descobre Maria como a pessoa mais íntima do Espírito Santo que a tornou Mãe do Senhor;

b) a atitude de invocação confiante – quando o povo experimenta a necessidade de ter uma advogada e auxiliadora ao seu lado;

c) a atitude inspiradora de serviço gratuito – quando o povo *des-vela* na humilde Serva do Senhor a Rainha da misericórdia e a Mãe cheia de graça;

d) a atitude de admiração comovida – quando o povo vê em Maria realizados os seus desejos, as suas esperanças e a sua alegria de viver;

e) a atitude de estudo atento – quando a Igreja vislumbra Maria na sua realização profética que evoca a presença de um futuro melhor para seu povo; quando a vê participante dos frutos do Mistério Pascal (MC 21-22); e quando a contempla plenamente realizada como uma esposa enfeitada para o seu esposo, (cf. Ap 21,2), na sua assunção em corpo e alma ao céu.

Concluindo

Depois de havermos considerado atentamente a veneração que a grande Tradição da Igreja universal, dentro da qual se expressa a tradição litúrgica, manifesta para com a Santa Mãe de Deus, poderemos compreender melhor a exortação do Concílio Vaticano II, que diz:

... promovam generosamente o culto, sobretudo o litúrgico, para com a Bem-Aventurada Virgem Maria; deem grande valor às práticas e aos exercícios de piedade recomendados pelo magistério no curso dos séculos... Com todo o empenho exorta os teólogos e os pregadores da Palavra divina a que, na consideração da singular dignidade da Mãe de Deus, se abstenham com diligência, tanto de todo o falso exagero quanto da demasiada estreiteza de espírito (LG 67).

Se nos lembrarmos que a Liturgia, pelo seu alto valor cultual, constitui uma norma de ouro para a piedade cristã, e se observarmos ainda que a Igreja, quando celebra os sagrados mistérios, assume uma atitude semelhante à da Virgem Santíssima, compreenderemos com o coração e a mente a função de Maria na economia da salvação (MC 23).

III. A VERDADEIRA PIEDADE MARIANA E ALGUMAS ORIENTAÇÕES PRÁTICAS

O documento diz que, ao lado do culto litúrgico, se promovam outras formas de piedade mariana, sobretudo as que são propostas e recomendadas pela Igreja. Destas formas múltiplas que evocam Maria como Mãe de Deus e Mãe da humanidade, o Espírito suscita a criatividade dos fiéis e lhes infunde sensibilidade espiritual, para que respeitem as diferenças culturais e as tradições religiosas de cada povo.

A abertura a novas formas de piedade levou e está levando as comunidades de fé a substituírem elementos transitórios, isto é, aqueles que passam, para valorizar e dar espaço aos elementos perenes que podem constituir o fundamento bíblico, teológico e doutrinal da experiência de fé feita em comunidade. As novas práticas passam então a refletir a identificação que os povos têm com Maria a partir de sua vida de fé e prática pastoral (MC 24). É o Espírito Santo atuando no meio do Povo.

1. A relação de Maria com o Espírito Santo

Quando se afirma que Maria é a mulher inserida no mistério de Cristo, não se pretende excluir a sua relação com o Pai, nem com o Espírito Santo. O documento fala da nota *trinitária, cristológica e eclesial* que o culto de Maria deve apresentar (MC 25) e, nesse mesmo culto, recomenda dar o adequado realce a um dado essencial da fé, que é a obra do Espírito Santo em Maria (MC 26).

As evidências que pudemos extrair do documento, que falam da relação do Espírito Santo com Maria, podem ser apresentadas em alguns pontos que ajudam nossa contemplação e aprofundam o nosso estudo da mariologia.

O Espírito e a santidade original de Maria

A reflexão teológica e a Liturgia evidenciam que a descida do Espírito em Maria de Nazaré foi um evento espiritual, no sentido de que:

- santificou a Virgem desde a sua origem, em vista da Encarnação do Filho de Deus;
- Deus fez deste evento um ponto culminante da História da Salvação;
- fecundou Maria pelo Espírito Santo, por isso é a Mãe da Igreja e da humanidade;
- o Espírito a desposou e este aspecto esponsal de Maria levou muitos Padres da Igreja a chamá-la de Santuário do Espírito Santo, Habitação permanente do Espírito de Deus;
- segundo os Padres da Igreja e escritores eclesiásticos, do Espírito brotou a plenitude da graça em Maria, graça que recordamos na "Ave, Maria, cheia de graça" (cf. Lc 1,28);
- ainda: os Padres da Igreja atribuem ao Espírito Santo a força e a fé com que Maria esteve ao pé da cruz de Jesus (cf. Jo 19,25-27), onde as dores de Maria assumiram uma dimensão universal.

O Espírito e Maria na Igreja nascente

Penetrando mais na teologia do Espírito Santo, os Padres da Igreja perceberam a fundo a fé, a esperança e a caridade que animaram o coração da Virgem caminhando até o alto da cruz. Ela encontrou vigor e apoio no Espírito, pois, logo depois da Ressurreição e Ascensão de Jesus, desceu sobre Ela (pela segunda vez), que se encontra presente no Cenáculo, evento que deu origem à Igreja nascente (cf. At 1,14). Maria, portanto, estava presente com sua oração quando a Igreja estava nascendo.

Desenvolve-se aqui o antigo tema *Maria-Igreja* (MC 26) que inspira os fiéis a recorrerem à sua intercessão e inspira também os Padres da Igreja a suplicá-la para obterem a capacidade de gerar Cristo na própria alma, como o atesta a oração surpreendente e cheia de vigor suplicante de Santo Ildefonso: "Rogo-te, sim, rogo-te, Virgem Santa, que eu obtenha Jesus daquele Espírito, do qual tu mesma geraste Jesus! Que a minha alma receba

Jesus por este mesmo Espírito, por quem tua carne o concebeu! (...). Que eu ame Jesus naquele mesmo Espírito, no qual tu o adoras como Senhor e o contemplas com Filho!".

O Espírito e seu prolongamento em Maria como membro da Igreja

Os conceitos fundamentais sobre a natureza da Igreja, tais como: Família de Deus, Povo de Deus, Reino de Deus, Corpo Místico de Cristo, permitiram aos fiéis reconhecerem mais claramente a missão de Maria no Mistério da Igreja e seu eminente lugar na Comunhão dos Santos (MC 28).

O cuidado de Maria pelos filhos e filhas da Igreja como Corpo Místico de Cristo, Família de Deus, apresenta-se de maneira até mesmo plástica, quando se contempla a Virgem de Nazaré na casa de Isabel (cf. Lc 1,39-45), no casamento de Caná da Galileia (cf. Jo 2,1-10), ao pé da cruz, no Gólgota (cf. Jo 19,25-27), e no Cenáculo, em oração com a primeira comunidade de fé (cf. At 1,12-14).

Esses momentos salvíficos encontram sua continuidade no cuidado filial do nosso povo, que quer levar a todos a Boa Notícia do Reino presente no meio dele: encontra sua continuidade no seu compromisso para com os humildes, os pobres e os fracos, e na sua terna e firme dedicação constante em favor da paz e da concórdia social (MC 28).

Com essas duas últimas palavras, *paz* e *concórdia social,* Paulo VI queria falar da situação humana de todos os povos:

- tornar mais presente o compromisso que os cristãos têm com a justa distribuição dos bens terrenos para todos igualmente;
- explicitar e afirmar que todos devem ter comida, educação, saúde e lazer como condição primeira de concórdia social;
- reafirmar a criação de um mundo no qual a violência cede espaço para o entendimento e o progresso humano e social chega a todos através das relações de igual para igual.

É deste modo que a comunidade de fé como Reino de Deus ama a Igreja, Corpo Místico de Cristo, e traduz na prática junto aos mais empobrecidos e largados à própria sorte, o amor que alimenta para com Maria. É deste modo ainda que o Povo torna explícito o conteúdo intrínseco de uma prática eclesial embutida na piedade filial e no culto capaz de renovar de maneira sadia formas e textos litúrgicos.

2. Algumas orientações

As orientações que Paulo VI nos dá estão na linha do ensino conciliar do Vaticano II. Por isso mesmo estas orientações são de ordem bíblica, litúrgica, ecumênica e antropológica.

Orientações de ordem bíblica

A necessidade de um cunho bíblico em toda a forma de culto é hoje princípio e fato reconhecidos pela piedade cristã e também pela piedade mariana. Não falemos de Maria, nem a ela nos dirijamos em nossos cultos de fé cristã e comunitária, sem antes partirmos da Sagrada Escritura. A Bíblia é o nosso ponto de saída e de chegada para alimentarmos o nosso amor para com Maria e o culto que a ela queremos prestar.

O documento fala que, desde o Gênesis até o Apocalipse, há referências a Maria como Mãe e Mulher inserida na História da Salvação, com uma função específica e própria, que comporta uma interpretação inteligível e adequada dos textos bíblicos para os dias de hoje. As nossas orações e os textos destinados ao canto devem inspirar-se na Bíblia (MC 30).

Os textos preparados por ocasião das festas, memórias e celebrações dedicadas à Virgem sejam iluminados pela luz da Palavra divina e impulsionem os cristãos a uma prática pastoral e evangelizadora cada vez mais próxima e semelhante à de Jesus de Nazaré, que passou por este mundo, fez história e nos deixou seu legado, que encontramos em todo o Novo Testamento como realização da Promessa do Antigo Testamento e que remonta à nossa origem de filhos e filhas de Deus.

Orientações de ordem litúrgica

O artigo de número 31 do documento é bastante extenso e sugere alguns critérios a serem levados em conta para que o culto litúrgico se deixe inspirar pela norma da Constituição sobre a sagrada Liturgia *Sacrosanctum Concilium,* no que diz respeito ao culto litúrgico e aos exercícios piedosos. Essa norma diz o seguinte: "Importa ordenar as práticas de piedade tendo em conta os tempos litúrgicos, de maneira que se harmonizem com a Sagrada Liturgia, de certo modo derivem dela, e a ela, que por sua natureza as supera, conduzam o povo cristão" (SC 13).

Essa norma deve ser aplicada também no campo do culto à Virgem Santíssima, tão variado nas suas expressões formais. Exige da parte de todas as comunidades eclesiais, pastores e responsáveis esforço, tato pastoral e constância, sobretudo no que diz respeito à tradição cultural e religiosa, sem empobrecer a experiência de fé comunitária. Nada deve ser desprezado ou interrompido, nenhuma ação ou atitude pastoral evangelizadora pode se dar o direito de descuidar ou deixar de lado certas práticas de piedade. Nada pode criar vazios, mas, se isto chegar a acontecer, os vazios e interrupções devem ser preenchidos de outra maneira, sempre respeitosa e pedagógica.

A palavra substantiva *harmonia,* e o verbo *harmonizar* são frequentemente repetidos ao longo de todo este artigo 31 da *Marialis Cultus.* Trata-se de harmonizar elementos das práticas da piedade popular, sobretudo as de caráter mariano, com elementos do culto litúrgico, sem misturar o culto por excelência que é a celebração do Memorial do Senhor, com novenas, Rosário ou outras práticas piedosas e devocionais que, por sua vez, também são válidas. Uma atuação pastoral esclarecida torna-se necessária e urgente: primeiro para distinguir e acentuar a natureza própria dos atos litúrgicos; e, segundo, para valorizar a piedade popular e adaptá-la às necessidades de cada comunidade eclesial, tornando-a uma preciosa auxiliar da própria Liturgia de toda a Igreja.

Orientações de ordem ecumênica

O ecumenismo se dá sobre a mesma plataforma cristã do catolicismo. Significa dizer que fazemos ecumenismo quando colocamos em comum, com os irmãos e irmãs de outras Igrejas cristãs, elementos da mesma verdade que professamos e testemunhamos da nossa fé cristã.

Os cristãos com os quais temos muitos pontos em comum da nossa fé são os nossos irmãos luteranos, metodistas, presbiterianos e outros. Nesse sentido, não podemos afirmar que Maria, a Filha de Sião, seja um ponto de unidade entre os cristãos que citamos e outras denominações. Com nossos irmãos das Igrejas da Reforma, deve-se ter em alta consideração o respeito por eles e buscar nas Escrituras os elementos que nos aproximam, antes que aqueles que nos distanciam, sobretudo quando se trata dos textos escriturísticos que falam de Maria de Nazaré e das práticas de piedade neles inspiradas.

Atualmente está em curso uma experiência de grande valor. O Grupo de Dombes, fundado há sessenta anos, reúne cerca de quarenta teólogos católicos e protestantes de língua francesa. Esses teólogos buscam apaixonadamente a comunhão entre as Igrejas. As reflexões feitas durante estes quarenta anos tinham e têm como objetivo argumentos cruciais para o diálogo ecumênico. O papel de Maria na História da Salvação foi, sem dúvida, um argumento bastante controvertido. Mas a seriedade e a honestidade do trabalho do Grupo de Dombes testemunham que é possível uma leitura comum da história e da Escritura. O Grupo se propõe a formular propostas para uma autêntica conversão eclesial que leve à unidade.

A *Marialis Cultus* não fala desse Grupo que acabo de apresentar, mas guarda os mesmos sentimentos de unidade de todos os cristãos quando diz o seguinte: "Todos aqueles que confessam abertamente que o filho de Maria é o Filho de Deus e Senhor nosso, Salvador e único Mediador (cf. 1Tm 2,5), são chamados a ser uma só coisa entre si, com Ele e com o Pai, na unidade do Espírito Santo" (MC 32).

Orientações de ordem antropológica

Diante das múltiplas questões levantadas pelas descobertas das ciências humanas e das hodiernas concepções antropológicas em que a humanidade do nosso tempo vive e trabalha, o culto prestado a Maria parece estreitar os horizontes, sobretudo da mulher que luta por uma participação igualitária em todas as dimensões da vida política, social, cultural, familiar e eclesial. A esse respeito, o documento de Paulo VI se pronuncia nestes termos:

> A Virgem Maria foi sempre proposta pela Igreja à imitação dos fiéis, não exatamente pelo tipo de vida que ela levou ou, menos ainda, por causa do ambiente sociocultural em que se desenrolou a sua existência, hoje superado quase por toda a parte. Mas, sim, porque, nas condições concretas de sua vida, ela aderiu total e responsavelmente à vontade de Deus (cf. Lc 1,38); porque soube acolher a sua palavra e pô-la em prática; porque a sua ação foi animada pela caridade e pelo espírito de serviço; e porque foi a primeira e fiel discípula de Cristo, que, naturalmente, tem um valor exemplar universal e permanente (MC 35).

Percebe-se claramente que o documento, ao constatar a longa história da piedade mariana, não se liga aos esquemas representativos das várias épocas culturais, nem às particulares concepções antropológicas que as caracterizam. Mas reconhece que muitas expressões de culto não são adaptadas às necessidades e aos desejos de muitas sociedades e culturas dos nossos tempos (MC 36).

Finalmente, Paulo VI propõe a Mulher do *Magnificat* como ícone para a mulher contemporânea que busca uma figura de Maria mais evangélica e profética, busca a Mulher eminente da condição feminina. Se Maria for vista e percebida a partir deste horizonte, a mulher dos nossos dias então:

a) contemplará Maria como aquela que deu seu consentimento não para solucionar um problema contingente, mas para a *obra dos séculos*, como foi designada com justiça a Encarnação do Verbo;
b) dar-se-á conta de que a escolha do estado virginal não foi um ato de fechamento aos valores do estado matrimonial, mas constitui uma opção corajosa de total consagração à obra divina;
c) verificará que Maria, longe de ser uma mulher passivamente submissa ou de uma religiosidade alienante, foi uma mulher que não duvidou de afirmar que Deus é vingador dos humildes e dos oprimidos e derruba de seus tronos os poderosos do mundo;
d) reconhecerá em Maria, que é "a primeira entre os humildes e os pobres do Senhor", uma mulher forte que conheceu a pobreza e o sofrimento, a fuga e o exílio, situações que exigem energia libertadora de toda pessoa e da sociedade;
e) descobrirá, em Maria, a mulher que favoreceu a fé da comunidade apostólica em Cristo (cf. Jo 2,1-12), de modo que sua maternidade se dilatou, vindo a assumir no Calvário dimensões universais (MC 37).

IV. A HORA DA AVE-MARIA E O SANTO ROSÁRIO

Neste parágrafo, o documento recomenda duas práticas de piedade mariana que foram muito difundidas entre nós que somos do Ocidente. São elas: a hora da Ave-Maria e a recitação do Terço ou do Santo Rosário. O Papa João Paulo II, o nosso *João de Deus*, acrescentou a recitação dos Mistérios da Luz, que serão explicados logo mais.

1. A Hora da Ave-Maria

Ao rezarmos a saudação do anjo a Nossa Senhora, nos três momentos do dia – pela manhã, ao meio-dia e ao entardecer –, devemos nos deixar envolver pela contemplação do Mistério da Encarnação e esses momentos constituem um convite para uma pausa de meditação sobre esta saudação que o Anjo Gabriel dirigiu a Maria quando anunciou que Ela seria a Mãe de Jesus.

Essa oração mariana é profundamente bíblica, porque nos abre ao Mistério Pascal: ao mesmo tempo que lembramos a Encarnação do Filho de Deus, pedimos para ser conduzidos, pela sua paixão e morte na cruz, à glória da ressurreição. A *Saudação Angélica*, como a chama Paulo VI neste documento, apresenta uma história que tem uma tradição radicada, em parte, na experiência de fé dos primeiros cristãos também.

A história da Ave-Maria foi sendo tecida a partir da experiência de fé das comunidades, que iam acrescentando, aos poucos, invocações ligadas à vida dos cristãos e das próprias comunidades das quais faziam parte.

Durou séculos o processo pelo qual os vários elementos que a compõem, cada um com sua origem e evolução próprias, chegaram à atual forma com que a rezamos hoje. O valor fundamental do *Anjo do Senhor* consiste na memória do evento salvífico pelo qual, segundo o Plano do Pai, o Verbo encarnou-se no seio da Virgem Maria por obra do Espírito Santo. É assim que se reza o *Anjo do Senhor*.

D. O Anjo do Senhor anunciou a Maria.
T. E Ela concebeu do Espírito Santo.
   Ave, Maria...
D. Eis aqui a Serva do Senhor.
T. Faça-se em mim segundo a vossa Palavra.
   Ave, Maria...
D. E o Verbo se fez carne.
T. E habitou entre nós.
   Ave Maria...
D. Rogai por nós, Santa Mãe de Deus.
T. Para que sejamos dignos das promessas de Cristo.

D. Oremos. Derramai, Senhor, a vossa graça em nossos corações, para que, conhecendo pela mensagem do Anjo a encarnação de Jesus Cristo, vosso Filho, cheguemos, por sua paixão e morte na cruz, à glória da ressurreição. Pelo mesmo Cristo Senhor nosso.
T. Amém!

2. O Santo Rosário

O Rosário de Nossa Senhora foi chamado pelo Papa Pio XII de *Compêndio de todo o Evangelho*. A reza do Terço, que é uma parte do Rosário, é uma oração contemplativa de louvor, de súplica e de eficácia espiritual e apostólica. Durante seu pontificado, Paulo VI falou do valor espiritual desta prática por três vezes em momentos sucessivos da história do povo cristão:

– Em 13 de julho de 1963, falou do valor espiritual da prática do Rosário aos dominicanos que celebravam o III Congresso Internacional do Rosário;

– Em 15 de setembro de 1966, pedia que fossem dirigidas orações suplicantes à Virgem do Rosário para impetrar de Deus o supremo bem da paz, por ocasião da publicação de sua Encíclica *Christi Matri;*
– Finalmente, em 7 de setembro de 1969, recordava a centenária e poderosa tradição do Rosário em momentos de angústia e insegurança para a humanidade. Aqui Paulo VI retoma uma Carta Apostólica de Pio V, onde ilustra e define a forma de contemplar os mistérios de Cristo, recitando o Rosário (MC 42).

O documento *Marialis Cultus,* de Paulo VI, se detém ainda em narrar breves acenos históricos do Rosário, ao recordar os filhos de São Domingos, os dominicanos, que, por tradição, são os guardiões e os propagadores do Santo Rosário. Recorda os muitos congressos, estudos e investigações feitos para aprofundar e conhecer os elementos fundantes desta devoção tão querida ao Povo de Deus. O documento de Paulo VI ensina que a reza do Terço ou Rosário se fundamenta nestes elementos bíblico-teológicos:

– na contemplação dos mistérios do Plano salvífico do Pai, verdadeira arte de oração de toda a pessoa cristã;
– na meditação profunda dos mistérios da vida do Senhor, na ótica da vida e dos gestos de Maria, que mais perto viveu de seu filho e d'Ele se tornou discípula-mãe pelo seu contato com Ele e pela sua imersão nos seus ensinamentos;
– na compreensão mais clara e precisa das relações existentes entre a Liturgia da Igreja e o Rosário, à luz dos princípios da Constituição *Sacrosanctum Concilium*, que explica não haver contradições nem equiparações entre as celebrações litúrgicas e a prática da reza do Rosário (SC 13), sem, contudo, transpor o lugar que é devido à Liturgia como tal;
– na consciência do valor da oração comunitária, sobretudo a oração comunitária do Rosário na família, na Comunidade eclesial, nas celebrações dos fiéis, pois é uma oração que reúne as pessoas em torno da Palavra de Deus que narra a História da Salvação do povo de Israel e do novo Povo de Deus que somos todos nós hoje. A récita das Ave-Marias soam como uma cantilena espiritual e terna que sobe ao céu.

3. A estrutura do Rosário

Esta foi dada pelo Papa Pio V, que esteve presidindo o serviço da Igreja universal de 1566 a 1572. A estrutura do Rosário é constituída de vários elementos que têm um significado teológico-espiritual para todos os momentos da vida cristã. Faz parte desses elementos, dispostos de forma orgânica, a contemplação de uma série de mistérios da salvação (MC 49).

A enunciação desses mistérios é retomada pela *Marialis Cultus*, de Paulo VI. O Papa João Paulo II publicou, em 2002, uma Carta Apostólica sobre o Rosário com o título *Rosarium Virginis Mariae,* que quer dizer: "O Rosário da Virgem Maria". Essa Carta é de uma espiritualidade muito profunda e belíssima, escrita numa forma literária incontestável. O Papa acrescenta os Mistérios luminosos após os Mistérios gozosos ou os Mistérios da alegria. Todos os Mistérios do Rosário nos levam à contemplação e têm fundamento na Sagrada Escritura.

Por isso, cada um deles, depois de ser enunciado, traz uma citação bíblica entre parênteses, que mostra o fundamento bíblico, teológico e espiritual contemplativo de cada Mistério e, por conseguinte, de todo o Rosário.

É importante lembrar que se reza um Pai-Nosso, dez Ave-Marias e um glória ao Pai, após a contemplação de cada Mistério enunciado. O Rosário, portanto, é composto de vinte Mistérios. Veremos cada um deles.

Mistérios gozosos ou Mistérios da alegria

Nestes Mistérios aprendemos de Maria descobrir a alegria cristã do cristianismo, que é, antes de tudo, "Boa Notícia" e que tem como conteúdo a Pessoa de Jesus Cristo desde sua concepção no seio da Virgem (*Rosarium Virginis Mariae,* 20). Os Mistérios gozosos nos levam a contemplar:

1º *Mistério:* A anunciação do Anjo Gabriel à Virgem Maria (Lc 1,26-38);
2º *Mistério:* A visita de Maria a Isabel (Lc 1,39-45);
3º *Mistério:* O nascimento de Jesus em Belém (Lc 2,1-20);
4º *Mistério:* A apresentação de Jesus no Templo (Lc 2,22-33);
5º *Mistério:* O encontro de Jesus entre os doutores da lei (Lc 2,41-50).

Mistérios luminosos ou Mistérios da luz

João Paulo II faz aqui a inserção dos cinco Mistérios da luz ou Mistérios luminosos, após os Mistérios da alegria, passando da infância e da vida de Nazaré à vida pública de Jesus. O Papa afirma que todo o Mistério de Cristo é Luz (*Rosarium Virginis Mariae*, 21). Essa dimensão, segundo ele, revela o Reino do Pai já personificado em Jesus. Os mistérios luminosos nos levam a contemplar:

- *1º Mistério:* Jesus sendo batizado por João Batista no rio Jordão (Mt 3, 13-16);
- *2º Mistério:* Jesus, nas bodas de Caná, transforma água em vinho, a pedido de sua mãe (Jo 2,1-12).
- *3º Mistério:* Jesus anuncia o Reino de Deus convidando à conversão (Mc 1,14-15);
- *4º Mistério:* A transfiguração de Jesus no monte Tabor (Lc 9,28-33);
- *5º Mistério:* Jesus institui a Eucaristia na sua Última Ceia (Mt 26,26-29).

Mistérios dolorosos ou Mistérios da dor

O Rosário continua com os Mistérios dolorosos, que exprimem a dor salvífica de Cristo, com sua paixão e morte na cruz. Nesses mistérios contemplamos:

- *1º Mistério:* Jesus é condenado à morte (Mt 26,1-5);
- *2º Mistério:* Jesus é açoitado numa coluna (Mt 27,11-26);
- *3º Mistério:* Jesus é coroado de espinhos (Mt 27,27-31);
- *4º Mistério:* Jesus é crucificado no monte Calvário (Mt 27,32-38);
- *5º Mistério:* A morte de Jesus na cruz e seu sepultamento (Mt 27,45-50).

Mistérios gloriosos ou Mistérios da glória

A recitação do Rosário é concluída pela contemplação dos Mistérios gloriosos, que exprimem a glória do Senhor Vivo inundando toda a Igreja da glória que vem do Ressuscitado, que passou pela paixão e morte para nos doar a vida plena e definitiva. Esses mistérios nos levam a contemplar:

- *1º Mistério:* A gloriosa ressurreição de Jesus (Mt 28,1-8);
- *2º Mistério:* A ascensão de Jesus ao céu (Lc 24,50-52);
- *3º Mistério:* A vinda do Espírito Santo sobre os apóstolos e Maria Santíssima, no Cenáculo, junto com as outras mulheres (At 1,12-14; 2,1-4);
- *4º Mistério:* A assunção de Maria ao céu em corpo e alma;
- *5º Mistério:* A coroação de Nossa Senhora como Rainha do céu e da terra.

Os dois últimos mistérios encontram sua inspiração na palavra da Sagrada Escritura interpretada pela experiência de fé e pela reflexão teológica que se apoia nos dados da revelação que são dados da nossa fé cristã. A contemplação de todos esses mistérios, pela sua natureza, conduzem a uma reflexão que nos move à prática do bem e nos estimula a novas normas de vida cristã e ética. A proclamação da Palavra de Deus constitui o primeiro elemento teológico-espiritual do Santo Rosário.

O Pai-Nosso

O segundo elemento teológico-espiritual do Rosário é a oração ensinada por Jesus e se encontra na base da contemplação e da oração cristãs, porque as enobrece nas suas diversas expressões. O Pai-Nosso diz respeito à causa de Deus, seu Reino, sua vontade santa. E concerne à nossa causa também, o pão de cada dia, perdão e o mal que nos ameaça continuamente.

A Ave-Maria

A oração da Ave-Maria, tão profundamente assimilada pela piedade popular desde crianças, encerra as riquezas do mistério de Deus em Maria. É uma mina de ouro. A sucessão litânica dessa oração foi assim composta:

– pela saudação do Anjo Gabriel a Maria (cf. Lc 1,28);
– pelo louvor que Isabel faz de Maria (cf. Lc 1,42);
– pela súplica das comunidades de fé.

A continuada recitação das Ave-Marias é uma característica peculiar do Rosário que leva à contemplação e à intimidade com o Senhor, que se tornou íntimo da Virgem Maria.

O Glória ao Pai

É a doxologia, quer dizer, a glorificação que se dá a Deus Uno e Trino, que vive em nós e se revela como comunidade de amor. Por esta oração tão curta, mas muito poderosa, subsistem todas as coisas que Deus plasmou com suas próprias "Mãos".

Resumindo

Destacamos quatro pontos que são importantes para a vida cristã de todos, sobretudo das nossas famílias:

1) A recitação do Rosário *tem sua índole própria* que se reflete nas invocações repetidas que o fiel dirige à Trindade Santíssima através de Maria. É, portanto, uma recitação que se torna:

– profunda e intensa na proclamação da Palavra;
– grave e implorante no Pai-Nosso;
– lírica e laudativa no transcorrer calmo das Ave-Marias;
– contemplativa na reflexão atenta sobre os mistérios;
– adorante na doxologia (MC 50).

2) A recitação do Rosário cria a Igreja doméstica porque reúne seus membros em torno da Palavra de Deus, os incentiva a promover a justiça, a prática da solidariedade com os mais necessitados e nos abre à disponibilidade do serviço para o bem comum. Recuperar a noção teológica da família como Igreja doméstica significa dizer que essa compreensão passa pela oração feita juntos, em família (cf. MC 52).

3) A recitação do Rosário não deixa a família render-se aos condicionamentos do ambiente sociocultural e sobretudo econômico, mas supera-os, não sucumbe, mas sim eleva-se diante da modernidade globalizada que a desafia.

4) Finalmente, a reza do Terço ou do Rosário deve deixar todos os cristãos serenamente livres e motivados a recitá-la como uma oração que lhes dá tranquilidade e os atrai pela sua força e beleza. Essas brotam do interior do coração humano aberto ao Espírito enviado por Cristo, o Filho do Pai.

Conclusão: Valor teológico-pastoral do culto a Maria

Como conclusão, Paulo VI afirma, neste documento, que a devoção a Maria é um elemento qualificador e intrínseco da autêntica piedade da Igreja como Povo de Deus e do culto cristão. Puebla retoma essa afirmação e a interpreta para a nossa realidade latino-americana, dizendo que é uma experiência vital e histórica dos nossos povos latinos (cf. DP 283).

1) Valor teológico

Quanto ao valor teológico do culto à Virgem, o documento destaca o seguinte:

– tem raízes profundas na Palavra revelada que encontramos na Sagrada Escritura e na grande Tradição da fé da Igreja primitiva;

– tem sólidos fundamentos dogmáticos que nascem do testemunho de fé das comunidades ao longo dos tempos.

Esta experiência de fé comunitária da Igreja feita através de seus povos pode ser sintetizada nos elementos da dogmática mariológica. Esses elementos constituem os dogmas que dizem respeito a Cristo e a Maria. São eles:

– A *maternidade humana e divina de Maria* – que a fez Mãe de Deus, e por isso era íntegra no seu corpo e na sua alma. A maternidade de Maria é uma maternidade virginal, porque Maria é a Mãe do Deus encarnado na Pessoa de Jesus Cristo. Daí a origem do culto como culto à Virgem Maria;
– *A Imaculada Conceição de Maria* – por ter sido isenta do pecado original, portanto, ela é a mulher toda santa;
– A mulher *cheia de graça* que foi *assunta ao céu em corpo e alma* depois de haver feito sua caminhada terrena. Prestar culto a Maria é aproximar todos os homens e todas as mulheres de Jesus, para torná-los sempre mais parecidos com Ele. Esta experiência de fé tem grande eficácia teológico-pastoral.

2) Valor pastoral do culto a Maria

O culto à Virgem sempre desemboca numa prática que constrói o Reino e renova os costumes cristãos, sobretudo para a humanidade dos nossos tempos, que vive atormentada pela violência e pelas guerras, prostrada pela sensação das próprias limitações, assaltada por aspirações sem limites, perturbada na mente e dividida em seu coração, suspensa diante do mistério da morte e, ao mesmo tempo, sedenta de comunhão, de participação e de solidariedade.

Dentro desse quadro, Maria é a figura mais terna e mais contemplada na realidade que Ela já alcançou como membro vivo da Comunhão dos Santos. Ela nos mostra um horizonte sereno e tem uma palavra que tranquiliza e dá segurança. É a palavra:

– da vitória da esperança sobre a angústia;
– da comunhão sobre a solidão;
– da paz sobre a perturbação e o medo;
– da alegria e da beleza sobre o tédio e a náusea;
– das perspectivas eternas sobre as temporais;
– e, enfim, da vida plena sobre a morte.

Finalmente, Paulo VI conclui sua Exortação expressando sentimentos de alegria por haver tido a oportunidade de falar do culto devido à nossa Mãe Maria Santíssima e incentiva todos os cristãos à confiança e à esperança de um mundo cada vez melhor. Finalmente, coloca a data desse documento com estes termos:

> Dada em Roma, junto de São Pedro,
> no dia 2 de fevereiro, Festa da Apresentação do Senhor,
> do ano de 1974, décimo primeiro do Nosso Pontificado.
>
> PAULUS PP.VI.

Bibliografia de referência para conhecer mais a *Marialis Cultus*

DOCUMENTO DE PUEBLA. *Maria, Mãe e modelo da Igreja*. São Paulo: Loyola, 1979.
JOÃO PAULO II. *Carta Apostólica "Rosarium Virginis Mariae"* (sobre o Rosário). São Paulo: Paulinas, 2002.
PAULO VI. *Exortação apostólica sobre o culto à bem-aventurada Virgem Maria*. São Paulo: Paulinas, 1974.
VATICANO II. *Constituição dogmática "Lumen Gentium"*. Capítulo VIII. Petrópolis: Vozes, 1999.

Outras leituras:

AUTRAN, Aleixo. *A humilde Virgem Maria*. São Paulo: Loyola, 1982.
BOFF, Clodovis. "Visão social da figura de Maria – Uma síntese". In *REB*/250, abril/2003.
BOFF, Lina. *A Ave-Maria: o feminino e o Espírito Santo*. Petrópolis: Vozes, 1980.
———. *O Pai-Nosso: a oração da libertação integral*. Petrópolis: Vozes, 1979.
BOFF, Lina. "O advento litúrgico e a pessoa de Maria". In: *Maria na vida do povo: ensaios de mariologia na ótica latino-americana e caribenha*. São Paulo: Paulus, 2001.
———. *Maria e o Feminino de Deus: para uma espiritualidade mariana*. São Paulo: Paulus, 2002.
NEVES, A. "Maria no Evangelho". In: *Revista Continente Editorial Ltda.*, 1983.
———. *O culto à Virgem Maria*. Petrópolis: Vozes, 1974.
PÉREZ, Luiz L. S. *Maravilhas de uma singela devoção*. São Paulo: Ave-Maria, 1995.

A MÃE DO SENHOR NO ANO LITÚRGICO

Penha Carpanedo, pddm

1. Anúncio das festas móveis, 2016

O anúncio das festas móveis, solenemente proclamado na festa da Epifania, depois do Evangelho, serve de prefácio para o tema que me foi pedido neste congresso:

Irmãos caríssimos,
a glória do Senhor se manifestou
e sempre há de manifestar-se no meio de nós,
até a sua vinda no fim dos tempos.
Nos ritmos e nas variações do tempo,
recordamos e vivemos os mistérios da salvação.
O centro de todo o ano litúrgico
é o *Tríduo* do Senhor crucificado, sepultado e ressuscitado,
que culminará no *Domingo da Páscoa*, este ano no dia 27 de março.
Em cada *Domingo*, páscoa semanal,
a Igreja torna presente este grande acontecimento,
no qual Jesus Cristo venceu o pecado e a morte.
Da Páscoa derivam todos os dias santos:
as cinzas, início da *Quaresma*, no dia 10 de fevereiro;
a *Ascensão do Senhor*, no dia 8 de maio;
Pentecostes, no dia 15 de maio;
o primeiro Domingo do *Advento*, no dia 27 de novembro.
Também nas festas da *Santa Mãe de Deus,*
dos apóstolos, dos *santos e santas,*
e na comemoração dos *fiéis defuntos,*

a Igreja, peregrina sobre a terra,
proclama a Páscoa do Senhor.
A Cristo que era, que é e que há de vir,
Senhor do tempo e da história,
louvor e glória pelos séculos dos séculos.
Amém.

2. Como era no princípio?

O que está no centro da Liturgia e da Catequese da Igreja primitiva é o evento Jesus de Nazaré. É Ele que ocupa todo o espaço de reverência e de culto. Os que creem em Jesus participam profundamente de sua vida e do seu destino, e expressam essa participação mediante o batismo. Por isso, ao fazer memória do mistério pascal do Crucificado-Ressuscitado, desde cedo, as comunidades ligaram a essa memória a recordação das suas testemunhas: primeiro os mártires[1] e Maria. Mais tarde, outras testemunhas da fé.

No que diz respeito a Maria, partindo dos relatos bíblicos e da literatura cristã primitiva, podemos dizer que, em comunidades eclesiais sensíveis ao testemunho dos mártires, a memória de Maria se justifica pela radicalidade do seu envolvimento no projeto de Deus e na missão de Jesus.

Nos primeiros séculos, não se fala em festas marianas; a sua memória, no entanto, está inserida na celebração do mistério de Cristo, expressa tanto na pregação da Igreja como na sua oração[2] e na piedade dos fiéis, sempre no contexto da história da salvação. Na primeira metade do século III, a oração eucarística anotada por Hipólito de Roma na Tradição Apostólica, ao falar da ação de graças a Deus por meio do Filho, faz referência a Maria: "Ele é a vossa Palavra inseparável, por quem tudo criastes e que, porque assim foi do vosso agrado, enviastes do céu ao seio da Virgem. Tendo sido concebido, fez-se homem e manifestou-se como vosso Filho, nascido do Espírito Santo e da Virgem".[3] Do mesmo modo, a profissão de fé, também na Tradição Apostólica, a menciona: "Crês em Cristo Jesus, Filho de Deus, que nasceu de Maria pelo Espírito Santo [...]?".[4]

---

[1] Grande parte dos autores situa as primeiras manifestações do culto mariano depois do aparecimento do culto dos mártires (século II). Cf. AUGÉ, Matias. *Liturgia: história, celebração, teologia, espiritualidade*. São Paulo: Ave-Maria, 1998, p. 331.
[2] Cf. VV.AA. "O ano litúrgico, história, teologia e celebração". *Anámnesis*, vol. 5. São Paulo: Paulus, 1991, p. 242ss.
[3] HIPÓLITO DE ROMA. "Tradição apostólica", n. 4. *Antologia litúrgica*. Fátima, Portugal: Secretariado Nacional de Liturgia, 203, n. 778.
[4] HIPÓLITO DE ROMA. "Tradição apostólica", n. 21. *Antologia litúrgica*. Fátima, Portugal: Secretariado Nacional de Liturgia, 203, n. 795.

A partir do Concílio de Éfeso, em 431, com a solene proclamação da Maternidade divina de Maria, ganham impulso as festas marianas propriamente ditas, tanto no Oriente como no Ocidente (em geral, passando do Oriente para o Ocidente). As primeiras festividades, em grande parte, surgem e se desenvolvem em Jerusalém, em torno do mistério da encarnação do Verbo, no contexto da celebração do Natal-Epifania do Senhor. Vale lembrar que o ano litúrgico cristão tem origem no primeiro dia da semana, que é dedicado à memória do Crucificado-Ressuscitado. Da experiência do domingo, firma-se a festa anual da Páscoa, e, à luz da Páscoa, o ciclo do Natal se organiza.[5] Nesse contexto, nascem e se desenvolvem, também, as festas marianas, situando o mistério de Maria no memorial da Páscoa do Cristo.

Entre essas festas, recordamos a maternidade divina de Maria, celebrada no dia 15 de agosto [Jerusalém] ou na proximidade do Natal (Roma, século VI).[6] De fato, a veneração de Maria Mãe de Deus (a *Theotókos*) está na origem de todo o privilégio de Maria. Ela não é somente mãe biológica, é Mãe do Verbo de Deus.

A partir do século XI, na Igreja latina, as festas vão multiplicando-se a partir de experiências locais, com base em revelações particulares, numa perspectiva subjetiva e devocional, considerando Maria em si mesma e exaltando as suas virtudes. Chegou-se a uma espécie de ciclo mariano paralelo ao cristológico, com dias e meses a ela dedicados.[7] Cresceu progressivamente o descompasso entre os dados bíblicos e da tradição e a interpretação ocorrente no meio dos fiéis, nos sermões, nos cantos, nas ladainhas e em outras expressões devocionais.

O culto mariano assumiu dimensões enormes, comparado à sóbria imagem de Maria no NT. Assim, o crescimento de sua devoção, com prejuízo no que se refere ao sentido conferido pela Liturgia primitiva, coincide com a decadência da própria Liturgia em geral e do ano litúrgico em particular:

---

[5] Na base do ciclo litúrgico do Natal, que vai do Advento ao Batismo do Senhor, em grande parte, estão os relatos de Mateus e Lucas sobre a infância de Jesus, em chave pascal, com significativos paralelos: a hora do parto e a hora da cruz; as faixas no presépio e as faixas na sepultura; os anjos anunciando aos pastores o nascimento e os anjos do sepulcro anunciando às mulheres a ressurreição; os magos com incenso e mirra, as mulheres dos perfumes na madrugada da ressurreição. A própria maneira como o ciclo do Natal se estruturou, semelhante ao ciclo da Páscoa (preparação, celebração da noite e um tempo de prolongamento), aponta para esta relação entre Páscoa e Natal. Assim, à luz da Páscoa, o Natal é celebrado como sacramento do nascimento do Salvador segundo a carne e da sua manifestação a todos os povos. Cf. BERGAMINE, Augusto. *Cristo, festa da Igreja, o ano litúrgico*. São Paulo: Paulinas, 1994, p. 215-216.

[6] A antiga memória de Santa Maria Mãe de Deus evoluiu para uma celebração do seu dia natalício celebrada no Oriente com o título de "Dormição de Maria", que corresponde no Ocidente à solenidade da Assunção de Maria. Quanto à recordação de Maria Mãe de Deus, no calendário restaurado pelo Concílio Vaticano II, foi preservado o antigo costume de Roma inserindo-a como solenidade no oitavo dia do Natal.

[7] Cf. AUGÉ, Matias. *Liturgia: história, celebração, teologia, espiritualidade*. São Paulo: Ave-Maria, 1998, p. 335.

inacessíveis ao povo (latim), destituídos de teologia, desviados do eixo fundamental da Páscoa.

3. A reforma do ano litúrgico e do calendário

O Concílio Vaticano II (1962-1965), longamente preparado pelo Movimento litúrgico (a partir de 1909), propôs à Igreja inteira um movimento de retorno às fontes. A finalidade do Concílio, apontada no primeiro artigo da Constituição litúrgica *Sacrosanctum Concilium* (SC),[8] foi a de "promover a vida cristã" e, com este mesmo objetivo, foi proposta a reforma litúrgica: "para que os fiéis pudessem expressar em sua vida e manifestar aos outros o mistério de Cristo e a natureza genuína da verdadeira Igreja". A Liturgia deixa de ser um conjunto de cerimônias externas e recobra a sua natureza teológica de memorial da Páscoa do Cristo no coração da história (cf. SC artigos 5 a 7). Sob essa luz, o V capítulo da Constituição litúrgica colocou os princípios da reforma do ano litúrgico e do calendário, estabelecendo como eixo estruturante o memorial da Páscoa de Cristo, tendo o domingo como "núcleo e fundamento" (SC 106) e a festa anual da Páscoa como seu ponto alto. Lemos, no artigo 102 da Constituição:

> A Santa Mãe Igreja considera seu dever celebrar, em determinados dias do ano, a memória da sagrada obra da salvação do seu divino Esposo. Em cada semana, no dia que ela chamou domingo, comemora a Ressurreição do Senhor, como a celebra também uma vez por ano na Páscoa, a maior das solenidades, unida à memória da sua Paixão. Revela todo o mistério de Cristo no decorrer do ano, desde a Encarnação e Nascimento até a Ascensão ao Pentecostes, à expectativa da feliz esperança e da vinda do Senhor [...].

O ano litúrgico "é do Senhor Jesus Cristo em toda a extensão e plenitude do seu mistério. Contudo, o mistério de Cristo é também o indissolúvel mistério da Igreja, seu corpo".[9] Por isso, Maria e os santos ocupam lugar precioso no curso do ano litúrgico, conforme bem expressa o artigo 103 da citada Constituição Litúrgica, a propósito de Maria:

> Na celebração anual dos mistérios de Cristo, a santa Igreja venera com especial amor, porque indissoluvelmente unida à obra de salvação do seu Filho, a Bem-aventurada Virgem Maria, Mãe de Deus, em quem vê

---

[8] Primeiro documento emanado do Concílio Vaticano II.
[9] BERGAMINE, Augusto. *Cristo, festa da Igreja, o ano litúrgico*. São Paulo: Paulinas, 1994, p. 447.

e exalta o mais excelso fruto da Redenção, em quem contempla, qual imagem puríssima, o que ela, toda ela, com alegria deseja e espera ser.

Esse artigo, lido à luz do anterior (SC 102), situa Maria no único ciclo da celebração do mistério de Cristo e da Igreja. O texto vai além da simples justificativa da presença de Maria no ano litúrgico, mas fundamenta a memória de Maria na Liturgia, na perspectiva da Páscoa do Cristo. Três motivos se apresentam para justificar a veneração de Maria. Primeiro, por ser Mãe de Deus, razão suprema de sua participação nos mistérios de Cristo e origem de toda prerrogativa a ela conferida. Segundo, por sua íntima participação na obra do Filho, favorecida e cooperadora. Terceiro, sendo ela o primeiro e mais precioso fruto da redenção, é imagem da Igreja, protótipo de escuta e de obediência à Palavra, fonte perene de inspiração no seguimento de Jesus e na prática do Evangelho.

4. A memória de Maria no ano litúrgico

A restauração do calendário geral e do ano litúrgico "permitiu que nele fosse inserida, de maneira mais orgânica e com uma ligação mais íntima, a memória da Mãe, no ciclo anual dos mistérios do Filho" (MC 2), em três categorias: as solenidades e as festas, que recordam os eventos nos quais Maria está estreitamente associada ao Filho, e as memórias (obrigatórias e facultativas), que comemoram aspectos particulares da vida de Maria, devoções que chegaram a nós por tradição:

> **Solenidades:** Maria Mãe de Deus (1º de janeiro), Assunção de Maria (15 de agosto), Nossa Senhora Aparecida, no Brasil (12 de outubro), Imaculada Conceição (8 de dezembro).[10]
> **Festas:** Visitação de Maria a Isabel (31 de maio), Natividade (8 de setembro), Virgem do Carmo (16 de julho), Virgem de Guadalupe, na América Latina (12 de dezembro).
> **Memórias:** Nossa Senhora de Lourdes (11 de fevereiro), Nossa Senhora de Fátima (13 de maio), Nossa Senhora Rainha (22 de agosto), Nossa Senhora das Dores (15 de setembro), Nossa Senhora do Rosário (7 de outubro), Apresentação de Maria no Templo (21 de novembro)...

---

[10] Com respeito às três solenidades – Imaculada Conceição, Maria, Mãe de Deus, e Assunção de Maria ao Céu –, o que está no centro é a maternidade divina, da qual depende a sua conceição imaculada e a sua assunção. Por ser Mãe do Salvador, ela foi preservada de toda mancha e foi plenamente glorificada ao terminar sua existência terrena.

As solenidades, festas e memórias marianas ocorrem em harmonia com o único ano do Senhor, do qual recebem todo o seu sentido. Além disso, nos tempos do Advento e do Natal, o mistério de Maria está inserido de modo mais orgânico, com mais estreita ligação com o mistério do Filho, extensivo às duas festas do Senhor em memória da sua anunciação e da sua apresentação no Templo. Das três solenidades marianas, duas coincidem com o ciclo do Natal, facilitando o seu enquadramento cristológico.

5. Maria no ciclo do Natal

No Advento, sobretudo nas últimas duas semanas, Maria aparece como testemunha silenciosa do cumprimento das promessas. No 4º domingo, os textos evidenciam as "antigas palavras proféticas acerca da Virgem e do Messias, e se leem relatos evangélicos relativos ao iminente nascimento de Cristo e do seu Precursor" [MC 3]. Nos ofícios de cada dia, fazem referência a Maria os hinos, as leituras patrísticas, as antífonas do Cântico de Zacarias (laudes) e de Maria (véspera). Nos dias 17 a 24, as famosas antífonas do Ó que acompanham o Cântico de Maria nas vésperas são solene invocação do Cristo, o prometido, o desejado e "esperado com amor de mãe". A Imaculada Conceição de Maria,[11] que recebeu de Deus a graça da liberdade e da inteireza de coração, e a festa da Virgem de Guadalupe, grávida do Verbo, são ícones de uma espiritualidade do Advento, imagens do povo de Israel e da Igreja à espera do Salvador.

Nas festas e tempo do Natal, o evento central é o nascimento de Jesus em nossa humanidade e sua manifestação a todos os povos. Os textos proclamados na Liturgia apresentam Maria em primeiro plano, como protagonista dos acontecimentos: "Maria deu à luz o seu filho primogênito", os pastores "encontraram Maria, José e o Menino"; os magos, entrando na casa, "viram o Menino, com Maria sua mãe".[12] Assim, o tempo do Natal constitui uma memória prolongada da Maternidade divina de Maria, "de quem recebemos o autor da vida". Também os textos eucológicos da missa e os hinos, as

---

[11] De origem oriental, a festa da concepção milagrosa de Maria por Ana se converteu, no Ocidente [século X ou XI], em festa da concepção de Maria sem pecado original. As conhecidas controvérsias teológicas sobre este tema não favoreceram seu desenvolvimento e sua precisa formulação teológica. Foi introduzida no calendário romano em 1476. No missal de Pio V, figurava como memória apenas, com uma simples coleta comum, sem adjetivo que qualificasse de imaculada a concepção de Maria. Só a partir da proclamação do dogma da Imaculada, por Pio IX, o formulário foi ampliado e, na recente reforma, enriquecido. Cf. CASTELLANO Jesus. *El año Litúrgico, Memorial de Cristo y mistagogía de la Iglesia*, centro de pastoral litúrgica, Barcelona, 1996, p. 309.

[12] No domingo dentro da oitava do Natal celebra-se a festa da Sagrada Família, que "considera venerável a vida de santidade que levam, na casa de Nazaré, Jesus, Filho de Deus e Filho do homem, Maria, sua Mãe, e José, homem justo" [MC 5, citando Mt 1,19].

antífonas e as orações da Liturgia das Horas enfatizam a íntima proximidade com o mistério da encarnação do Verbo. Muito oportuna e justificada foi a restauração da festa de Santa Maria Mãe de Deus na Oitava do Natal do Senhor, festa mariana mais antiga e mais importante, da qual dependem os demais títulos e prerrogativas de Maria.[13]

Maria é protagonista no nascimento de Jesus e, também, na sua manifestação, pois ela mostra Jesus aos pastores (Natal) e magos (Epifania), também aos discípulos, nas bodas de Caná, evento mencionado na festa da Epifania.[14] Além disso, o Evangelho de Caná é proclamado no Segundo Domingo do Tempo Comum, ano C, início da manifestação de Jesus na vida pública. Nesta mesma linha, destaca-se ainda a festa do Senhor, em sua Apresentação no Templo (2 de fevereiro).[15]

6. Maria no ciclo da Páscoa

No ciclo da Páscoa, a presença de Maria é menos evidente que no ciclo do Natal. Contudo, a participação da Mãe de Jesus na obra da redenção faz dela uma referência permanente na experiência de viver a cada ano a Quaresma e a Páscoa como tempo de retomar a adesão a Jesus e de renovar a vida nova da Páscoa conferida pelos sacramentos da iniciação cristã.

Na Quaresma, tempo de conversão mediante a escuta mais atenta da Palavra, Maria se apresenta, implicitamente, como a discípula atenta e fiel à Palavra. Ela é bem-aventurada, não por ser mãe biológica ("felizes o ventre que te carregou e os seios que te amamentaram"), mas porque escutou a Palavra e a pôs em prática. "Antes de conceber o Verbo em seu corpo, ela o concebeu no coração", recorda Santo Agostinho. A solenidade da Anunciação do Senhor, celebrada nesse tempo litúrgico, faz ponte entre os mistérios da encarnação do Verbo e da redenção que ele realizou. Evidencia a oferenda de Jesus ao Pai: "Eis que venho para fazer a tua vontade" (cf. Salmo 40; Hb 10,4-10) e a cooperação de Maria, com a mesma atitude do Filho: "Eis a serva do Senhor, faça-se em mim segundo a tua vontade" (Lc 1,38).

---

[13] "O dogma da maternidade de Maria surge no meio da discussão sobre a humanidade e a divindade de Jesus. A questão não estava centrada em Maria, mas trouxe consequências para a mariologia. O Concílio de Éfeso, no ano 431, depois completado por Calcedônia, sustenta que Maria é a parturiente [em grego: *theotókos*] de toda a pessoa de Jesus Cristo enquanto Filho de Deus encarnado". Cf. MURAD, Afonso. *Maria, toda de Deus e tão humana*. Paulinas e Santuário, 2012, p. 147.

[14] Cf. antífona do Cântico de Zacarias [laudes], hino e antífona do Cântico de Maria [véspera].

[15] A festa da Apresentação do Senhor no Templo e da Anunciação do Senhor, que haviam se convertido em festas marianas, voltam a configurar-se como festas do Senhor, mas em profunda conexão com a participação de Maria nestes mistérios.

No *tríduo pascal*, no relato da *Paixão*, a mãe de Jesus, que apressou a sua hora em Caná, aparece como discípula fiel, "de pé" diante da cruz. Ela faz parte do pequeno resto das corajosas seguidoras de Jesus e se destaca como mãe da humanidade. No *sábado santo*, na crua contemplação da sepultura do Senhor, como não incluir, na meditação da Igreja, a desolação da mãe e a sua plena confiança na Palavra de Jesus? (As preces das Laudes fazem referência a Maria.) Na noite da Páscoa, na grande *vigília* batismal da Igreja, Maria é a primeira entre as testemunhas do mistério pascal evocadas na ladainha dos santos e santas. Sem esquecer a menção especial que o cânon romano [proclamado nesta noite] faz da Mãe do Senhor: "Em comunhão com toda a Igreja, veneramos a sempre Virgem Maria, Mãe de Deus e Senhor, Jesus Cristo".[16]

O livro dos Atos dos Apóstolos (1,12-14) relata que, depois da ascensão, a Igreja permanece em oração comum, à espera do Prometido: são os apóstolos, algumas mulheres e, em destaque, a mãe de Jesus. Inspirada nessa oração da primeira comunidade, a Igreja no Brasil, em comunhão com outras Igrejas, dedica a semana depois da ascensão à oração pela unidade dos cristãos, que culmina na vigília de Pentecostes. Maria, que pela ação do Espírito se tornou a mãe do Verbo, que esteve presente em Caná e aos pés da cruz, agora invoca o Espírito para que faça da Igreja testemunha do Ressuscitado. É importante incorporar a memória de Maria na vigília de Pentecostes, sem necessariamente alterar os elementos que compõem a Liturgia da festa.[17] Também a festa da visitação de Maria a Isabel (31 de maio), quando coincide com a data de Pentecostes, contribui para aproximar Maria, solidária e missionária, à festa da expansão da Igreja no mundo.[18]

No tempo pascal, a Liturgia das Horas conclui o ofício das completas com o canto *Regina Caeli*. E como em todos os dias do ano litúrgico, Maria é evocada, em cada prece eucarística e no seu cântico (vésperas) acompanhado de antífonas pascais.

7. Maria no Tempo Comum

No Tempo Comum, ocorrem duas solenidades (Assunção de Maria e, no Brasil, a solenidade de Nossa Senhora Aparecida) e três festas (a Natividade de Maria, a Visitação de Maria a Isabel e a Virgem do Carmo). Além

---

[16] Vale destacar o lugar de Maria entre as testemunhas da fé, a primeira e a mais fiel imagem da Igreja.
[17] A não ser o texto de Atos 1,12-14, que ajudará a fazer a conexão entre a Mãe do Senhor e a vinda do Espírito Santo. Esse texto, que consta no 7º domingo do Tempo Pascal no ano A, nunca é lido, já que esse domingo sempre cede lugar para a festa da Ascensão.
[18] É significativo que, na iconografia das festas da Ascensão e de Pentecostes, Maria esteja aí entre os apóstolos.

dessas, ocorrem ainda as memórias de Maria: Nossa Senhora de Lourdes, Nossa Senhora de Fátima, Nossa Senhora Rainha, Nossa Senhora das Dores, Nossa Senhora do Rosário, Apresentação de Maria no Templo... (Festas e memórias são celebradas como solenidade nas comunidades que têm Maria como padroeira.)

A celebração do mistério de Maria na Liturgia nos leva a buscar nas fontes bíblicas e nos textos litúrgicos, à luz do Mistério do Senhor, o sentido da memória que a Igreja faz do seu mistério. A festa da Visitação, por exemplo, que aparece no calendário depois da Anunciação e antes da Natividade de João Batista (por razões de coerência), fornece elementos ricos nesse sentido. A origem de cada festa também é importante e o contexto histórico onde nasceu e se desenvolveu a sua devoção, como é o caso de Aparecida. A solenidade da Assunção, transferida sempre para o domingo, expressa a plena participação de Maria na ressurreição, ascensão e glorificação do seu filho e prefigura a vitória da Igreja, corpo de Cristo, de toda a família humana e da criação inteira.

Nas memórias, celebradas com mais sobriedade, o que deve prevalecer não são os títulos e os aspectos particulares, mas o nome e a pessoa de Maria na sua inteireza, com base nos textos bíblicos, nos textos litúrgicos e na própria teologia.

No Tempo Comum, como nos demais tempos litúrgicos, além das solenidades, festas e memórias, Maria é evocada na oração eucarística de cada Missa e, além disso, no seu cântico (ofício de Vésperas), com repercussões na oração conclusiva. Ainda no ofício, há referência a Maria nas preces de Laudes da terceira semana, a saudação a Maria no final da oração da noite e a memória de Santa Maria aos sábados.

8. Ganhos, desafios e perspectivas

O Papa João Paulo II, na Constituição Apostólica *Fidei Depositum* (1992), diz que é preciso redescobrir o sentido da fé professada (ensino), celebrada (Liturgia), vivida e anunciada. Essas palavras evocam o antigo axioma da Igreja: a fé determina o modo de rezar e este manifesta e alimenta a fé da Igreja.

O calendário litúrgico restaurado pelo Concílio Vaticano II, com a sobriedade que lhe é própria, dedicou amplo espaço à memória da Mãe do Senhor no percurso do ano litúrgico: diz tudo o que há de essencial sem cair em minimalismo e sem exagerar. Além disso, fiel à teologia mariana do Concílio Vaticano II enraizada na tradição bíblica e patrística, a nova organização e os novos formulários possibilitam que o modo de celebrar manifeste e alimente uma profunda devoção a Maria, sem jamais perder a centralidade do Cristo, tal como é proclamado na Bíblia e celebrado na Liturgia.

O ano litúrgico, segundo Paulo VI, "goza de força sacramental e especial eficácia para alimentar a vida cristã".[19] Articulando "continuidade" e "ciclicidade", sob a direção da Palavra de Deus, mediada pela Escritura, responde às exigências de crescimento na fé.[20] Desta forma, ele se apresenta como uma "escola da fé". Com ele podemos superar o devocionismo infantilizante que faz consistir a devoção a Maria, quase exclusivamente na busca insaciável de proteção e de graças a alcançar, que insiste nos privilégios de Maria e na sua superioridade em relação a nós. Em vez disso, é possível mostrar a quem busca na mãe auxílio nas aflições da vida, o caminho que ela própria percorreu, a sua peregrinação na fé igual à nossa, a força que recebeu da Palavra que ela concebeu. E quem percorre este itinerário de fé da Igreja, pode aprender de Maria a atitude do verdadeiro culto em espírito e verdade, e pode aprender dela a viver da Liturgia, a se engajar nas lutas por um mundo melhor, no qual "os poderosos são destronados e os humildes exaltados".

Mas é preciso levar a sério a Liturgia, celebrá-la com profundidade espiritual, vencer o formalismo e o rubricismo, e superar a tentação da teatralização e do exibicionismo. Em vez disso, precisamos nos capacitar para fazer da Liturgia a fonte da vida espiritual dos crentes e do ano litúrgico um itinerário de vida espiritual, com a inspiração e o auxílio de Maria e de todas as testemunhas da fé.

Portanto, não se justificam a proliferação de novas devoções marianas e expressões devocionais destituídas de coerência teológica, desvinculadas de uma experiência eclesial sólida e paralela à Liturgia da Igreja. Também não se justificam formas inadequadas de incluir a devoção a Maria dentro da própria Liturgia, sem levar em conta os sentidos e os consensos estabelecidos: Ave-Maria depois do Pai-nosso ou depois do rito da comunhão, cantos que atribuem a Maria funções que são do Cristo, procissões com imagem de Nossa Senhora fora de contexto etc.

O desafio que se coloca é como articular a doutrina mariana do Concílio Vaticano II com a piedade popular (cf. SC 13) mais vistosa e exuberante. De fato, esta piedade, desenvolvida nas periferias urbanas, e sobretudo no campo, em comunidades entregues à própria sorte, sem nenhum acompa-

---

[19] PAULO VI. Carta apostólica sobre a *celebração do mistério pascal* aprovando as normas universais do ano litúrgico e o novo calendário romano geral: Instrução Geral do Missal Romano e Introdução ao Lecionário. Brasília: Edições CNBB, 2009, p. 160.

[20] A representação gráfica em forma espiral sugere o ano litúrgico como caminho sempre aberto ao que acontece na história e remete ao progressivo caminho da fé.

nhamento pastoral, sem nenhuma oportunidade de viver uma experiência mais profunda e genuína de evangelização e de celebração do Mistério da Fé, de um lado se livrou do excessivo centralismo institucional, mas de outro se desviou, não raro, para um devocionalismo decadente. Sem negar os valores da piedade popular "variada em suas expressões e profunda em suas motivações" (DPPL, n. 183), o povo de Deus tem direito a uma nova evangelização também no que diz respeito à devoção a Maria.

MARIA
NOS TEXTOS EUCOLÓGICOS

Frei Alberto Beckhäuser, ofm

Vamos tratar do lugar de Maria na Liturgia, à luz dos textos eucológicos das missas marianas. Certamente essa abordagem pode ajudar a iluminar o objetivo deste congresso, que visa "Refletir sobre o lugar da devoção mariana nas celebrações litúrgicas, em vista de uma autêntica espiritualidade cristã". Vai ainda ao encontro do que afirma Paulo VI na *Marialis Cultus*:

> Ao dispor-nos a tratar do lugar que a bem-aventurada Virgem Maria ocupa no culto cristão, devemos, em primeiro lugar, volver a nossa atenção para a sagrada Liturgia: esta, efetivamente, para além de um rico conteúdo doutrinal, possui uma incomparável eficácia pastoral e tem um bem reconhecido valor exemplar para as outras formas de culto.[1]

1. Algumas notas introdutórias

O bem-aventurado Papa Paulo VI expõe magistralmente, na *Marialis Cultus*, a relação entre o culto mariano e a Sagrada Liturgia. Contudo, esta matéria é exposta em outro momento neste congresso. No entanto, a *Marialis Cultus* (MC) permanece sempre como pano de fundo de nossa abordagem, que se restringe aos textos eucológicos das missas do Missal Romano. Eles abrangem, primeiramente, os formulários de missas ligados às solenidades marianas, ou seja, aos privilégios fundamentais de Santa Maria na História da Salvação: a Imaculada Conceição (8 de dezembro) será

---
[1] Paulo VI. Exortação Apostólica *Marialis Cultus*. Documentos Pontifícios 186. Petrópolis: Vozes, 1974, n. 1, p. 7.

abordada no contexto do Advento, o 4º Domingo do Advento e os dias de 17 a 23 de dezembro. Neste contexto, merece abordagem especial também a solenidade mista, isto é, cristológica e mariana da Anunciação do Senhor (25 de março). Em seguida, temos a Maternidade Divina de Maria (1º de janeiro, no ciclo de Natal, incluindo a própria Solenidade do Natal, a Sagrada Família, a Apresentação do Senhor e os dias de semana do Tempo de Natal). E a Assunção da Santíssima Virgem Maria (com seu desdobramento no dia 22 de agosto, quando se celebra a memória da Santíssima Virgem Maria Rainha). Temos, depois, as festas e comemorações que comemoram eventos salvíficos: Natividade de Maria (8 de setembro), Visitação (31 de maio), Santíssima Virgem Maria das Dores (15 de setembro). Merecem nossa atenção celebrações marianas ligadas a culto local, como Nossa Senhora de Lourdes (11 de fevereiro), Nossa Senhora de Fátima (13 de maio), Dedicação da Basílica de Santa Maria Maior, em Roma (5 de agosto). Outras comemorações contidas no Missal são as originariamente celebradas por famílias religiosas, que adquiriram caráter verdadeiramente eclesial: Nossa Senhora do Monte Carmelo (16 de julho); Nossa Senhora do Rosário (7 de outubro). Temos ainda celebrações mesmo com apócrifos por trás: Apresentação de Nossa Senhora (21 de novembro), ou que exprimem orientações que vieram de cima na piedade contemporânea: Imaculado Coração de Maria (sábado após o segundo domingo depois de Pentecostes). Merecem atenção também os formulários das missas do comum de Nossa Senhora, as missas votivas de Nossa Senhora e a memória de Santa Maria no sábado. Não podemos estender-nos às "aparições" de Nossa Senhora – que estão na origem da maioria dos santuários, como Nossa Senhora da Conceição Aparecida, Nossa Senhora de Guadalupe, veneradas no Brasil – nem às numerosas comemorações relativas às várias invocações de Nossa Senhora compendiadas na Coletânea de Missas de Nossa Senhora.[2]

Em sentido estrito, compreendem-se como textos eucológicos as fórmulas de oração litúrgica formuladas pela Igreja, não incluindo as fórmulas litúrgicas em geral (hinos, antífonas, responsórios etc.). Os textos eucológicos aqui analisados compreendem as orações de tipo coleta (Oração do dia ou Coleta, Sobre as oferendas e Depois da comunhão), os Prefácios, as Bênçãos solenes, o Ordinário da Missa e as Orações eucarísticas. Não consideramos os textos eucológicos da Coletânea de Missas de Nossa Senhora com seus 46 formulários, nem a Liturgia das Horas.

Outra nota introdutória importante. O culto dos santos em geral e da Virgem Maria em particular é situado pela Igreja na economia divina da

---

[2] Congregação para o Culto Divino. *Coletânea de Missas de Nossa Senhora*, vol. I e vol. II. São Paulo: Paulus, 1987.

salvação e no mistério pascal de Cristo. Eis o que diz a Constituição *Sacrosanctum Concilium* sobre a Liturgia, do Vaticano II:

> Nesta celebração anual dos mistérios de Cristo, a Santa Igreja venera com especial amor a Bem-aventurada Mãe de Deus, Maria, que, por um vínculo indissolúvel, está unida à obra salvífica de seu Filho; nela admira e exalta o mais excelente fruto da Redenção e a contempla com alegria como uma puríssima imagem daquilo que ela mesma anseia e espera (SC 103).

Quanto ao culto dos santos em geral:

> No decorrer do ano, a Igreja inseriu ainda as memórias dos Mártires e dos outros Santos que, conduzidos à perfeição pela multiforme graça de Deus e recompensados com a salvação eterna, cantam nos céus o perfeito louvor de Deus e intercedem em nosso favor. Pois, nos natalícios dos Santos, prega o mistério pascal vivido pelos Santos que com Cristo sofreram e foram glorificados e propõe seu exemplo aos fiéis, para que atraia por Cristo todos ao Pai e por seus méritos impetre os benefícios de Deus (SC 104).

Quanto aos Santos, o que vale *a fortiori* de Maria, acrescenta o Concílio:

> Os Santos sejam cultuados na Igreja segundo a tradição. Suas relíquias autênticas e imagens sejam tidas em veneração, pois as festas dos Santos proclamam as maravilhas de Cristo operadas em seus servos e mostram aos fiéis os exemplos oportunos a serem imitados (cf. SC 111).

A partir dos ensinamentos do Concílio podemos, portanto, perceber três aspectos em relação ao culto à Virgem Maria e aos santos em geral. Primeiro, trata-se de um culto dirigido propriamente a Deus. Deus é admirável nos seus santos. São comemoradas as maravilhas de Deus realizadas no seu Filho e por seu Filho na força do Espírito Santo, em Maria e nos santos em geral. Por isso, todas as orações se dirigem ao Pai, por Cristo, no Espírito Santo. Segundo, Maria e todos os santos são comemorados como exemplos a serem imitados. Terceiro, a intercessão de Maria e dos santos em geral junto a Deus. Assim, o culto à Mãe de Deus não pode ser um culto paralelo ao culto cristão, que tem como centro o mistério pascal de Cristo. Contudo, a celebração da Mãe de Deus e dos santos conduz ao mistério de Cristo, o revela e o torna presente. Em Maria, a Igreja vive a vocação, a missão e o destino da humanidade, expressos nas solenidades ligadas aos dogmas marianos durante o Ano Litúrgico: sua Imaculada Conceição, a Maternidade divina e a Assunção em corpo e alma aos céus.

Enfim, é interessante notar que, na Liturgia, não se usa o tratamento "Nossa Senhora" para designar Maria, a Mãe de Deus. Ela quase sempre é chamada "Bem-aventurada Virgem Maria" (*Beata Virgo Maria*), ou Virgem Maria; em português, Santíssima Virgem Maria ou Maria Santíssima. É na piedade popular que ela costuma ser chamada "Nossa Senhora", como que a equiparando a Nosso Senhor.[3]

O dogma da virgindade perpétua de Maria não tem comemoração especial. Contudo, sua *virgindade perpétua* é comemorada em todas as suas solenidades, festas e memórias.

2. As solenidades da Virgem Maria durante o Ano Litúrgico

São três as solenidades marianas do calendário universal durante o Ano Litúrgico: Imaculada Conceição da Virgem Maria, Maria Mãe de Deus e Assunção da Virgem Maria.

2.1. A Imaculada Conceição da Bem-aventurada Virgem Maria

Maria está intimamente ligada ao Mistério do Advento. Ela é comemorada como a Imaculada. O Senhor vem à terra para que toda a Igreja e a humanidade inteira possam realizar, não por privilégio, mas por graça, o que contempla em Maria: sermos todos "santos e imaculados diante dele no amor" (cf. Ef 1,4).

A Imaculada Conceição (8 de dezembro) vem celebrada no contexto do Tempo do Advento em geral, do 4º Domingo do Advento e dos dias 17 a 23 de dezembro. É completada pela solenidade, ao mesmo tempo cristológica e mariana, da Anunciação do Senhor (25 de março).

A oração da Coleta resume o mistério celebrado: "Ó Deus, que preparastes uma digna habitação para o vosso Filho, pela Imaculada Conceição da Virgem Maria, preservando-a de todo pecado em previsão dos méritos de Cristo, concedei-nos chegar até vós purificados também de toda culpa por sua materna intercessão".

A afirmação central é: "Imaculada Conceição da Virgem Maria". Ela é preservada de todo pecado para se tornar digna habitação para o Filho de

---

[3] Creio que isto vem tratado em outro lugar.

Deus. A oração sobre as ofendas realça que "a Virgem Maria foi concebida sem o pecado original, preservada de toda culpa pela graça de Deus". Na oração Depois da comunhão, a Igreja pede que "a Eucaristia cure em nós as feridas do pecado original, do qual Maria foi preservada de modo admirável".

O Prefácio é de grande riqueza: Deus prepara para o seu Filho Mãe digna dele, preservando-a da mancha do pecado original e enriquecendo-a com a plenitude da sua graça. Portanto, Maria é proclamada, como o fez o Anjo na Anunciação, como a cheia de graça. Em Maria surgem as primícias da Igreja, esposa de Cristo sem ruga e sem mancha, resplandecente de beleza. Em Maria se realiza o que Paulo VI declarou no encerramento do Concílio Vaticano II, proclamando-a Mãe da Igreja. Em sua saudação à Virgem Maria, São Francisco de Assis a saúda como "Virgem feita Igreja, em quem esteve e está toda a plenitude da graça e todo o bem!".[4]

Belamente, a Solenidade da Imaculada Conceição da Virgem Maria está situada no início do Ano Litúrgico, no Tempo do Advento. Além do dia 8 de dezembro, a Virgem Maria é exaltada no 4º Domingo do Advento, bem como nos dias 17 a 23 de dezembro.

A Coleta do 4ª Domingo recorda o anúncio da encarnação do Filho de Deus pelo Anjo a Maria. Maria lança a Igreja no mistério pascal: "Conhecendo pela mensagem do Anjo a encarnação do vosso Filho, cheguemos por sua paixão e cruz à glória da ressurreição". Na festa de Nossa Senhora do Rosário, acrescenta-se que tudo isso se dá "pela intercessão da Virgem Maria". A oração Sobre as oferendas afirma que o "Espírito Santo trouxe a vida ao seio de Maria".

A Coleta do dia 17 de dezembro diz: "Ó Deus, criador e redentor do gênero humano, quisestes que o vosso Verbo se encarnasse no seio da Virgem". Maria é situada no contexto da criação e da redenção.

Na Coleta do dia 19 de dezembro, Maria é contemplada no "esplendor da glória de Deus pelo parto virginal". O parto virginal coloca Maria na integridade original da criação, como o ser humano ideado por Deus.

Muito rica é a Coleta do dia 20 de dezembro: "Senhor Deus, ao anúncio do Anjo, a Virgem imaculada acolheu vosso Verbo inefável e, como habitação da divindade, foi inundada pela luz do Espírito Santo. Concedei que, a seu exemplo, abracemos humildemente a vossa vontade". A Igreja contempla a Virgem Imaculada, a Serva do Senhor, transformada em habitação da divindade por obra do Espírito Santo. A coleta do dia 23 de dezembro contempla o "Verbo que se encarnou no seio da Virgem". No formulário

---

[4] São Francisco de Assis, *Saudação à Bem-aventurada Virgem Maria*, 1.4. Fontes Franciscanas e Clarianas. Petrópolis: Vozes e FFB, 2004, p. 187.

da missa do comum de Nossa Senhora, no Tempo do Advento, se diz que, "pela anunciação do Anjo, dispusestes que o vosso Verbo se encarnasse no seio da Virgem Maria. Crendo que ela é a Mãe de Deus, a Igreja pede a sua intercessão. Esta vida foi trazida ao seio de Maria por obra do Espírito Santo" (Sobre as oferendas). "Ao festejarmos cheios de fé a Mãe de Jesus Cristo, Deus nos salve pela Encarnação do seu Filho" (Depois da comunhão).

Não podemos deixar de lembrar dois Prefácios do Advento. No Prefácio do Advento II se diz que, "predito por todos os profetas, esperado com amor de mãe pela Virgem Maria, Jesus foi mostrado no mundo". No Prefácio do Advento IIA, tomado pela CNBB do Missal italiano, a Igreja canta:

> Nós vos louvamos, bendizemos e glorificamos pelo mistério da Virgem Maria, Mãe de Deus. Do antigo adversário nos veio a desgraça, mas do seio virginal da Filha de Sião germinou aquele que nos alimenta com o pão do céu e garante para todo o gênero humano a salvação e a paz. Em Maria, é-nos dada de novo a graça que por Eva tínhamos perdido. Em Maria, mãe de todos os seres humanos, a maternidade, livre do pecado e da morte, se abre para uma nova vida. Se grande era a nossa culpa, bem maior se apresenta a divina misericórdia em Jesus Cristo, nosso Salvador.

Embora não faça parte das três solenidades comemorando os dogmas marianos durante o Ano Litúrgico, devemos considerar aqui a solenidade da Anunciação do Senhor (25 de março), solenidade ao mesmo tempo cristológica e mariana. Trata-se da comemoração do Verbo, que se torna filho de Maria, e da Virgem, que se torna Mãe de Deus (cf. MC, n. 6). Ela realça tanto a maternidade divina de Maria como o mistério da encarnação: "Ó Deus, quisestes que vosso Verbo se fizesse homem no seio da Virgem Maria, verdadeiro Deus e verdadeiro homem" (Coleta). A oração Sobre as oferendas comemora a origem da Igreja na encarnação do Filho de Deus. Aquele que nasceu da Virgem é proclamado como "verdadeiro Deus e verdadeiro homem" (Depois da comunhão). Vale a pena citar o embolismo do Prefácio da solenidade: "A Virgem Maria recebeu com fé o anúncio do Anjo; e, à sombra do Espírito Santo, acolheu com amor, no seio puríssimo, aquele que, para salvar os seres humanos, quis nascer entre eles".

2.2. Maria, Mãe de Deus

O Tempo de Natal constitui memória continuada da Maternidade Divina de Maria (cf. MC, n. 5), tendo como centro o dia 1º de janeiro, Oitava do Natal, Solenidade de Santa Maria, Mãe de Deus.

A primeira manifestação do Senhor se dá no seu nascimento. Temos, assim, a solenidade do Natal do Senhor. As orações da Missa na Véspera e da Missa da Noite não fazem alusão explícita à Virgem Maria. Na oração Sobre as oferendas da Missa da Aurora se afirma que "neste recém-nascido resplandecem o homem e Deus", claro, nascido da Virgem Maria. Na oração Depois da comunhão se afirma: "Celebrando de todo o coração o nascimento do vosso Filho". Indiretamente, aparece aqui a Virgem Maria, Mãe do Filho de Deus. Na Missa do dia, as referências são mais explícitas. Na oração Coleta: "Dai-nos participar da divindade do vosso Filho, que se dignou assumir a nossa humanidade". Depois da comunhão: "Salvador do mundo hoje nascido". No "infra actionem" da Oração eucarística, Maria é proclamada como "a Virgem que deu ao mundo o Salvador".

Os Prefácios do Natal não aludem diretamente a Santa Maria, mas indiretamente ela está presente quando os Prefácios comemoram Jesus como o "Deus visível a nossos olhos" (Pref. I); aquele que, "invisível em sua divindade, tornou-se visível em nossa carne"; o Filho de Deus assume nossa fraqueza (Pref. II). "Em Maria ele se torna um de nós, e nós nos tornamos eternos" (Pref. III).

Na solenidade da Epifania, não temos referência direta à Virgem Maria. O Prefácio lembra, no entanto: "Quando Cristo se manifestou em nossa carne mortal, vós nos recriastes na luz eterna de sua divindade". É Maria quem apresenta seu filho aos magos, que "oferecem ouro, incenso e mirra" (Sobre as oferendas).

Festa da Sagrada Família e 2º Domingo depois do Natal: Na oração Sobre as oferendas da Festa da Sagrada Família, Maria aparece como *intercessora* no pedido a Deus que firme nossas famílias na sua graça. No 2º Domingo depois do Natal, é ainda na oração Sobre as oferendas que se faz uma alusão à Virgem Maria. Pede-se que "Deus santifique as oferendas pelo nascimento do seu Filho, que nos mostra o caminho da verdade e nos promete a vida eterna no Reino do céu". Devem ser considerados ainda os dias depois do Natal. A oração Coleta do dia 29 de dezembro lembra a "maravilhosa natividade do vosso Filho Unigênito". Na oração Coleta do dia 30 de dezembro, é lembrado "o novo nascimento do vosso Filho como homem". No dia 31 de dezembro, a Igreja reza na Coleta: "Deus eterno e todo-poderoso, que estabelecestes o princípio e a plenitude de toda a religião na encarnação do vosso Filho...". Também os dias de semana após o dia 1º de janeiro, de 2 de janeiro até sábado antes da festa do Batismo do Senhor, comemoram Maria, a Mãe de Deus. Segunda-feira, Coleta: "Proclamamos que o vosso Filho Unigênito, Deus eterno e glorioso como vós, se fez homem no seio da Virgem Mãe". Terça-feira, Coleta: "A humanidade do Filho de Deus nasce da Virgem Maria". Coleta depois da solenidade da Epifania: "O Filho Unigênito de Deus se manifestou na realidade de nossa carne". Na Quinta-feira, tanto antes como depois da Epifania, faz-se alusão ao "nascimento do Filho de Deus". A sexta-feira depois da solenidade da Epifania lembra o "Natal do Salvador do mundo manifestado pela luz da estrela". Significativa é a oração Coleta de Sábado antes da solenidade da Epifania: "Deus eterno e todo-poderoso, pela vinda do vosso Filho, vos manifestastes em nova luz. Assim como ele quis participar da nossa humanidade, nascendo da Virgem, dai-nos participar de sua vida no Reino".

Todas essas alusões a Maria no Tempo de Natal são variações do que a Igreja comemora no dia 1º de janeiro, Solenidade de Santa Maria Mãe de Deus: "Ó Deus, que pela virgindade fecunda de Maria destes à humanidade a salvação eterna, dai-nos contar sempre com a sua intercessão, pois ela nos trouxe o autor da vida". A oração Sobre as oferendas explicita que a Igreja está celebrando a "festa da Mãe de Deus". Na oração Depois da comunhão, a Igreja professa que a "Virgem Maria é Mãe de Deus e Mãe da Igreja". Aqui há lugar para lembrarmos o Prefácio da Virgem Maria I, usado nessa solenidade. A Igreja celebra os louvores de Deus na festa da Maternidade de Maria, sempre Virgem. "À sombra do Espírito Santo, ela concebeu o vosso Filho único e, permanecendo virgem, deu ao mundo a luz eterna, Jesus Cristo, Senhor nosso".

Apresentação do Senhor (2 de fevereiro): Nela se evoca, de fato, no dizer de Paulo VI, ao mesmo tempo, a memória do Filho e da Mãe (cf. MC, n. 8). A oração Coleta comemora, dizendo que "o Filho único de Deus, revestido da nossa humanidade, foi hoje apresentado no Templo". O Prefácio recorda: "Vosso Filho eterno, hoje apresentado no Templo, é revelado pelo Espírito Santo como glória do vosso povo e luz de todas as nações". Trata-se da celebração de um mistério da Salvação operado por Cristo, em que a Virgem Santíssima esteve a Ele intimamente unida, como Mãe do Servo sofredor de Javé e como executora de uma missão concernente ao antigo Israel, e, ainda, qual exemplar do novo Povo de Deus, constantemente provado na fé e na esperança, pelo sofrimento e pela perseguição (cf. MC, n. 8).

Não podemos deixar de lembrar, enfim, o Comum de Nossa Senhora, no Tempo do Natal. A Coleta diz: "Ó Deus, que, pela virgindade fecunda de Maria, destes à humanidade a salvação eterna, fazei-nos sentir sempre a sua intercessão, pois ela nos trouxe o autor da vida".

Do que acabamos de ver, Maria é inseparável do mistério do Natal do Senhor. A Oitava de Natal evoca o Mistério da Maternidade divina de

Maria, anunciado na semana que precede o Natal. A humanidade toda é chamada a receber Deus em sua vida e comunicá-lo aos homens. Somos chamados a ser "mães do Senhor".

2.3. A Assunção da Santíssima Virgem Maria

Cabe-nos agora refletir sobre a Assunção da Santíssima Virgem Maria, com seu desdobramento na memória da Santíssima Virgem Maria Rainha (dia 22 de agosto). Essas duas comemorações que se completam levam-nos a contemplar o destino do ser humano (cf. MC, n. 6b).

A solenidade da Assunção da Bem-aventurada Virgem Maria, ou Nossa Senhora Assunta ao céu ou Nossa Senhora da Glória ou ainda "Dormição" (*Dormitio*) da Virgem Maria, é uma das mais antigas festas marianas. Nela se exalta a Mãe de Deus Assunta em corpo e alma aos céus; possui dois formulários de Missa: a da Vigília ou da Véspera e a do Dia.

A oração Coleta da Missa da Vigília exalta a "honra concedida a Maria Santíssima de ser a Mãe do Filho unigênito de Deus coroada hoje de glória e de esplendor". A oração Sobre as oferendas reafirma a "Assunção da santa Mãe de Deus". O mesmo se diga da oração Depois da comunhão. Pede-se que, por sua intercessão, Deus nos liberte de todos os males.

Perfeito resumo do sentido da solenidade, o temos na oração Coleta da Missa do Dia: "Deus eterno e todo-poderoso, que elevastes à glória do céu em corpo e alma a Imaculada Virgem Maria, Mãe do vosso Filho, dai--nos viver atentos às coisas do alto, a fim de participarmos da sua glória". Nessa oração Coleta, são lembrados os quatro dogmas marianos: a Imaculada Conceição, a Virgindade perpétua, a Mãe de Deus e a Assunção da Bem--aventurada Virgem Maria. Está presente também a sua intercessão para que possamos participar um dia de sua glória. A "Virgem Maria elevada aos céus e sua intercessão para que Deus acenda em nossos corações o desejo de chegar até ele" estão presentes também na oração Sobre as oferendas e na oração Depois da comunhão.

Texto central da solenidade é o Prefácio que canta a glória de Maria: "Hoje, a Virgem Maria, Mãe de Deus, foi elevada à glória do céu. Aurora e esplendor da Igreja triunfante, ela é consolo e esperança para o vosso povo ainda em caminho, pois preservastes da corrupção da morte aquela que gerou, de modo inefável, vosso próprio Filho feito homem, autor de toda a vida". No Prefácio, além dos dogmas da Virgindade perpétua e da Assunção, realça-se a Maternidade divina, razão primeira do privilégio de sua Assunção em corpo e alma aos céus. Maria é glorificada como "Aurora e esplendor da Igreja triunfante, consolo e esperança para o vosso povo ainda em caminho".

Como última solenidade mariana do Ano, sua colocação no mês de agosto é muito significativa. O "Povo de Deus ainda em caminho é consolado para que, pela intercessão daquela que é contemplada como Aurora e esplendor da Igreja triunfante", persevere no desejo de chegar até Deus. Na sua Assunção, contemplamos o nosso destino de participação na glória eterna de Deus, se fizermos frutificar esta vida em boas obras, preparando assim o grande encontro com o Senhor que há de vir.

A memória da Bem-aventurada Virgem Maria Rainha, de origem devocional, foi instituída por Pio XII, em 1954. Anteriormente já era celebrada na Ordem dos Frades Menores (Franciscanos) como Rainha da Ordem dos Menores no dia 15 de dezembro, dia, aliás, de minha ordenação presbiteral. No dizer de Paulo VI, na *Marialis Cultus*, a Solenidade da Assunção tem um prolongamento festivo na celebração da Realeza da Bem-aventurada Virgem Maria, que ocorre oito dias mais tarde, e na qual se contempla aquela que, sentada ao lado do Rei dos séculos, resplandece como Rainha e intercede como Mãe (cf. MC, n. 6). Isto se expressa na oração Coleta: "Ó Deus, que fizestes a Mãe do vosso Filho nossa Mãe e Rainha, dai-nos por sua intercessão alcançar o reino do céu e a glória prometida aos vossos filhos e filhas". A oração Sobre as oferendas diz que "trazemos nossas oferendas, celebrando a memória da Virgem Maria". Na oração Depois da comunhão se lembra que "celebramos a realeza de Maria", portanto a glória de Maria. O Prefácio de Nossa Senhora II, que pode ser usado nesta comemoração, inspira-se no *Magnificat*. A Igreja canta as glórias de Maria "porque Deus fez grandes coisas nela por toda a terra e, olhando a humildade de sua Serva, nos deu, por ela, o Salvador da humanidade, seu Filho, Jesus Cristo, Senhor nosso".

Como aurora e esplendor da Igreja triunfante, Maria torna-se realização e sinal do que espera toda a Igreja. Celebramos, pois, em Maria o nosso destino, que consiste na ressurreição da carne e na vida eterna feliz pela participação na glória de Deus e da Virgem Maria.

3. Comemorações relacionadas com eventos salvíficos

Paulo VI lembra que, além das grandes solenidades, devem ser consideradas também, antes de mais, aquelas celebrações que comemoram eventos "salvíficos", em que a Virgem Maria esteve intimamente associada ao Filho (cf. MC, n. 7). São elas: 1) A Natividade de Maria (8 de setembro). Realça-se a "Maternidade de Maria como aurora da salvação e portadora da Paz" (Coleta) e a Virgem Mãe (Sobre as oferendas). A oração Depois da comunhão volta a realçar o "nascimento de Maria, esperança e aurora da salvação para o mundo inteiro". 2) A Visitação da Bem-aventurada Virgem Maria (31 de maio). É a festa do *Magníficat*. A Virgem Maria visita Isabel "levando no seio o Filho de Deus" (cf. Coleta). No *Magníficat,* Maria profetizou que todas as nações a chamariam de Bem-aventurada, porque fez nela grandes coisas o Onipotente (cf. Lc 1,48-49). A oração Sobre as oferendas lembra o "serviço de caridade de Maria". Grávida, ela não retém o Filho para si, mas o leva em sua visita a Isabel, motivo de exultação, inclusive, para João Batista ainda no seio materno (Depois da comunhão). 3) A memória da Bem-aventurada Virgem Maria das Dores (15 de setembro). Eis Maria em íntima comunhão com seu Filho no mistério pascal. A oração Coleta primeiramente constata que "quando o Filho de Deus foi exaltado, quis que sua Mãe estivesse de pé, junto à cruz, sofrendo com ele". Por isso, pede que "a Igreja, unida a Maria na paixão de Cristo, possa participar da ressurreição do Senhor". A oração Sobre as oferendas lembra que a "Virgem Maria nos foi dada por mãe compassiva", quando estava de pé junto à cruz. A oração Depois da comunhão pede que, "recordando as dores de Nossa Senhora, completemos em nós, para o bem da Igreja, o que falta à paixão do Cristo".[5] Paulo VI comenta que esta memória é ocasião propícia para se reviver um momento decisivo da História da Salvação, e para venerar, juntamente com o Filho "exaltado na cruz, a Mãe que com Ele compartilha o sofrimento" (cf. MC, n. 7).

4. Memórias ligadas a motivos de culto local ou a Famílias Religiosas

Além das comemorações acima apresentadas, o Calendário Romano enumera outros tipos de memórias, ou festas da Virgem Maria:

1) Umas ligadas a motivos de culto local, mas que alcançaram um âmbito mais vasto e um interesse mais vivo. Temos Nossa Senhora de Lourdes (11 de fevereiro); Nossa Senhora de Fátima (13 de maio); Dedicação da Basílica de Santa Maria Maior, em Roma (5 de agosto). Não vamos analisar todos os textos eucológicos. De modo geral, podemos afirmar que as memórias ligadas a Aparições ou Santuários realçam a Maternidade Divina e a mediação da Virgem Maria. Lembraria também a Solenidade de Nossa Senhora Aparecida e a festa de Nossa Senhora de Guadalupe, no Brasil, ambas exaltando a Imaculada Virgem Maria, a Maternidade divina da Virgem

---

[5] Aqui "beatae Mariae Virginis" foi traduzido por "de Nossa Senhora".

Maria e sua intercessão, respectivamente em favor do povo brasileiro e de toda a América Latina.

2) Outras festas e Memórias celebradas originariamente por Famílias Religiosas. No Calendário Romano, são as seguintes: Nossa Senhora do Monte Carmelo (16 de julho). Ressalta-se apenas a intercessão de Nossa Senhora do Carmo. Nossa Senhora do Rosário (7 de outubro). Esta festa lança a Igreja na contemplação do mistério pascal pela intercessão da Virgem Maria (cf. Coleta; Sobre as oferendas e Depois da comunhão).

3) Memórias de fundo apócrifo ou incentivadas de cima, conforme mentalidade da piedade contemporânea. No primeiro caso, temos a memória da Apresentação de Nossa Senhora (21 de novembro). E no segundo, o Imaculado Coração da Bem-aventurada Virgem Maria (Sábado após o 2º Domingo de Pentecostes).

As comemorações de muitíssimas invocações de Nossa Senhora, como Nossa Senhora Auxiliadora, Nossa Senhora das Graças, Nossa Senhora da Penha, são deixadas aos calendários particulares ou apresentadas na Coletânea de Missas de Nossa Senhora. No fundo, elas comemoram títulos da Virgem Maria que poderiam ser atribuídos à Igreja.

5. Outras expressões

Vou citar, de modo geral, outras expressões do culto mariano, sem maiores análises:

Santa Maria no Sábado: É devoção antiga na Igreja, junto com a Missa votiva e o Ofício da Imaculada Conceição, devoções presentes na piedade popular. Na memória de Santa Maria no Sábado, a Igreja contempla o aspecto escatológico de sua caminhada. É como que a extensão semanal, no Tempo Comum, da solenidade da Assunção da Virgem Maria. Os textos são tomados das Missas do Comum de Nossa Senhora.

Os formulários das Missas do Comum de Nossa Senhora: Maria é celebrada, sobretudo, como Mãe de Deus e como intercessora pela Igreja e a humanidade junto a seu Filho.

As Missas votivas de Nossa Senhora: Como Missas votivas de Nossa Senhora, o Missal oferece os formulários do Comum de Nossa Senhora conforme os diversos tempos do Ano Litúrgico. Além dos Comuns de Nossa Senhora, temos, na 3ª edição típica do Missal, três Missas votivas: Santa

Maria, Mãe da Igreja, O Santíssimo Nome de Maria e, agora, a Missa votiva de Santa Maria, Rainha dos Apóstolos. No Prefácio próprio da Missa votiva de Santa Maria, Mãe da Igreja, temos como título (tema) Maria, modelo e Mãe da Igreja:

> Acolhendo a vossa Palavra no coração sem mancha, mereceu concebê-lo no seio virginal e, ao dar à luz o Fundador, acalentou a Igreja que nascia. Recebendo aos pés da cruz o testamento da caridade divina, assumiu todos os seres humanos como filhos e filhas, renascidos para a vida eterna, pela morte de Cristo. Ao esperar com os Apóstolos o Espírito Santo, unindo suas súplicas às preces dos discípulos, tornou-se modelo da Igreja orante. Arrebatada à glória dos céus, acompanha até hoje com amor de mãe a Igreja que caminha na terra, guiando-lhe os passos para a pátria, até que venha o dia glorioso do Senhor.

Realçam-se, pois, a *Virgem Maria como Mãe da Igreja e a materna intercessão da Virgem Maria* (cf. Coleta). O mesmo se diga da Missa votiva do Santíssimo Nome de Maria. Na Missa votiva de Santa Maria Rainha dos Apóstolos se diz que *"Deus concedeu o Espírito Santo aos seus Apóstolos em oração com Maria, a Mãe de Jesus"* (cf. Coleta). No mais, realça-se também a intercessão de Maria. A intercessão de Maria está muito presente na Bênção solene de suas comemorações.

Maria é sempre lembrada nas Preces de intercessão dentro das Orações eucarísticas. Ela é comemorada, sobretudo, como a "Sempre Virgem Maria, Mãe de nosso Deus e Senhor Jesus Cristo" (cf. Cânon romano). Na Oração eucarística V, Maria é comemorada como "Virgem Mãe de Deus e da Igreja".

Maria é lembrada ainda em outros formulários de Missa do Missal Romano. Não verifiquei todo o Missal. Lembro apenas a Solenidade de São José, Esposo da Virgem Maria. São José "se consagrou ao serviço do vosso Filho, nascido da Virgem Maria" (cf. Sobre as oferendas). Sendo ele um homem justo, "vós o destes por esposo à Virgem Maria, Mãe de Deus" (cf. Prefácio).

O aspecto mais lembrado nesses textos é, sem dúvida, Maria como Intercessora. Como devemos entender essa intercessão? Uma vez por todas, Maria foi mediadora entre Deus e a humanidade, acolhendo o Salvador do mundo e dando-o à humanidade por sua divina maternidade; e, durante a vida de seu Filho, unindo-se intimamente a ele e intercedendo junto a ele nas necessidades das pessoas: "Eis aqui a serva do Senhor. Faça-se em mim segundo a tua Palavra" (Lc 1,38). "E o Verbo se fez carne e habitou entre nós!" (cf. Jo 1,14). "Eles não têm mais vinho" (Jo 2,3). "Fazei tudo o que Ele vos disser" (Jo 2,5).

Ela é poderosa intercessora junto de Deus. Este terceiro aspecto do culto à Virgem Maria costuma estar em primeiro plano na devoção popular. Os fiéis em geral buscam as bênçãos, a proteção e a satisfação de suas necessidades mais imediatas. O aspecto da intercessão deveria estar em dependência dos dois aspectos anteriores, ou seja, Deus admirável nos seus santos e particularmente em Maria, e Maria como modelo e exemplo a ser imitado. A Liturgia nos ensina um culto dos santos e, especialmente, de Maria, que coloca Deus e Jesus Cristo no centro do culto cristão. Reconhecendo nossa fraqueza e admitindo que sozinhos não podemos chegar a ser o que Maria foi, pedimos a Deus, por meio de Maria, que faça em nós o que Ele realizou em Maria. É a oração de pedido por intercessão de Maria. Recordando as maravilhas, as vitórias, a força da graça de Deus em Maria, a Igreja lembra, diante de Deus, essas maravilhas da graça, tornando-as, assim, novamente presentes. Trata-se, pois, de uma intercessão mistérica de Maria. As ações virtuosas de Maria, as maravilhas nela realizadas por Deus em sua vida mortal, tornam-se misteriosamente ou mistericamente presentes (no mistério do culto) em favor da Igreja. Aqui vale o que é dito de Jesus Cristo: uma vez por todas, ele entrou no Santo dos santos (cf. Hb 7,27; 9,28; Rm 6,10).

Breve síntese conclusiva

Cantando as glórias de Maria, cultuamos em primeiro lugar a Deus. Nela contemplamos a benevolência de Deus para com os homens; nela contemplamos o homem e a mulher ideais, chamados a realizar plenamente o plano de Deus; nela contemplamos a Igreja, que recebe o dom de Deus e o transmite aos homens; nela vemos cada pessoa humana convidada a pronunciar o seu "fiat" ao seu Criador; nela, enfim, já contemplamos a Igreja triunfante e a glória que espera a cada um de nós.

Em Maria, a Igreja celebra a criação, comemora a redenção em Jesus Cristo, a Igreja e cada um de nós. Nos "mistérios de Maria", celebramos, através do Ano Litúrgico, os mistérios de Cristo. Os "mistérios de Maria" evocados pela Igreja celebram também o mistério do homem. Em Maria, os mistérios de Cristo caminham em cada um nós. Na Imaculada Conceição, contemplamos a nossa vocação à santidade; na Maternidade divina de Maria, nossa caminhada como templos de Deus, como mães do Senhor; e, em sua Assunção, o nosso destino de participação na glória eterna de Deus.

Os quatro dogmas marianos celebrados pela Igreja através do ano evocam e ilustram os mistérios de Cristo. Maria está intimamente ligada ao Mistério do Advento. É evocada como Imaculada. O Senhor vem à terra para que toda a Igreja, a humanidade inteira, possa realizar, não por privilégio, mas por graça, o que contemplamos em Maria.

No Ciclo de Natal, Maria evoca e revela o mistério de Cristo. Somos mergulhados nele. A figura central é Jesus Cristo. Maria está intimamente unida a Ele como a Mãe ao Filho. É justamente este o mistério que Maria evoca: Ela acolhe a Palavra e concebe a Palavra, o Verbo de Deus, que se encarna no seu puríssimo seio por obra do Espírito Santo. Gesta-o em seu seio, alimenta-o com seu sangue e o dá à luz. É a grandeza da mãe. Acolhe a vida, alimenta-a e a dá aos homens como salvação. Celebrando a solenidade de Maria, Mãe de Deus, a Igreja convida os cristãos a acolherem a vida divina em seus corações, a exemplo de Maria, e concedê-la aos homens por ações de caridade. Realizam-se as palavras do próprio Cristo: "'Quem é minha mãe e quem são meus irmãos?'. E, estendendo a mão sobre os discípulos, disse: 'Eis aqui minha mãe e meus irmãos. Pois quem fizer a vontade do meu Pai que está nos céus, este é meu irmão, minha irmã e minha mãe'" (Mt 12,48-50). Francisco de Assis afirma: "Somos suas mães quando o trazemos em nosso coração e em nosso corpo, através do amor divino e da consciência pura e sincera; damo-lo à luz por santa operação, que deve brilhar como exemplo para os outros".[6]

O dogma da Virgindade perpétua de Maria não tem festa especial, mas está presente em todas as comemorações. Esse dogma lembra a vocação de consagração plena do homem a Deus. Em todas as coisas, Maria colocou Deus acima de todas as coisas. Toda a expressão de amor deve evocar o amor de Deus.

Maria está presente na Semana Santa, de pé, junto à cruz. Na Páscoa, contemplamos nela a humanidade ressuscitada com Cristo, vitoriosa com ele. Em Pentecostes, é ainda Maria quem concebe o Corpo Místico de Cristo no Cenáculo, e o dá à luz no dia de Pentecostes, como havia concebido Jesus e o havia dado ao mundo como Salvador. Ela se torna Mãe da Igreja, Mãe de todos os homens.

Na Assunção, comemoramos, em Maria, o que espera a todos nós, se fizermos frutificar esta vida em boas obras, preparando, assim, o grande encontro com o Senhor que há de vir.

Os outros títulos de Nossa Senhora comemorados durante o ano podem ser considerados como desdobramentos desses mistérios fundamentais.

---

[6] São Francisco de Assis, *Carta aos Fiéis*, 10. Fontes Franciscanas e Clarianas. Petrópolis: Vozes e FFB, 2004, p. 111.

Em Maria, a Igreja evoca e celebra a própria vocação, sua missão de ser Mãe do Senhor e seu destino eterno de glória. Maria é, pois, um dos maiores motivos de louvor da Igreja, exemplo a seguir e poderosa intercessora junto de Deus.

Ave, Senhora, Rainha santa, santa Maria Mãe de Deus, virgem feita Igreja; em vós esteve e está toda a plenitude da graça e todo o bem! Bendita sois entre as mulheres e bendito é o fruto do vosso ventre, Jesus. Santa Maria, exemplo e modelo de santidade, advogada nossa, rogai por nós, para que sejamos dignos das promessas de Cristo. Amém.

EVANGELIZAÇÃO E APARECIDA: ATRAVESSAR DESERTOS, LANÇAR AS REDES EM ÁGUAS PROFUNDAS

Ir. Afonso Murad

Introdução

A figura de "lançar as redes" encerra uma multiplicidade de sentidos. Farei uma interpretação teológico-pastoral da chamada "pesca milagrosa". Compartilharei também intuições e delinearei pistas para evangelizar no atual cenário brasileiro, junto com Maria. Lançarei um olhar para o texto bíblico, outro para nossa realidade pastoral, inspirado nas orientações no Documento de Aparecida e na *Evangelii Gaudium*, do Papa Francisco.

Neste livro, que reúne artigos das várias conferências do Congresso Mariológico de Aparecida, há várias contribuições específicas acerca da devoção mariana e da Liturgia. Este capítulo oferece ao(à) caro(a) leitor(a) uma reflexão para compor o mosaico com os outros autores. Não se trata, rigorosamente, de texto mariológico, e sim teológico-pastoral. A figura de Maria é destacada como inspiradora, a referência para nossas atitudes e práticas.

Ao realizar a pesquisa sobre o tema, percebi que o texto de Lucas 5 ganharia mais sentido para nossa reflexão se estivesse ligado com os capítulos anteriores. Então, descobri algumas chaves de leitura, que me parecem preciosas. E compartilho agora com você.

1. Antes da pesca

No Evangelho de Lucas, o relato da pesca está colocado no início da missão de Jesus, no capítulo 5. Antecede essa narrativa uma série de relatos nos capítulos 3 e 4, que apresentam a missão do precursor, João Batista, e como Jesus inaugura o Reino de Deus. Esquematicamente:

Lc 3,1-20: A missão de João Batista.
Lc 3,21-22: O batismo de Jesus e a efusão do Espírito.
Lc 3,23-28: Genealogia de Jesus, remontando até o início da humanidade.
Lc 4,1-13: No deserto, Jesus vence as três tentações messiânicas.
Lc 4,14-21: O discurso inaugural de Jesus, na sinagoga de Nazaré, a partir de Is 61,1s.
Lc 4,22-30: Reações diversas à pregação de Jesus. Admiração, incredulidade, perseguição e tentativa de matá-lo.
Lc 4,31-37: Jesus liberta um homem do demônio. Sua fama se espalha na redondeza.
Lc 4,38-41: Jesus cura a sogra de Pedro e outros doentes. Não permite que revelem que ele é o Messias.
Lc 4,42-44: Após sair do lugar deserto, Jesus anuncia o Reino de Deus para as outras cidades.

Jesus, nosso Mestre e Senhor, é tanto o centro da evangelização como o modelo de evangelizar. No dizer da Epístola aos Hebreus, devemos correr com perseverança, deixando de lado tudo o que nos atrapalha, e fixar nossos olhos em Jesus, "autor e realizador da nossa fé" (Hb 12,1-2). Assim, alguns elementos teológico-pastorais destes belos relatos sobre Jesus, que antecedem a cena da pesca, inspiram a ação evangelizadora da Igreja. Destacar-se-á aqui: *o deserto, a oração e a tentação*.

O deserto e a tentação

Após o batismo nas águas do Jordão por João Batista (Lc 3,21s.), Jesus é conduzido pelo Espírito ao deserto. Na Bíblia, o deserto evoca o lugar da provação e do encontro com o Senhor. Ali o povo de Deus é tentado, como também experimenta a fidelidade e o amor de Javé. *Prova* o amor de Deus e *é provado* nas suas convicções. O deserto se torna um espaço educativo, para fazer crescer a fé: "Reconheça em seu coração que Javé, seu Deus, educava você (no deserto) como um ser humano educa o seu próprio filho" (Dt 8,5).

Propositalmente, Lucas retoma as grandes tentações de Israel peregrino no deserto. Mostra que Jesus se manteve focado na missão e superou as tendências desviantes de sua missão. Não se deixou enganar pelos argumentos sedutores do tentador, que usava até justificativas religiosas, baseadas em citações isoladas das Escrituras (Lc 4,9-11). Jesus identifica e desmascara os ardis do tentador.

Ora, os desertos e as tentações fazem parte da missão evangelizadora. Quantos momentos de crises, fracassos, decepções e aridez! Por vezes, até com boa intenção e sem o devido discernimento, os discípulos missionários se desviam do Caminho da vida. Cedem às tentações que lhes tiram da rota da fidelidade criativa ao Senhor. Mas o Senhor permanece amorosamente voltado para a sua comunidade. Até mesmo nos descaminhos nos encontramos com Deus, provamos seu amor e fidelidade. O deserto nos despoja das falsas pretensões, do orgulho e da vaidade, explicita as intenções ocultas e coloca-nos à prova (cf. Dt 8,2). No dizer do Papa Francisco, "no deserto, é possível redescobrir o valor daquilo que é essencial para a vida" (EG 86).

Historiadores e biblistas afirmaram que Moisés e o povo que saiu do Egito não percorreram um caminho reto e curto, mas sim longo e curvo. Para quê? Para deixar-se educar por Deus, construir comunidade e moldar uma nova mentalidade. Um contingente humano sem rosto, de escravos, de *apirus*,[1] fez um longo trajeto educativo, até construir a identidade de "Povo de Deus", parceiro da Aliança com Javé. O deserto é o espaço-tempo propício para a conversão, a purificação e o crescimento.

Para que o deserto se torne fecundo, é necessário desenvolver um coração de discípulo, de aprendiz. Somente assim as experiências duras e desafiadoras se tornam ocasião de aprendizagem. Felizmente, há pessoas, grupos e instituições que passam por duras crises, enfrentam grande oposição, e aprendem com elas. Fortalecem suas convicções, relativizam as coisas secundárias, desenvolvem a humildade, a tolerância, a capacidade de compreender o diferente, e empreendem um diálogo enriquecedor. Para quem tem espírito de aprendiz, o deserto molda personalidades fortes e flexíveis. Assim aconteceu com o povo de Israel e com Jesus. Assim acontece hoje com a Igreja, sua comunidade de discípulos missionários.

A qualificação de "discípulos e missionários", atribuída tanto aos indivíduos como à comunidade eclesial, foi assumida no Documento de Aparecida, para a América Latina (DAp 1, 3, 10, 11...). Ampliou-se em toda a Igreja, a partir da *Evangelii Gaudium*. Francisco fez uma alteração: não mais discípulos *e* missionários, e sim discípulos missionários (EG 24, 40, 50).

---
[1] Ou habirus, conforme a tradução adotada.

Expressão única, de um substantivo composto, significando, ao mesmo tempo, "o aprendiz que também ensina" e o "evangelizador que aprende constantemente".

O Papa Francisco utiliza também a analogia do deserto, num sentido próprio, para sinalizar a aridez que pode tomar conta dos cristãos e da sociedade. Nesse caso, a expressão vem entre aspas: "Em alguns lugares, se produziu uma 'desertificação' espiritual, fruto do projeto de sociedades que querem construir sem Deus ou que destroem as suas raízes cristãs" (EG 86).

O que significa evangelizar numa sociedade *desertificada*, na qual as pessoas ainda sentem sede de Deus, mas de forma implícita e até com certa rejeição à religião?

Lá somos chamados a ser pessoas-cântaro para dar de beber aos outros. Às vezes, o cântaro transforma-se numa pesada cruz, mas foi precisamente na cruz que o Senhor, trespassado, se nos entregou como fonte de água viva (EG 86).

A oração

Lucas aponta a disposição interior que sustenta Jesus e sua missão: *a oração*, na qual o Espírito atua de forma singular. Jesus estava rezando, quando o Espírito vem sobre ele no batismo (Lc 3,21). O mesmo Espírito o conduz ao deserto, lugar propício à oração (Lc 4,1). Saindo do deserto, Jesus volta à Galileia, com a força do Espírito (Lc 4,14). E inicia sua pregação lendo o texto de Is 61,1: "O Espírito do Senhor está sobre mim, pois ele me ungiu para anunciar a Boa-Nova aos pobres" (Lc 4,18).[2]

A oração é mais do que a soma de práticas religiosas. Componente fundamental da vida cristã, ela se fundamenta na própria prática de Jesus. Lucas, de forma especial, mostra que Jesus prepara e vive os grandes momentos de sua missão cultivando esta sintonia com o Pai, especialmente pela oração. Basta percorrer o Evangelho: no batismo (Lc 3,21), no deserto, ao discernir a escolha dos doze (Lc 6,12), na transfiguração (Lc 9,18), quando louva o Pai porque revelou os segredos do Reino aos pequenos, ao passar pela intensa luta interior no monte das Oliveiras (Lc 22,41), quando é tentado pela multidão para descer da cruz e pede ao Pai que perdoe a ela (Lc 23,34), na oração final de entrega a Deus (Lc 23,46).

---

[2] Há um paralelismo da ação do Espírito na anunciação e no batismo de Jesus: "O Espírito, considerado como poder criador que opera coisas novas, atua na concepção de Jesus (1,35), desce sobre ele de maneira estável e definitiva no momento do batismo, acompanhando Jesus, ao longo de toda a sua vida pública (4,1.14; 10,21)" (CASALEGNO, p. 94).

Após atividade intensa, Jesus se retira a lugares desertos, para orar (Lc 5,16). Por vezes, leva seus seguidores com ele (Lc 9,18). Jesus ensina os discípulos a orar, com o Pai-Nosso, e destaca a importância da oração (Lc 11,1-13). Há uma estreita relação entre a missão de Jesus e sua oração, fonte contínua de inspiração, de energia e de gozo. Mas, que tipo de oração?

> A oração de Jesus não é a oração tranquila do hebreu devoto que vai à sinagoga todos os sábados levando consigo o livro das orações. Realiza-se nos desafios da existência e nas provações que ninguém pode prever; brota da vida, é espontânea, e, conforme as circunstâncias, se torna apelo, invocação, diálogo, grito. (...) Esta maneira de rezar marcou a comunidade dos discípulos que tiveram a experiência direta dos encontros de Jesus com Deus (CASALEGNO, 2003, p. 223).

Olhando para a vida cristã atual, importa destacar que a oração se expressa na devoção e na Liturgia, mas não se reduz às manifestações externas de ambas. Meios privilegiados para nos colocar em sintonia com o Deus da vida, elas podem degenerar-se em práticas formalistas, nas quais a linguagem, os múltiplos recursos comunicativos e os ritos não traduzem necessariamente uma presença significativa de Deus.[3] Este desvio das práticas religiosas autojustificadoras é denunciado por Jesus, quando ecoa e comenta as palavras do profeta: "Este povo me honra com os lábios, mas o seu coração está longe de mim" (Mt 15,7-9).

Tentações atuais dos evangelizadores

O Papa Francisco, no capítulo II da Exortação Apostólica *Evangelii Gaudium* ("Alegria do Evangelho"), dedica uma parte extensa às "Tentações dos agentes pastorais" (EG 76-101). De início, reconhece, agradecido, o testemunho de vida e o empenho pastoral de uma multidão inumerável de cristãos (EG 76). Durante sua reflexão, aponta as tentações de leigos(as), religiosos(as) e presbíteros, que sofrem os influxos da cultura globalizada atual. A lista não é pequena. Dentre elas:

- o relativismo prático de um estilo de vida cômodo e egoísta (EG 80-81);
- a busca de resultados imediatos, de sucesso a qualquer custo (82-83);

---
[3] No clássico artigo sobre a *Experiência de Deus*, o grande filósofo Pe. H. C. de Lima Vaz mostra que a experiência significativa conjuga, de forma irrenunciável, presença e linguagem. E a experiência de Deus deve ser constituída, de forma original e originante, por estes dois componentes.

- o pessimismo (84) e o derrotismo (85);
- o vazio de Deus (86);
- o isolamento (89), a inveja e competição (98s);
- a intolerância (100).

No contexto de nossa reflexão, vale recordar o que chamaríamos aqui da "negação do deserto fértil", que, ao longo do tempo, produz a desertificação da existência. No dizer de Francisco, o problema residiria:

> [...] nas atividades mal vividas, sem as motivações adequadas, sem uma espiritualidade que impregne a ação e a torne desejável. Daí que as obrigações cansem mais do que é razoável, e às vezes façam adoecer. Não se trata duma fadiga feliz, mas tensa, desagradável e não assumida (EG 82).

Gera-se então um desânimo pastoral, que pode ter diferentes causas:

- sustentar projetos irrealizáveis e não viver bem com o que seria possível fazer;
- não aceitar a custosa evolução dos processos e querer que tudo caia do Céu;
- apegar-se a projetos de sucesso cultivados pela vaidade pessoal;
- ter perdido o contato real com o povo, numa despersonalização da pastoral que leva a prestar mais atenção à organização do que às pessoas, às planilhas do que à caminhada real.

Assim, a ânsia de chegar a resultados imediatos faz com que os agentes pastorais não tolerem a contradição, um aparente fracasso, uma crítica, uma cruz (cf. EG 82).

Uma advertência de Francisco soa como original, pois não havia sido apontada desta forma pelos seus antecessores: *o mundanismo espiritual* (93-97). Dito resumidamente, consiste em desviar-se do projeto de Deus, usando em benefício próprio a tradição religiosa e seus mecanismos:

> O mundanismo espiritual, que se esconde por detrás de aparências de religiosidade e até mesmo de amor à Igreja, é buscar, em vez da glória do Senhor, a glória humana e o bem-estar pessoal (94).

Tal postura pode provir tanto da fé fechada no subjetivismo próprio da modernidade, como da autossuficiência daquele "que se sente superior aos outros por cumprir determinadas normas ou por ser irredutivelmente fiel a certo estilo católico próprio do passado" (EG 94). Por cultivar de forma extrema a aparência, consegue-se mascarar as motivações profundas dos agentes pastorais. Francisco é incisivo:

> Este obscuro mundanismo manifesta-se em muitas atitudes, aparentemente opostas, mas com a mesma pretensão de "dominar o espaço da Igreja". Em alguns, há um cuidado exibicionista da Liturgia, da doutrina e do prestígio da Igreja, mas não se preocupam com que o Evangelho adquira uma real inserção no povo fiel de Deus e nas necessidades concretas da história. Assim, a vida da Igreja transforma-se numa peça de museu ou numa possessão de poucos.
> Noutros, o próprio mundanismo espiritual esconde-se por detrás do fascínio de poder mostrar conquistas sociais e políticas, ou numa vanglória ligada à gestão de assuntos práticos, ou numa atração pelas dinâmicas de autoestima e de realização autorreferencial (EG 95).

Ora, como se livrar desta terrível tentação, que pode estar presente em pessoas e grupos tidos como os defensores da piedade, da moral e da doutrina? Como superar esta "tremenda corrupção, com aparência de bem" (EG 97)?

> [...] colocando a Igreja em movimento de saída de si mesma, de entrega aos pobres. [...] Este mundanismo asfixiante cura-se saboreando o ar puro do Espírito Santo, que nos liberta de estarmos centrados em nós mesmos, escondidos numa aparência religiosa vazia de Deus. Não deixemos que nos roubem o Evangelho (EG 97)!

Como explicita Francisco, em outros lugares de sua exortação apostólica, a tentação do mundanismo espiritual não é vencida somente com o aumento de práticas religiosas e devocionais, mas com a *conversão pastoral*, colocando-nos no movimento de uma *Igreja em saída*. Ali se recupera o sentido positivo destas práticas, no horizonte de um projeto evangelizador mais amplo.

Não basta "lançar as redes" de forma aleatória, a serviço de um projeto evangelizador fundado na busca de sucesso. A evangelização requer atitudes profundas. E, nesse sentido, o que nos revela Maria, a mãe de Jesus, a respeito do(s) deserto(s), da oração e da tentação?

2. Maria nos inspira: vencer as tentações, perseverar na oração

Os relatos dos Evangelhos acerca de Maria de Nazaré não citam explicitamente nem o deserto, nem as tentações. De outro lado, Lucas acentua, duas vezes, que Maria orava diante dos acontecimentos extraordinários (Lc 2,19) ou cotidianos (Lc 2,52), meditando sobre os fatos em seu coração. Além disso, o evangelista nos legou o belo cântico do *Magnificat* (Lc 2,46-55).

Deserto e tentação fazem parte da história de quem está a caminho, em processo. A literatura mariana, desenvolvida durante muitos séculos, ao partir do pressuposto de que Maria era "toda santa" (*pan-ágia*), não desenvolveu suficientemente a dimensão de Maria como *peregrina na fé*. De certa forma, o final do caminho espiritual de Maria, sua participação ímpar na Comunhão dos Santos, glorificada com Jesus, levou teólogos e místicos a considerar como estranho que Maria tivesse se sujeitado às crises e ao crescimento da fé. Pareceria que o "sim" da anunciação já comportava uma totalidade da resposta, que não exigiria evolução e renovação da opção.

Simbolicamente, por quais desertos passou Maria, no correr da vida? O mais evidente consiste nos longos 30 anos de silêncio e anonimato, no pacato e desconhecido vilarejo de Nazaré. Nada de extraordinário, nem milagres, nem sinais de Deus. Ao comparar o desafiante caminhar na fé dos discípulos missionários com o itinerário de Maria, Papa Francisco diz:

> Nesta peregrinação evangelizadora, não faltam as fases de aridez, de ocultação e até de um certo cansaço, como as que viveu Maria nos anos de Nazaré, enquanto Jesus crescia (EG 287).

Francisco recorre à *Redemptoris Mater*, de João Paulo II, onde esse afirma que a vida oculta em Nazaré trouxe para a mãe de Jesus "um particular aperto no coração, unido a uma espécie de noite da fé"; como um véu que a estimulava a "aproximar-se do Invisível e viver na intimidade com o mistério". E assim Maria "avançou no seu itinerário de fé" (RM 17, citado em EG 287).

O maravilhoso da vida cristã consiste em transformar o deserto, lugar de provação, em espaço de encontro íntimo e amoroso com Deus. A busca se transforma em encontro. Da tentação sai-se fortalecido. Assim anuncia o profeta Oseias, ao comparar Deus com um marido persistente e amoroso: "Agora, sou eu que vou seduzi-la, vou levá-la ao deserto e conquistar seu coração" (Os 3,16).

Maria, José e Jesus viveram nos longos anos da vida oculta em Nazaré estes encontros fecundos com Deus, ao ritmo do dia a dia. Nesse sentido, Clodovis Boff diz que "o cotidiano de Maria é a expressão mais acabada da economia normal do mistério" (BOFF, 2003, p. 107). Ninguém, por mais próximo que estivesse dela, podia imaginar o que se passava no reverso divino dessa vida igual à de todo mundo (p. 108). Onde estava o seu segredo? Maria sabia viver o ordinário de modo absolutamente extraordinário.

> Ela personificava cada evento, perguntando-se no fundo do coração o que o Senhor queria lhe dizer com aquilo. A misteriosa alquimia que Maria usava para transfigurar sua vida era a meditação amorosa e confiante. Mulher reflexiva que era, repassava os acontecimentos de cada dia num coração impregnado de fé e de amor (Idem, p. 107-108).

O deserto, em sua ampla gama de significações, evoca a luta, o conflito, a persistência. Maria também viveu essas realidades durante a vida pública de Jesus. Tal questão está esboçada profeticamente nas palavras de Simeão:

> Eis que este menino está posto para a queda e elevação de muitos em Israel. Ele será um sinal de contradição! Quanto a você, uma espada lhe atravessará a alma [psique]. Assim serão revelados os pensamentos de muitos corações (Lc 2,34-35).

O tema da *espada* que atravessa o coração de Maria permite várias interpretações. Tradicionalmente, essa passagem é entendida como uma alusão ao sofrimento de Maria, que acompanha seu filho até o Calvário. A "espada de dor" significaria então que Maria se solidariza com seu filho, incompreendido e ultrajado, até a trágica morte de cruz. E alguns estudos recentes reforçam tal compreensão.

Segundo Boris Ulloa, Lucas revela que, "no plano salvífico de Deus, o sofrimento e o lugar de Maria estão intimamente associados ao sofrimento e ao lugar do Messias" (ULLOA, 2015, p. 194). O verbo "Keimai" (está posto) é utilizado somente por Lucas, tanto nesta cena como na da morte de Jesus, que é colocado no sepulcro (Lc 23,53). Mais: na perspectiva lucana, a missão de Jesus continua na comunidade cristã, que é testemunha do Ressuscitado, conforme a narração dos Atos dos Apóstolos. Parece que Lucas "antecipou na figura de Maria a participação dos discípulos e das comunidades cristãs na rejeição e nos sofrimentos de seu Mestre" (*idem*, p. 199).

Outra interpretação é proposta na clássica obra ecumênica *Maria no Novo Testamento*, sob a coordenação de Robert Brown e outros teólogos. Segundo eles, a espada aludiria ao longo e conflituoso processo que Maria viveu, ao fazer o "salto da fé", da família biológica para a nova família dos seguidores de Jesus. Maria passa pelo teste da obediência, num aprendizado incessante, que comporta perigos, riscos e sofrimentos. Não se trata, portanto, de apologia ao sofrimento, mas sim de uma condição própria dos caminhantes na fé: deixar-se atravessar pela palavra viva, que é o próprio Jesus. Com a figura de uma espada atravessando a alma de Maria, Lucas descreve presumivelmente o difícil processo de ela aprender que a obediência à Palavra de Deus transcende os laços familiares (BROWN, 1985, p. 170).

Nesta linha, coloca-se também a biblista Nancy Cardoso Pereira. A autora mostra que a palavra "espada" aparece 36 vezes no Novo Testamento, traduzindo dois termos gregos: *machaira* e *romfáia*. O primeiro se aplica à faca ou espada leve, usada pelos romanos. O segundo, utilizado por Lucas e Apocalipse (1,16; 2,12.16; 6,8; 19,15.21), a uma espada grande e pesada. Esse aludiria àquele juízo profundo e intenso, destinado a quem tem fé em Cristo.

Parece-nos que as três interpretações são viáveis e conciliáveis entre si, embora apresentem ênfases distintas: 1) Maria participa do sofrimento de Jesus na vida e na morte; 2) a espada do conflito e do discernimento, dirigida a Maria, diz respeito também a todos os seguidores de Jesus; 3) a espada simbolizaria o doloroso processo de crescimento de Maria, ao confrontar-se com as exigências de Jesus, Palavra viva de Deus. Assim ela supera o tradicional papel de mãe mediterrânea e adere à nova família dos seguidores de Jesus (Lc 8,21), caracterizada por aqueles que "ouvem a Palavra de Deus e a põem em prática".

C. Halkes e E. Schillebeeckx, na obra *Maria, ontem, hoje e amanhã*, afirmam que a mãe de Jesus se tornou rapidamente um símbolo nas comunidades primitivas. Assim, como sustentam outros teólogos, para a comunidade lucana, Maria simboliza o/a perfeito/a discípulo de Jesus, que ouve a palavra, cultiva-a no coração e frutifica-a. Para a comunidade joanina, é a mulher que conduz a Jesus e se torna, por desejo explícito dele, a mãe da comunidade. Ao dizer "simbolizar", compreende-se um duplo sentido: ela de fato viveu assim, e a comunidade a viu como uma referência para as futuras gerações cristãs. Mais complexa, no entanto, é a interpretação da figura da mulher em Apocalipse 12.

Grande parte dos mariólogos, baseando-se em escritos posteriores de Tradição cristã, sustentam que esta mulher (re)vestida de sol seria a mãe de Jesus, já glorificada por Deus. Já os biblistas tendem a uma interpretação eclesiológica: a mulher que dá à luz, após dores de parto, seria a Igreja, comunidade dos seguidores de Jesus. Ao mesmo tempo que a Igreja participa da glória do Ressuscitado, prova também a fragilidade na história. É perseguida pelos poderes deste mundo. O majestoso sinal no céu (Ap 12,1-2) contrasta com a situação da mulher no deserto. Segundo o texto, a mulher foge para o deserto, onde Deus lhe prepara um lugar, e aí é alimentada por 3 anos e meio (Ap 12,6). O dragão persegue a mulher que deu à luz o Messias

(Ap 12,13). Essa recebe duas asas para escapar de seus ataques, mas não sai do deserto. Continua lá, onde Deus a alimenta, como fez com o povo de Israel na caminhada rumo à terra prometida (v. 14). Por fim, enfurecido, o dragão combate o resto da descendência da mulher (v. 17).

Levando em conta que as analogias e imagens do livro do Apocalipse permitem mais de uma interpretação, então se diz que, em primeiro lugar, a mulher de Ap 12 seria a comunidade cristã. Mas também se aplicaria a Maria, mãe do Messias. Nesta linha se posiciona, por exemplo, Ugo Vanni (2010, p. 198-210).

Na *Evangelii Gaudium*, o Papa Francisco reconhece a "ligação íntima entre Maria, a Igreja e cada fiel, enquanto de maneira diversa geram Cristo". Assim: "Ela, que o gerou com tanta fé, também acompanha 'o resto da sua descendência, isto é, os que observam os mandamentos de Deus e guardam o testemunho de Jesus' (Ap 12,17)" (EG 285).

Historicamente, é provável que Maria de Nazaré não tenha vivido no deserto geográfico. Mas, sem dúvida, experimentou os *desertos* da peregrinação na fé. Também neste aspecto, a mãe de Jesus é uma referência para nós, discípulos missionários de Jesus. Provamos e somos provados na aridez do deserto da existência, como também nos regozijamos com a imensidão das águas do mar da Galileia. A carência e sobriedade do deserto se alternam com a fartura e o júbilo da pesca no lago.

Tentações

O deserto se associa ao tema espiritual da tentação. Ora, para determinada concepção teológica, a tentação seria uma característica dos pecadores. E como Maria não teve pecado, não teria sofrido tentação. Devido ao privilégio da imaculada conceição, já seria desde o começo "a santa prontinha e perfeita", poupada da tentação.

Na verdade, não é essa a mensagem dos textos bíblicos. E o mistério de Maria deve ser sempre compreendido à luz de Jesus; dele depende e a ele remete. Segundo o biblista Alberto Casalegno, Jesus é tentado efetivamente, tanto no início como no final de sua missão. Ainda é desafiado a descer da cruz e a salvar-se (Lc 23,35-39). Provavelmente toda a sua vida:

> foi marcada pela tentação de um messianismo fácil, espetacular e mais ao alcance do homem, diferente daquele de entrega total segundo o plano de salvação. Jesus supera todas as provações com sua doação generosa ao Pai, sem procurar interesses pessoais, sem desejar o aplauso dos homens (CASALEGNO, 2003, p. 99).

O fato de "crescer em sabedoria, estatura e graça, diante de Deus e diante dos homens" (Lc 2,53), levando em conta o que é próprio de cada momento da sua vida, aplica-se a toda a existência de Jesus. Foi um contínuo aprender, com inteireza. Por isso, afirma a Carta aos Hebreus: "Embora sendo Filho de Deus, aprendeu a ser obediente por meio de seus sofrimentos. E, depois de perfeito [aperfeiçoado], tornou-se fonte de salvação eterna para todos aqueles que lhe obedecem" (Hb 5,8-9).

Lucas mostra que a tentação não assedia somente a Jesus, mas também a comunidade dos seus seguidores. No horto das Oliveiras, Jesus lhes pede que orem para não cair em tentação (Lc 22,40.46b). Adverte Pedro de que Satanás, personificação do inimigo de Deus, quer "peneirar" os discípulos (Lc 22,31s.). Além disso, na Epístola aos Hebreus se diz: "Justamente porque Jesus foi tentado e sofreu pessoalmente, ele é capaz de vir em auxílio daqueles que estão sendo provados" (Hb 2,18).

Por quais tentações passou Maria? Quais seriam os riscos e possíveis desvios? Como ela foi "provada na fé" e perseverou no caminho da Vida? Clodovis Boff (2003) explicita algumas delas. A primeira tentação estava ligada à visão sobre o messianismo de Jesus: do Reino que vem com poder para o servo:

> No começo, (Maria) havia certamente participado da expectativa de seu povo: a vinda de um Rei poderoso, mas justo. Teve, porém, que mudar de ideia. Mas o que para outros era escândalo, levando à rejeição, para ela era mistério, convidando à entrega na fé (p. 109).

Outra superação da tentação diz respeito ao vínculo afetivo entre mãe e filho. Do ponto de vista psicológico, a relação materna apresenta uma ambiguidade fundamental, que Jung explicitou ao caracterizar o arquétipo do feminino. Necessário nos primeiros anos de vida da criança, o amor materno ideal comporta acolhida, cuidado, proteção, nutrição e certa fusão da mãe com o filho. Com o passar do tempo, ele pode degenerar em posse, domínio, indiferenciação e prisão. Dito de forma simples: não se corta o cordão umbilical. Acrescenta-se a isso um fato cultural, descrito por Bruce Malina (2002): os judeus daquele tempo, no âmbito interno da casa, nutriam uma relação de dependência com a mãe. E os filhos deviam defender os interesses da família ampliada (o clã) a todo custo.

Ora, Maria superou essa tentação de mãe mediterrânea, pois amou sem reter o filho. No dizer de Clodovis:

> Pelo filho especialíssimo que teve, não houve mãe mais tentada de ser "possessiva" do que ela, como não houve entranhas maternas mais

ternas do que as dela (...) Ela manteve o coração soberanamente livre, aberto, desapegado. Não houve mulher que tenha vivido e sofrido uma desapropriação mais radical do fruto de suas entranhas do que ela (...) Maria deixou serenamente o filho seguir sua livre e única missão, oferecendo-o a Deus e ao mundo (p. 109-110).

Que aprendamos de Maria a lidar com as tentações e renovar nosso compromisso com Jesus, nosso Mestre e Senhor. Quem atravessou desertos com espírito de aprendiz, pode ir para as águas profundas, sem submergir. Ouve a Palavra do Mestre e lança as redes com confiança e ousadia.

3. Lançar as redes. Um olhar bíblico e pastoral

Vejamos o relato da pesca, em Lucas 5,1-7:

> Certo dia, Jesus estava na margem do lago de Genesaré. A multidão se apertava ao seu redor para ouvir a Palavra de Deus. Jesus viu duas barcas paradas na margem do lago; os pescadores haviam desembarcado, e lavavam as redes. Subindo numa das barcas, que era de Simão, pediu que se afastasse um pouco da margem. Depois sentou-se e, da barca, ensinava as multidões.
> Quando acabou de falar, disse a Simão: "Avance para águas mais profundas, e lancem as redes para a pesca". Simão respondeu: "Mestre, tentamos a noite inteira, e não pescamos nada. Mas, em atenção à tua palavra, vou lançar as redes". Assim fizeram e apanharam tamanha quantidade de peixes, que as redes se arrebentavam. Então fizeram sinal aos companheiros da outra barca, para que fossem ajudá-los. Eles foram e encheram as duas barcas, a ponto de quase afundarem.

A pesca, dita "milagrosa", desinstala, fascina e motiva os pescadores. Jesus então os chama para segui-lo (Lc 5,8-11):

> Ao ver isso, Simão Pedro atirou-se aos pés de Jesus, dizendo: "Senhor, afasta-te de mim, porque sou um pecador!". É que o espanto tinha tomado conta de Simão e de todos os seus companheiros, por causa da pesca que acabavam de fazer. Tiago e João, filhos de Zebedeu, que eram sócios de Simão, também ficaram espantados. Mas Jesus disse a Simão: "Não tenha medo! De hoje em diante, você será pescador de homens". Então levaram as barcas para a margem, deixaram tudo e seguiram a Jesus.

Neste artigo, é impossível analisar todo o texto do ponto de vista teológico-pastoral. Destacar-se-ão apenas alguns pontos, no horizonte da missão evangelizadora.

Rejeição e acolhida à palavra libertadora

No lago de Genesaré, Jesus vive uma experiência oposta àquela de seu povoado. Em Nazaré, ele anuncia solenemente seu programa de vida na sinagoga (Lc 4,1-14): evangelizar os pobres, libertar os oprimidos, restaurar a vista aos cegos, anunciar o ano da graça. O que a Igreja latino-americana nomeou como "opção preferencial pelos pobres" já aparece claramente no discurso inaugural da missão de Jesus.

Mas a reação não é das melhores. Inicialmente, "todos se admiravam de suas palavras" (v. 15). Mas isso não significa que acolheram a mensagem de Jesus. Ao contrário, questionam sua origem simples (o filho de José) e querem ver milagres. A essa provocação, Jesus responde recorrendo aos profetas Elias e Eliseu, que realizaram sinais de vida para estrangeiros. Diante de tais palavras, todos na sinagoga ficaram furiosos, empurraram Jesus para fora do povoado e queriam jogá-lo do alto de um barranco. Mas Jesus escapa (Lc 4,21-30). Então, a missão de Jesus não começa bem: rejeição a ponto de se querer matá-lo. A primeira tentativa de evangelizar resulta em reação, conflito e até certo fracasso.

Isso nos traz uma lição importante. Desde o início, Jesus não adere ao messianismo fácil e mágico, ao fascínio do sucesso. Anuncia uma Boa Notícia para os que sofrem, o que provoca fascínio, mas também suscita incompreensão e forte reação. Esta chave de leitura ajuda a compreender o ministério petrino do Papa Francisco. Francisco se comove diante da dor dos pobres, dos refugiados, dos estrangeiros, dos pobres de toda sorte. Estende as mãos até para aqueles que o cristianismo histórico rejeitou durante séculos. Toma a sua defesa, realiza gestos solidários e convoca a Igreja para fazê-los também. Clama pela urgência do cuidado da Casa Comum. Para ele, tudo isso faz parte da missão evangelizadora. E como aconteceu com Jesus, suscita admiração de muitos e forte reação em outros, inclusive no interior do corpo eclesial. Francisco também adverte aqueles que, em busca do sucesso e da conquista das multidões, omitem a dimensão social e conflitiva do Evangelho. Diante de questões humanas gritantes, mostram-se indiferentes.

Na beira do lago, o povo não procura milagres. Simplesmente quer "ouvir a Palavra de Deus", no discurso e nos gestos de Jesus. Tal busca é tão intensa, que a multidão se aglomera e se aperta. A cena não acontece no espaço religioso formal, na sinagoga ou no Templo, e sim no meio da natureza. Jesus não está sentado na cátedra, mas num barco. Lucas narrará, nos Atos dos Apóstolos, que a comunidade das testemunhas do Ressuscitado anuncia a Palavra de Deus (At 4,31; 13,5; 17,13). O termo "Palavra de Deus", posteriormente, se aplicou à Bíblia. Jesus e seus discípulos não somente proclamam as Escrituras Sagradas judaicas. Eles as interpretam, ligando-as com a existência das pessoas. Sendo palavra humana, soa como diferente, original, vinda de Deus e visando a uma comunhão com Ele.

Neste sentido, o que se espera de um pregador cristão, hoje?

Um ensinamento arraigado no Evangelho de Jesus. Uma mensagem na qual se possa perceber a verdade de Deus e na qual se possa ouvir seu perdão, sua misericórdia insondável e também seu apelo à conversão (...) Essa palavra humilde, sentida, realista, extraída do Evangelho, meditada pessoalmente no coração e pronunciada com o Espírito de Jesus (PAGOLA, 2012, p. 94).

Jesus pede a Pedro algo inusitado. Um pescador experiente sabe que, se nada pescou à noite, provavelmente pouco encontrará no mesmo lugar, durante o dia. Baseado na prática já consolidada, seria inútil tentar novamente. Mas Pedro sente que Jesus tem algo a propor, que se pode acreditar nele. Por isso, arrisca: "Apoiado em tua palavra, lançarei as redes". E o resultado é surpreendente: peixes em abundância, a ponto de arrebentar as redes.

É visível que a fartura da pesca contrasta com a carência do deserto. E não se trata de escolher entre a carência do deserto ou a abundância de peixes do lago. Ambos fazem parte da missão de Jesus e de seus seguidores. Quem resistiu à tentação de transformar pedras em pão, agora oferece alimento em abundância para a multidão. Jesus não faz o sinal para provar que é poderoso, mas para mostrar que o Reino está chegando e, com ele, a vida plena para todos (Jo 10,10). Lucas não usa a palavra "milagre" (*táumata*) ou "gesto de poder" (*dýnamis*). Nós é que classificamos o fato como "a pesca milagrosa". À primeira vista, Jesus não multiplicou os peixes, mas apontou o lugar adequado para encontrá-los. O relato visa despertar os pescadores para seguirem Jesus. A partir do momento em que acolhem seu chamado, tornam-se pescadores de homens e mulheres.[4]

Impressiona a atitude de Pedro após a pesca. Surpreendido pelo resultado extraordinário, ele se lança aos pés de Jesus, em atitude de respeito e veneração. Com espontaneidade admirável, reconhece-se pecador, indigno

---

[4] No grego bíblico: *ántropos*, o ser humano em geral, não somente os varões.

de conviver com Jesus. E o Mestre não se assusta com isso. Se Pedro se sente pecador, pode compreender melhor a mensagem de Jesus, de perdão e acolhida a todas as "ovelhas perdidas da casa de Israel". Jesus afasta o medo e o associa à sua missão. Que lição atual tirar dessa atitude de Pedro? Reconhecer que somos pessoas e comunidade de pecadores, necessitados continuamente de conversão:

> A Igreja é santa, porque vive animada pelo Espírito Santo de Jesus, mas é pecadora porque não poucas vezes resiste a esse Espírito e se afasta do Evangelho. O pecado está nos crentes e nas instituições, na hierarquia e no povo de Deus, nos pastores e nas comunidades cristãs. Todos nós precisamos de conversão (PAGOLA, 2012, p. 95).

Águas profundas, conversão pastoral e Igreja em saída

Os pescadores haviam tentado apanhar os peixes durante toda a noite e nada haviam conseguido. Jesus lhes pede que lancem as redes em águas mais profundas. Este mote foi utilizado pelo Papa João Paulo II, na Carta Apostólica *Novo Millennio Ineunte,* ao final do grande jubileu do ano 2000:

> No início do novo milênio, quando (...) um novo percurso de estrada se abre para a Igreja, ressoam em nosso coração as palavras com que um dia Jesus, depois de ter falado às multidões a partir da barca de Simão, convidou o Apóstolo a "fazer-se ao largo" para a pesca: "Duc in altum" (Lc 5,4). Pedro e os primeiros companheiros confiaram na palavra de Cristo e lançaram as redes. "Assim fizeram e apanharam uma grande quantidade de peixes" (Lc 5,6). *Duc in altum!*[5] Estas palavras ressoam hoje aos nossos ouvidos, convidando-nos a lembrar com gratidão o passado, a viver com paixão o presente, abrir-se com confiança ao futuro (NMI 1).

João Paulo II convocou toda a Igreja: "É nossa obrigação, amados irmãos e irmãs, lançar-nos para o futuro que nos espera" (NMI 3). Para ele, esse é o momento "para abrir o coração à onda da graça e deixar a palavra de Cristo passar por nós com toda a sua força: *Duc in altum!*" (NMI 38). Tal mote é retomado como título da conclusão do documento (NMI 58), com palavras de estímulo para dilatar a ação pastoral: "Sigamos em frente, com

---

[5] João Paulo II usa a tradução latina do texto lucano, que pode ser interpretado como: lançar-se ao largo, penetrar mar adentro, ir para o fundo, ou até, como fazem alguns *sites* católicos, "ir para o alto".

esperança! Diante da Igreja, abre-se um novo milênio como um vasto oceano onde aventurar-se com a ajuda de Cristo" (NMI).

A Conferência dos Bispos da América Latina, em Aparecida (2007), renova este convite, num insistente clamor:

> [Jesus] continua convocando, convidando, oferecendo incessantemente vida digna e plena para todos. Nós somos agora, na América Latina e no Caribe, seus discípulos e discípulas, chamados a navegar mar adentro para uma pesca abundante. Trata-se de sair de nossa consciência isolada e de nos lançarmos, com ousadia e confiança (parrésia), à missão de toda a Igreja (DAp 263).

Em vários âmbitos pastorais, falta a ousadia de "lançar-se ao largo", navegar mar adentro. Alguns preferem "pescar no aquário". Repetem as mesmas coisas, para o mesmo público, que envelhece lentamente. E esse público envelhecido (em vários sentidos), gosta da repetição, da rotina, da segurança. Ora, a falta de criatividade, a mera repetição dos modelos do passado é como pescar no mesmo lugar, com as mesmas redes. O lago mudou, os cardumes também. Mas uma cegueira paralisante deixa bispos, presbíteros e outros agentes pastorais na inércia. Parece-lhes mais seguro refugiar-se no passado idealizado. No dizer do Papa Francisco: "Desenvolve-se a psicologia do túmulo, que, pouco a pouco, transforma os cristãos em múmias de museu" (EG 83).

Adentrar em águas profundas! Tal frase de Jesus ecoa no coração dos cristãos e da Igreja, como um grito para lançar-se em missão, superando a superficialidade, o lugar-comum, os métodos anacrônicos. Se João Paulo II insistia no "novo ardor", Francisco acentua a necessidade da conversão pastoral, de uma Igreja em saída.

Papa Francisco lança um apelo veemente: que todas as comunidades se esforcem, com os meios necessários, para avançar na conversão pastoral e missionária, que não pode deixar as coisas como estão. Não basta uma simples administração, mas estar em estado permanente de missão (cf. EG 25). Compartilha com toda a Igreja um desejo profundo que lhe vem do coração de pastor, sintonizado com o mundo contemporâneo:

> Sonho com uma opção missionária capaz de transformar tudo, para que os costumes, os estilos, os horários, a linguagem e toda a estrutura eclesial se tornem um canal destinado mais à evangelização do mundo atual do que à autopreservação (cf. EG 27).

Segundo ele, a reforma das estruturas visa fazer que a ação pastoral seja mais comunicativa e aberta, que disponha os agentes em atitude constante de saída (EG 27). Colocar tudo em chave missionária exige também *mudar a maneira de comunicar a mensagem*.

O problema maior ocorre quando a mensagem que anunciamos parece identificada com aspectos secundários, que, apesar de serem relevantes, não manifestam sozinhos o coração da mensagem de Jesus Cristo (EG 34). Uma Igreja em saída, que prioriza a alegria da mensagem de Jesus, exercita a liberdade de concentrar-se no essencial. Resumindo as palavras de Francisco:

> Quando se assume um objetivo pastoral e um estilo missionário, que chegue realmente a todos, sem exceções nem exclusões, o anúncio concentra-se no essencial, no que é mais belo, mais importante, mais atraente e, ao mesmo tempo, mais necessário. A proposta acaba simplificada, sem com isso perder profundidade e verdade, e assim se torna mais convincente e radiante (EG 35).

Se o convite a acolher o Deus que nos ama e salva não brilha com vigor e fascínio, o edifício moral da Igreja corre o risco de se tornar um castelo de cartas. A mensagem cristã perde o seu frescor e não tem o perfume do Evangelho (EG 39). Não cairíamos então num relativismo, tão criticado pelo Papa Bento XVI, considerado por ele como um dos principais males do século? Não, se o foco é Jesus e sua mensagem salvífica. De forma breve:

> Embora todas as verdades reveladas procedam da mesma fonte, algumas delas são mais importantes por exprimir diretamente o coração do Evangelho. Neste núcleo fundamental, sobressai a beleza do amor salvífico de Deus manifestado em Jesus Cristo morto e ressuscitado. Neste sentido, o Concílio Vaticano II afirmou que existe uma ordem entre as verdades da doutrina católica. Isto é válido tanto para os chamados dogmas da fé como para o conjunto dos ensinamentos da moral (cf. EG 36).

Conforme o Papa Francisco, no seu discernimento, a Igreja pode reconhecer que alguns costumes hoje já não são interpretados da mesma maneira. Sua mensagem não é percebida de modo adequado. Podem até ser belos, mas agora não prestam o mesmo serviço à transmissão do Evangelho. "Da mesma forma, há normas ou preceitos eclesiais que podem ter sido muito eficazes noutras épocas, mas já não têm a mesma força educativa como canais de vida" (EG 43). Não tenhamos medo de revê-los!

Então, "lançar as redes" constitui um conjunto de atitudes e de procedimentos, marcados pela misericórdia, pela flexibilidade, por um amor renovado. Evangelizar com eficácia exige compreender o caminho que as pessoas fazem, estar ao lado delas. Um coração missionário está consciente das limitações e das circunstâncias, fazendo-se fraco com os fracos e tudo para todos (1Cor 9,22). Não se fecha, nem se refugia nas próprias seguranças, na rigidez autodefensiva (cf. EG 45). Evita o ideal inatingível, o moralismo, e descortina caminhos inéditos possíveis. "Sem diminuir o ideal, é preciso acompanhar, com misericórdia e paciência, as etapas de crescimento das pessoas, que se vão construindo dia após dia" (EG 44).

Lançamos as redes em águas turbulentas da modernidade e da pós-modernidade, num continente marcado por uma religiosidade plural, no qual nossa barca também é agitada por ondas perigosas. Tantos desafios podem paralisar os discípulos-missionários de Jesus. Uma alternativa tentadora reside em se refugiar no aparente "porto seguro" da doutrina, das minúcias das normas litúrgicas, da pompa de grandes celebrações, na qual o altar se transforma num grande palco, e o celebrante, em celebridade. Nesse sentido, adverte Francisco:

> Mais do que o temor de falhar, que nos mova o medo de nos encerrarmos nas estruturas que nos dão uma falsa proteção, nas normas que nos transformam em juízes implacáveis, nos hábitos em que nos sentimos tranquilos, enquanto lá fora há uma multidão faminta, e Jesus repete-nos sem cessar: "Dai-lhes vós mesmos de comer" (Mc 6,37) (E49).

Quem lança as redes?

A pergunta pode parecer desnecessária. Mas ela é fundamental nesse momento da história. Na *Evangelii Gaudium*, Francisco dedica alguns parágrafos a esta questão. Não fala em "protagonismo dos leigos", como em Santo Domingo. Na realidade, cada cristão é ator da evangelização. Em todos os batizados atua a força santificadora do Espírito que impele a evangelizar. O Espírito guia o povo de Deus na verdade e o conduz à salvação. O Senhor dota a totalidade dos fiéis com o *sensus fidei*, que os ajuda a discernir o que vem realmente de Deus. A presença do Espírito confere aos cristãos uma sabedoria para captar intuitivamente as realidades divinas, embora não possuam os meios adequados para expressá-las com precisão (EG 119).

Cada batizado, membro do povo de Deus, torna-se discípulo missionário (cf. Mt 28,19). Independentemente da função na Igreja e do grau de instrução da sua fé, é um sujeito ativo de evangelização. Assim, seria inapropriada uma evangelização realizada somente por agentes qualificados, enquanto o resto do povo fiel ficaria reduzido a receptor das suas ações (cf. EG 120). A nova evangelização implica um novo protagonismo de cada um dos batizados. Essa convicção transforma-se num apelo dirigido a cada cristão, para que ninguém renuncie ao seu compromisso de evangelização (EG 120).

Se por um lado é importante investir na formação dos cristãos (leigos, consagrados e presbíteros), por outro não se pode justificar a paralisia evangelizadora com o argumento de "falta de formação". Quem se sente tocado por Jesus, põe-se a anunciar a Boa-Nova. Cada cristão é missionário, uma vez que se encontrou com o amor de Deus em Cristo Jesus (EG 121):

> Certamente todos somos chamados a crescer como evangelizadores. Devemos procurar simultaneamente uma melhor formação, um aprofundamento do nosso amor e um testemunho mais claro do Evangelho. Neste sentido, todos devemos deixar que os outros nos evangelizem constantemente; isto significa (...) encontrar o modo de comunicar Jesus que corresponda à situação em que vivemos (EG 122).

"Lançar as redes" implica, então, uma ação coordenada, que contemple um modelo de Igreja "Povo de Deus", comunitária e participativa.

Onde lançar as redes? Evangelizar na cidade

Nos últimos 50 anos, a sociedade brasileira passou por um rápido e violento processo de urbanização. Hoje temos quase 80% da população habitando em cidades. Enormes contingentes humanos saíram do campo, devido à implantação do modelo do capitalismo rural. Outros tantos pela ausência de infraestrutura básica, como serviços de educação, assistência e saúde. E muitos se deixaram levar pelo fascínio do modelo urbano de viver, alardeado, sobretudo, pela televisão. Embora a primeira geração de migrantes urbanos ainda carregue muitas características do estilo rural, ela tende a se tornar minoritária.

O teólogo João Batista Libanio, na obra *As lógicas da cidade* (2001), delineia de forma magistral como a vida urbana não consiste somente numa mudança de local, mas num sistema complexo, que impacta na visão de mundo e nos valores básicos das pessoas. As cidades são multicêntricas, plurais. Tendem a configurar a relação de espaço e tempo bem diferentes daqueles com que nos habituamos. As lógicas da cidade desafiam radicalmente a vivência e a interpretação da fé.

Retomando a imagem-mestra do nosso artigo, diríamos que a cidade reconfigura tanto o deserto como o lago, a ponto de os evangelizadores se sentirem num mundo estranho. Francisco dedica alguns parágrafos da *Evangelii Gaudium* à realidade urbana (EG 71-75). Sua reflexão nos ajuda a responder à questão: Onde lançamos as redes? Como devemos lançá-las hoje?

Segundo Francisco, "precisamos identificar a cidade a partir dum olhar contemplativo, isto é, um olhar de fé que descubra Deus, que habita nas suas casas, nas suas ruas, nas suas praças". Deus acompanha a busca sincera de indivíduos e grupos, para encontrar apoio e sentido para a sua vida, ainda que o façam tateando, de maneira imprecisa e incerta: "[Deus] vive entre os citadinos promovendo a solidariedade, a fraternidade, o desejo de bem, de verdade, de justiça. Sua presença não precisa ser criada, mas descoberta, desvendada" (EG 71).

Na cidade, o elemento religioso é mediado por vários estilos de vida. A compreensão acerca do tempo, do território e das relações difere das populações rurais (cf. EG 72). Na dura luta pela sobrevivência na cidade, esconde-se um sentido da existência que comporta também um sentido religioso:

> Novas culturas continuam a formar-se nestas enormes geografias humanas, onde o cristão já não costuma ser promotor ou gerador de sentido, mas recebe delas outras linguagens, símbolos, mensagens e paradigmas que oferecem novas orientações de vida, muitas vezes em contraste com o Evangelho de Jesus. Uma cultura inédita palpita e está em elaboração na cidade (EG 73).

Precisamos contemplar esta situação e empreender um diálogo parecido com o que Jesus teve com a Samaritana, junto do poço onde ela procurava saciar a sua sede (cf. Jo 4,7-26) (EG 72). Requer-se criar espaços de oração e de comunhão com características inovadoras, mais atraentes e significativas para as populações urbanas (EG 73).

A Igreja deve ajudar os habitantes da cidade a assumirem sua cidadania, a atuarem, de forma pessoal e comunitária, para a criação de espaços humanizadores. Trata-se de "uma evangelização que ilumine os novos modos de se relacionar com Deus, com os outros e com o ambiente, e que suscite os valores fundamentais" (EG 74).

Assim, compreender a singularidade do *onde* (evangelizar na cidade) traz consigo uma revisão profunda do *como* (linguagem, recursos, interlocutores da evangelização). Somente assim chegaremos "aonde são concebidas as novas histórias e paradigmas, [a] alcançar com a Palavra de Jesus os núcleos mais profundos da alma das cidades" (EG 74).

A cidade dá origem a uma espécie de ambivalência permanente, porque, ao mesmo tempo que oferece aos seus habitantes infinitas possibilidades, interpõe também numerosas dificuldades ao pleno desenvolvimento da vida de muitos (EG 74). Inclui, mas também segrega. Pode ser um precioso espaço de encontro e solidariedade, ou lugar de retraimento e desconfiança mútua. Casas e bairros, sobretudo os ricos, são edificados mais para isolar e proteger do que para unir e integrar:

> A proclamação do Evangelho será uma base para restabelecer a dignidade da vida humana nestes contextos, porque Jesus quer derramar nas cidades vida em abundância (cf. Jo 10,10) (EG 75).

Como a cidade se caracteriza por imensa pluralidade cultural e religiosa, "um programa e um estilo uniformes e rígidos de evangelização não são adequados para esta realidade" (EG 75). Lançar as redes no contexto urbano significa assumir a fundo a realidade humana e inserir-se no coração dos desafios como fermento de testemunho, para fecundar a cidade.

E qual é o lugar da piedade popular, especialmente a mariana, nesse contexto?

A força e a fragilidade da piedade popular

Em continuidade com o Documento de Aparecida, Francisco dedica alguns parágrafos da *Evangelii Gaudium* à piedade popular (EG 122-126). Inicialmente, mostra a íntima relação entre cultura e religiosidade. Ambas são compreendidas não como algo fixo, do passado, mas como processo dinâmico. Segundo ele, os diferentes povos, nos quais foi inculturado o Evangelho, são sujeitos coletivos ativos, agentes da evangelização. Cada povo é o criador da sua cultura e o protagonista da sua história: "A cultura é algo de dinâmico, que um povo recria constantemente, e cada geração transmite à seguinte um conjunto de atitudes relativas às diversas situações existenciais, que esta nova geração deve reelaborar em face dos próprios desafios" (EG 122).

Ora, cada povo, ao traduzir na vida o dom de Deus, segundo suas características próprias, dá testemunho da fé recebida e enriquece-a com novas expressões (*idem*). Desta forma, a chamada "piedade popular" expressa a atividade missionária espontânea do povo de Deus, consiste numa realidade em permanente desenvolvimento, cujo protagonista é o Espírito Santo (EG 122). A fé recebida se encarnou numa cultura e continua a transmitir-se.

Francisco cita explicitamente a Assembleia do CELAM e o Documento de Aparecida. Em nosso continente latino-americano, uma enorme multidão exprime a sua fé por meio da piedade popular, e os bispos chamam-na também "espiritualidade popular" ou "mística popular". Trata-se de uma verdadeira "espiritualidade encarnada na cultura dos simples". Seu conteúdo se manifesta mais pela via simbólica do que pelo uso da razão instrumental. Enquanto ato de fé, acentua mais a entrega a Deus (*credere in Deum*) do que a formulação da doutrina (*credere Deum*). É "uma maneira legítima de viver a fé, um modo de se sentir parte da Igreja e uma forma de ser missionários". Comporta missionariedade, um sair de si e peregrinar: "O caminhar juntos para os santuários e o participar em outras manifestações da piedade popular, levando também os filhos ou convidando as outras pessoas, é em si mesmo um gesto evangelizador" (EG 124).

Segundo Francisco, somente com o olhar do Bom Pastor, que não procura julgar, mas amar, a partir da *conaturalidade afetiva*, é que se pode apreciar a fé viva, presente na piedade, especialmente nos pobres (EG 125):

> Penso na fé firme das mães ao pé da cama do filho doente, que se agarram a um terço ainda que não saibam elencar os artigos do Credo; ou na carga imensa de esperança contida numa vela que se acende, numa casa humilde, para pedir ajuda a Maria, ou nos olhares de profundo amor a Cristo crucificado. Quem ama o povo fiel de Deus não pode ver estas ações unicamente como uma busca natural da divindade; são a manifestação duma vida teologal animada pela ação do Espírito Santo, que foi derramado em nossos corações (cf. Rm 5,5) (EG 125).

Por ser fruto do Evangelho inculturado, subjaz na piedade popular uma força ativamente evangelizadora, obra do Espírito Santo. Assim, somos chamados a encorajá-la e a fortalecê-la para aprofundar o processo de inculturação, que é uma realidade nunca acabada. As expressões da piedade popular têm muito a nos ensinar. São um lugar teológico imprescindível na nova evangelização (EG 126).

O discurso do Papa em relação à piedade popular pode parecer muito otimista. Para alguns, soaria como uma narração idealizada, que não leva em conta a ambiguidade dessa religiosidade. Ora, o próprio Francisco alerta sobre os riscos inerentes a ela, bem como os mal-entendidos e as manipulações. Acolher a religiosidade popular não significa aceitá-la incondicionalmente, nem se confunde com um devocionismo exagerado e estéril.

O Papa apresenta este princípio básico: é necessário "evangelizar as culturas para inculturar o Evangelho" (EG 69). Nos países de tradição católica, deve-se acompanhar, cuidar e fortalecer a riqueza que já existe e, em outros contextos, implementar novos processos de evangelização da cultura. Em qualquer caso, "toda a cultura e todo o grupo social necessitam de purificação e amadurecimento". Nas culturas populares católicas, há fragilidades que devem ser curadas pelo Evangelho, como o machismo, o alcoolismo, a violência doméstica, uma escassa participação na Eucaristia, crenças fatalistas ou mágicas (EG 69).

Do ponto de vista do autor deste artigo, o grande equívoco reside na falta de discernimento acerca dos valores da piedade popular e na promoção massiva do devocionismo. O primeiro tem grandes potencialidades relacionais (cf. EG 90), comporta uma sabedoria de vida. O devocionismo, principalmente o midiático, alimentado por alguns canais, promove uma multiplicação absurda de práticas devocionais, em vista do sucesso individual e de resolver problemas subjetivos. Neste sentido, Francisco adverte:

> Às vezes, se dá maior realce a formas exteriores das tradições de grupos concretos ou a supostas revelações privadas, que se absolutizam, do que ao impulso da piedade cristã. Certo cristianismo feito de devoções – próprio duma vivência individual e sentimental da fé – não corresponde a uma autêntica "piedade popular". Alguns promovem estas expressões sem se preocupar com a inclusão social dos pobres e a formação dos fiéis. Em alguns casos, agem assim para obter benefícios econômicos ou poder sobre os outros (cf. EG 70).

Além disso, é preciso articular a reflexão sobre a piedade popular com a evangelização na cultura urbana. A primeira se move preferencialmente num contexto homogêneo, num horizonte pré-científico, com modelos de comportamento comuns, herdados pela tradição. Já a segunda é marcada por enorme diversidade de opiniões e comportamentos, convivência e conflito de religiões e religiosidades diferentes, fragmentação e advento da subjetividade.

Conclusões abertas: Lançar as redes com Maria, no contexto atual

> Nossa Mãe querida, desde o santuário de Guadalupe, faz sentir a seus filhos menores que eles estão na dobra de seu manto. Agora, desde Aparecida, convida-os a lançar as redes ao mundo, para tirar do anonimato aqueles que estão submersos no esquecimento e aproximá-los da luz da fé. Ela, reunindo os filhos, integra nossos povos ao redor de Jesus Cristo (DAp 265).

Nossa reflexão, partindo do relato lucano acerca do deserto e da pesca, fez uma ponte com questões contemporâneas. Continuamos, assim, a reflexão da Conferência de Aparecida, enriquecida com o ensino do Papa Francisco. Você, caro(a) leitor(a), chegará a conclusões próprias, ao relacionar o tema com sua experiência de vida. Quero destacar algumas convicções que julgo importantes para a ação pastoral na atualidade, junto com Maria:

- Tanto para Jesus como para a sua comunidade de discípulos missionários, a sobriedade do deserto e a abundância da pesca no lago alternam-se e se completam. O deserto, lugar de provação e de encontro com o Senhor, purifica nossas intenções, mantém-nos no caminho da Vida. O lago nos brinda as maravilhas de Deus, em Jesus.

- Maria nos inspira a atravessar os desertos da existência, cultivando no cotidiano a presença de Deus. Sem alarde, despojados do mau espírito de "celebridade" e de autoprojeção. De Maria aprendemos também a amar sem reter: pessoas, projetos, realizações. A ela pedimos que nos conceda a atitude orante e aprendente, de meditar os acontecimentos e descobrir o sentido deles no plano de Deus.

- Como missionários, pescadores de homens e mulheres na causa do Reino de Deus, somos convocados a lançar as redes em águas mais profundas. Isso comporta ousadia e desprendimento, discernimento e criatividade. O Papa Francisco faz um apelo a toda a Igreja, para se lançar numa conversão pastoral. Uma Igreja em saída, para anunciar a alegria do Evangelho, sobretudo na cultura urbana.

- Maria é nossa mãe e companheira nesta empreitada. Como Pedro atende à palavra do Mestre, e lança as redes para a pesca farta, Maria leva os servidores a "fazer tudo o que Ele disser". Ela nos conduz constantemente a Jesus. Com ela provamos a alegria do vinho novo. Abundância de peixes no mar da Galileia, abundância de vinho em Caná. Em ambas as ocasiões, fascínio e contentamento, gratidão pelas maravilhas de Deus operadas em Jesus. Apelo renovado a viver a missão.

- A piedade popular oferece inúmeras oportunidades para evangelizar. Apresenta também limites e ambiguidades. A ida à casa da Mãe, núcleo da peregrinação ao Santuário, deve manter esta sadia tensão entre a centralidade de Jesus em nossa fé e a legitimidade da devoção mariana.

Para concluir, convido-o a rezar comigo a oração que encerra o Documento de Aparecida:

Ajude-nos a companhia de Maria sempre próxima, cheia de compreensão e ternura. Que ela nos mostre o fruto bendito de seu ventre e nos ensine a responder como ela fez, no mistério da anunciação e encarnação.

Que nos ensine a sair de nós mesmos no caminho de sacrifício, de amor e serviço, como fez na visita a sua prima Isabel, para que, peregrinos no caminho, cantemos as maravilhas que Deus tem feito em nós, conforme a sua promessa.

Guiados por Maria, fixamos os olhos em Jesus Cristo, autor e consumador da fé, e dizemos a Ele (...): "Fica conosco, pois cai a tarde e o dia já se declina" (Lc 24,29). (...) Fortalece a todos em sua fé para que sejam teus discípulos e missionários (DAp 553-554)!

Bibliografia

BOFF, Cl. *O cotidiano de Maria de Nazaré*. São Paulo: Salesiana, 2003.
BROWN, R. et al. (orgs.). *Maria no Novo Testamento*. São Paulo: Paulinas, 1985.
CARDOSO PEREIRA, N. "Uma espada atravessada no meu corpo: leituras dolorosas sobre maternidade". In: *Revista de Interpretação Bíblica Latino-Americana* (RIBLA), n. 46, 2003/3, p. 135-147.
CASALEGNO, A. Lucas. *A caminho com Jesus missionário*. São Paulo: Loyola, 2003. Especialmente: p. 92-112; 319-334 (a necessidade da oração).
LIMA VAZ, H. C. de. "A experiência de Deus". In: VV.AA. *Experimentar Deus hoje*. Petrópolis: Vozes, 1974.
MALINA, B. J. *El mundo social de Jesús y los evangelios*. Santander: Sal Terrae, 2002, p. 131-155.
PAPA FRANCISCO. Exortação Apostólica *Evangelii Gaudium* (A Alegria do Evangelho). São Paulo: Paulinas, 2013.
TABORDA, F. Sobre a Experiência de Deus. "Esboço filosófico-teológico". In: PALÁCIO, C. (org.). *Cristianismo e história*. São Paulo: Loyola. Disponível em https://books.google.com.br/books?id=32jdQTXfsBUC (acesso: 22 de maio 2016).
ULLOA, B. A. N. *A apresentação de Jesus no Templo* (Lc 2,22-39): *o testemunho profético de Simeão e Ana como ícone da história da Salvação*. São Paulo: Paulinas, 2012.
VANNI, U. *Por los senderos del Apocalipse*. Buenos Aires: San Pablo, 2010.

A DIMENSÃO CELEBRATIVA DA AVE-MARIA

Monsenhor João Alves Guedes[1]

A saudação *Ave*, através de uma visão criativa, pode nos remeter ao início da criação, quando encontramos, se assim podemos dizer, a porta de entrada do mal pela mulher Eva (cf. Gn 3,6-7). Ao contrário da mulher Eva, que não foi saudada, mas, recebeu o compromisso de ser "a mãe de todos os viventes" (Gn 3,20), como sugere o seu próprio nome, Maria é chamada e saudada de uma maneira que nos conduz à profundidade da missão dela de, embora não ser a mãe biológica de muitos filhos, tornar-se mãe de um Único Filho, em cuja pessoa estava a realização da promessa de Deus Pai que era a de ser o Salvador da humanidade – os filhos de Eva. Maria é sinal e instrumento da nova e eterna aliança de Deus com seu povo eleito, gerado para Deus na dor, aos pés da cruz. Em Maria, encontramos o anúncio da salvação a ser realizada no Reino de Deus. A mulher Eva é grande colaboradora para a existência destruidora do pecado, que a todos mata, enquanto Maria, "a cheia de graça" (Lc 1,28), a Mãe de Deus, é a portadora do autor da reconstrução da graça.

Fortes ecos da Ave-Maria na trajetória do Mistério Pascal

A presença da oração da Ave-Maria perpassa séculos e nos remete, sem maiores esforços, a passarmos, necessariamente, a toda a centralidade da pessoa e das ações de Jesus Cristo, desde o seu Anúncio, Nascimento, Vida Pública, Morte, Ressurreição, Ascensão, até a vinda do Espírito Santo. Esta presença se torna um forte "eco prolongado da celebração dos mistérios nos

---

[1] Monsenhor João Alves Guedes: professor de Teologia Litúrgica no Instituto Filosófico-Teológico de Niterói, assessor de Liturgia do Regional Leste 1 da CNBB, diretor da Escola Diaconal, escritor e pároco.

atos litúrgicos" (Paulo VI, 1975, p. 48). Isto se explica pelo fato desta oração que ultrapassa vários séculos contemplar, na sua essência, alguns dos próprios dogmas marianos: *Cheia de Graça* evoca o dogma da Imaculada Conceição; afinal, Maria foi concebida sem pecado original. *Santa Maria, Mãe de Deus* nos remete ao Concílio de Éfeso, ano 431 d.C., quando foi definido o dogma da Maternidade Divina: "Maria não é somente a Mãe do Homem Jesus, *Christotókos*, mas de fato a Mãe de Deus, *Theotókos*; Jesus Cristo, única Pessoa, possui duas naturezas, e Maria é verdadeiramente a Mãe de Jesus" (P. C. Thomas, 1990, p. 27). Vemos que a oração da Ave-Maria nos sinaliza a incrível presença de Maria "e o lugar que ela ocupa na própria *economia* da Salvação; dado forte de nossa fé, Maria está intimamente ligada a Cristo e à Igreja" (A. Beckhäuser, 1986, p. 219), quando nela se realizam *grandes coisas* (Lc 1,18-29). Ela está presente em dois tempos fortes do ano litúrgico: Advento e Natal, e é cultuada na solenidade da Assunção, no Tempo Comum, que recebe a espiritualidade dos tempos fortes e do domingo. Constatamos que, com precisão e clareza, a recitação da Ave-Maria coloca-nos em profunda ligação com o itinerário da história da Salvação. É por demais reconhecido que a piedade popular, com a Ave-Maria ocupando destaque, garantiu e garante para homens e mulheres de todos os tempos um substancial suporte para todas as celebrações litúrgicas. A recitação do Rosário, com as várias repetições desta oração, faz-nos contemplar, numa proposta de viver o Mistério Pascal, toda a trajetória de Jesus, da concepção no seio de Maria à Ascensão ao Céu. Este percurso é feito passando pelas páginas dos Evangelhos e, na Ave-Maria, se bem entendida, "nota-se claramente que o caráter mariano não só não se opõe ao cristológico, como até o sublinha e exalta, pois a repetição desta oração no Rosário exprime a admiração do céu e da terra, e deixa, de certo modo, transparecer o encanto do próprio Deus" (João Paulo II, 2002, p. 45). Não é sem razão que o Rosário é chamado o "Compêndio de todo o Evangelho" (PAULO VI, 1974, p. 58).

Este olhar, numa visão de conjunto do Rosário, que, no dizer do Santo Padre, o Papa Paulo VI, é "uma prece de orientação profundamente cristológica" (PAULO VI, 1974, p. 61), possui, na repetição litânica da Ave--Maria, a parte maior de toda a sua existência. A riqueza estrutural da Ave--Maria se desenvolve na cadência da contemplação dos mistérios centrais da fé, como vemos a seguir. O início desta oração conduz-nos à profundidade do Mistério da Encarnação, que se realiza em Maria descrevendo a condição dela de ser *cheia de graça*, ser íntima do Senhor, mulher especial entre todas as mulheres, cujo ventre é bendito por gerar o Verbo Encarnado, Jesus. A primeira parte da oração é por demais fecunda na sua descrição, enquanto, em sua segunda parte, é evocativa e invocativa, pelo fato de nos trazer à memória que Maria é a Santa Mãe de Deus, que, com todos os requisitos de *intercessora*, pode rogar por todos nós, seus filhos pecadores, tanto no percurso da vida como nos derradeiros momentos até a morte. "Ela exerce uma intercessão universal, uma intercessão viva, que procede do amor... A oração misericordiosa da mãe é eficaz, porque é a própria expressão do amor do Deus da misericórdia" (LAURENTIN, R., 1965, p. 163).

A índole comunitária na recitação da Ave-Maria há de facilmente nos remeter também à índole da própria Liturgia, pelo fato dessa piedade nutrir-se da Sagrada Escritura e gravitar em torno do Mistério de Cristo, principalmente quando a Ave-Maria é rezada no contexto do Rosário, sendo o nome de Jesus colocado na centralidade da oração, aparecendo como a última palavra da primeira parte. Ora, o fruto do ventre de Maria, Jesus Cristo, é a razão maior para que a segunda parte da oração possa chamá-la de *santa*, incluindo a verdade definida de *Mãe de Deus*.

As riquezas contidas na Ave-Maria contemplam as verdades reveladas, iluminam as celebrações litúrgicas de maneira forte, quer na celebração da Eucaristia durante o ano, quer na Liturgia das Horas. A presença de Maria na Liturgia traz contribuições inestimáveis; afinal, o centro de cada ação litúrgica é Jesus Cristo, sinalizado pela intermediação mariana.

Conclusão

Com seu rico conteúdo proclamativo e invocativo, trazendo para homens e mulheres de todos os tempos a recordação de dados centrais para uma madura vivência da fé, a Ave-Maria "não estaciona no louvor à Mãe de Deus. Aponta um pouco mais adiante, para Jesus" (ALMEIDA, João Carlos, 2009, p. 32). Nesse sentido, essa oração torna-se uma seta segura que alimenta a fé e mostra o caminho por onde devemos passar e o fim aonde devemos chegar. Assim, a indispensável repetição da Ave-Maria, uma realidade entre tantas pessoas, sempre foi referência substanciosa e pedagógica para a celebração da sagrada Liturgia, principalmente quando se celebram a Eucaristia e a Liturgia das Horas. Nessa dimensão, a piedade popular é uma forte pedagoga e grande suporte para celebrarmos o Mistério Pascal, e Maria, a grande mantenedora e mestra da piedade popular, é expressão singular e essencial dessa realidade: "É preciso que se tenha o coração de Maria para amar Jesus, e o coração de Jesus para amar verdadeiramente Maria" (OSSANNA, Túllio Faustino, 2006, p. 78), cuja presença nas solenidades maiores do ano litúrgico é muito atual, de modo que, na cadência das celebrações marianas, está um seguro aprendizado" (GUEDES, J., 2009, p. 39).

Santa Maria, Mãe de Jesus e da Igreja, faça ecoar nossa voz no coração de Jesus e que a terrena Jerusalém, a Igreja, em uníssono com a celeste Jerusalém, o céu, possa cantar não só a vitória do Cordeiro num continuado *aleluia*, mas também a vitória dos homens e mulheres no hoje da história.

Bibliografia

ALMEIDA, Carlos J. *Carlos aprenda o rezar com Maria: Breves comentários à Ave-Maria e ao Magnificat*. São Paulo: Loyola, 2011.
BECKHÄUSER, A. *Celebrar a vida cristã*. Petrópolis: Vozes, 1986.
BÍBLIA SAGRADA. 88ª ed. São Paulo: Ave-Maria, 1993.
GUEDES J. A. *Celebrando e aprendendo na catequese*. São Paulo: Paulinas, 2009.
JOÃO PAULO II. Carta Apostólica *Rosarium Virginis Mariae*, sobre o Rosário. São Paulo: Paulinas, 2002.
LAURENTIN, Renè. *Breve Tratado de Teologia Mariana*. Petrópolis: Vozes, 1965.
OSSANNA, Faustino T. *A Ave-Maria: História, conteúdo, controvérsias*. São Paulo: Loyola, São Paulo, 2006.
PAULO VI. Exortação Apostólica *Marialis Cultus*, sobre o Culto à Bem Bem-Aventurada Virgem Maria. São Paulo: Paulinas, 1974.
———. Exortação Apostólica *Evangelii Nuntiandi*, sobre a Evangelização no mundo contemporâneo. São Paulo: Paulinas, 1973.
THOMAS, P. C. *Os Concílios Gerais da Igreja*. Aparecida: Santuário, 1999.

A DIMENSÃO CELEBRATIVA DO ROSÁRIO MARIANO

Luís Felipe C. Marques, OFMConv.

> Todo o influxo salvador da Virgem Santíssima sobre os homens se deve ao beneplácito divino, e não a qualquer necessidade; deriva da abundância dos méritos de Cristo, funda-se na sua mediação e dela depende inteiramente, haurindo aí toda a sua eficácia; de modo nenhum impede a união imediata dos fiéis com Cristo, antes a favorece (*Lumen Gentium*, 60).

1. O "caso sério" e emblemático de Maria

A relação entre Liturgia, entendida como ação litúrgica, e piedade popular mariana, foi definida, em uma leitura litúrgico-antropológica da relação, como um "caso sério". A seriedade do culto a Maria é compreensível porque comporta uma "conaturalidade" do popular à Liturgia, um popular "contraditório" à Liturgia e um popular "paralelo" à própria Liturgia.

No que concerne ao nosso argumento, já aqui, somos convidados a recordar as contribuições do Magistério, com uma menção particular à Exortação Apostólica *Marialis Cultus* (02/02/1974) do beato Paulo VI (=MC); ao *Diretório sobre piedade popular e Liturgia* (17/12/2001) da Congregação para o culto divino e disciplina dos sacramentos, à Carta Apostólica *Rosarium Virginis Mariae* (16/10/2002) de João Paulo II (=RVM) e às diversas e significativas contribuições da Conferência Episcopal Latino-americana e do Caribe (CELAM).

Porém, permanece ainda, como contribuição nodal para a problemática que afrontamos, o *Diretório sobre piedade popular e Liturgia* (=DPPL), que difunde – com muita sensibilidade e com uma orientação doutrinal segura, referendada pelo constante recurso do Magistério da Igreja em nosso tempo – uma série de implicações teológicas e pastorais. É leitura fundamental justamente porque, na Introdução e na Primeira Parte, são delineadas linhas emergentes acerca da Liturgia e da piedade popular à luz da história, do Magistério e da teologia. Os números 47-59 oferecem uma discussão crítica da relação entre a Liturgia e a piedade popular no mundo contemporâneo, a fim de superar atitudes de oposição, equiparação ou substituição, como também afirma a Constituição sobre a Liturgia *Sacrosanctum Concilium*, do Concílio Vaticano II. No número 58, o diretório oferece uma eficaz síntese conclusiva:

> Liturgia e piedade popular são suas expressões legítimas do culto cristão, embora não homologáveis. Elas não devem ser opostas uma à outra, nem equiparadas, mas harmonizadas [...] devem ser postas em mútuo e fecundo contato: entretanto, em todos os casos, a Liturgia deve ser o ponto de referência para orientar com lucidez e prudência os anseios de oração e vitalidade carismática que se encontram na piedade popular.

Com esta breve introdução, mostrando uma problemática quase já resolvida, em particular, pelo Magistério, mas talvez, não ainda, pela expressão popular da fé, sendo assim uma problemática na qual são considerados o "popular contraditório" e o "popular paralelo", neste Congresso, dedicado à relação entre "Maria na Liturgia e na piedade popular", estamos aqui para afrontar um argumento sobre a "dimensão celebrativa do Rosário mariano", o saltério da virgem Maria e o compêndio de todo o Evangelho. Estamos diante de um tema eminentemente teológico e de um elemento intrínseco do culto cristão. Desse modo, é de importância constitutiva porque, como afirma Paulo VI, "constitui um excelente testemunho da sua norma de oração e um convite a reavivar nas consciências a norma de fé" (MC, 56). De fato, existe uma profunda e intrínseca reciprocidade entre aquilo que a Igreja professa e celebra e, ainda, entre o que professa e celebra com o que exorta e vive.

Sendo assim, para recuperar um resultado de preponderante valor teológico-pastoral, temos que, como afirma o teólogo da Liturgia Andrea Grillo, recuperar a profunda relação entre "ação ritual", "participação ativa" e "experiência religiosa e devota" (GRILLO, 2015, p. 92). O caminho que queremos seguir para chegar a esta finalidade e entender melhor a dimensão celebrativa do Rosário procurará brevemente dar uma resposta para uma pergunta peculiar e capciosa da Liturgia: O que celebramos? Em seguida, quero ainda analisar o conceito religioso de devoção para fazermos o confronto entre "celebrar a devoção"; buscaremos, com isso, compreender claramente a participação de Maria no Mistério Pascal de Cristo contemplado nos mistérios do Rosário; e, por fim, na fase que vivemos, de continuação do Movimento Litúrgico (= ML), queremos indicar caminhos para uma educação ritual à fé celebrativa, devota e centrada em toda a vida de Cristo para uma "participação mais plena, consciente e frutuosa" (*Sacrosanctum Concilium*, 14). A meditação dos mistérios do Rosário, de fato, ao tornar familiares à mente e ao coração dos fiéis os mistérios de Cristo, pode constituir uma ótima preparação, e vir a ser, depois, um eco prolongado da celebração desses mistérios nos atos litúrgicos (MC, 48).

2. Celebrar: linguagem da Liturgia

Frequentemente, na linguagem comum, utilizam-se indistintamente os termos "Liturgia" e "celebração", entendidos como sinônimos. Esses, de fato, estão em estreita relação entre si, tanto que são utilizados para definir uma única realidade: a celebração litúrgica. Contudo, a própria utilização dos dois termos revela que estes não são equivalentes, mas indicam dois aspectos do celebrar cristão (MURONI, 2014, p. 21). Liturgia é o culto cristão que expressa uma atitude vital de escuta fiel e de adesão prática à Palavra salvadora de Deus, através da aliança selada em e por Cristo, e concretizada na Igreja pela atuação do Espírito santificador. Celebração é o momento em que essa atitude vital se torna encontro, ato simbólico, ritual e festivo. É, portanto, o aspecto celebrativo da Liturgia, aspecto essencial e destinado a inserir o homem no mistério de Cristo e da Igreja, isto é, na salvação.

> A Liturgia, por isso, abarca a vida da Igreja e dos crentes como culto ao Pai no Espírito e na verdade. A celebração é a sacramentalização dessa vida, que é oferenda cultural, o momento histórico – no sentido de situado em determinado tempo e lugar –, expressivo, ritual e simbólico, em que essa oferenda se torna eficaz, agradável a Deus e aceitável pela mediação de Cristo no Espírito Santo. A celebração pode ser identificada com uma tradução em ato, representação sacra e simbólica (*per ritus et preces*), mas eficaz, da obra de santificação do homem e da perfeita glorificação de Deus (MARTÍN, 1996, p. 178-179).

Assim, a Liturgia não é somente uma ciência para conhecer, mas constitui uma ação para fazer. Os sacramentos não pertencem primariamente à ordem do conhecimento, da *-logia*, mas à ordem prática, da *-urgia*. O fazer precede o dizer, aquilo que se diz é aquilo que se faz (cf. CHAUVET, 1982, p. 120-121). A ciência litúrgica deriva do celebrar, que mostra e revela a própria realidade.

A celebração é um lugar inevitável no qual o "eu" pessoal entra em relação com o "tu" do outro, com alguma coisa ou alguém que está fora de mim e que provoca uma "saída de mim mesmo", da minha autorreferencialidade. A presença do outro me estimula, provoca, interroga e me faz refletir até suscitar uma reação, chama-me ao diálogo, ao confronto, à relação, até provocar a constituição de um grupo ou de uma comunidade.

Não pretendemos aqui esgotar toda a definição do que é celebração e fechar uma definição do que é Liturgia, tarefa nada fácil. Elencaremos, a partir da reflexão de J. Martín e de alguns antropólogos, alguns traços para aproximarmos o conceito. Como já vimos acima, em termos gerais, a celebração é o meio interpessoal da relação e do encontro que afeta as pessoas e os seus sentimentos, de forma que o acontecimento celebrado se converte em momento de expressão religiosa.

Além disso, a celebração polariza a totalidade da pessoa em torno de determinado valor religioso, social e político, ético e moral de um grupo-comunidade, no qual muitas vezes se transmite uma mensagem religiosa, social, ética (programa de vida). Esses elementos são convertidos em linguagem para compreender e decifrar a mensagem da celebração. E nessa linguagem pulsa uma misteriosa expressão, dificilmente explicável.

A celebração desenvolve uma função performativa, enquanto instrumento educativo e reeducativo, meio de informação ou de comunicação no confronto com aqueles que tomam parte ativamente, mas também naqueles que estão simplesmente olhando (cf. MURONI, 2014, p. 29).

O primeiro teólogo da Liturgia que se ocupou da celebração enquanto tal foi Odo Casel (1886-1948), monge beneditino da abadia de Maria Laach. Para ele, a celebração é uma epifania, manifestação divina na ação ritual, na qual se admite uma presença. A fenomenologia da religião conceitua a celebração como uma mediação que torna possível a comunicação entre o mistério e o homem. Essa interação entre ação de Deus e ação do homem constitui o horizonte de possibilidade para o culto (cf. GRILLO, 2011, p. 306).

Desse modo, o mistério de Cristo é um conjunto orgânico e vivo que não pode ser fracionado. No grande mistério da redenção, encontra-se o mistério central, o mistério da cruz, onde todos os mistérios da vida de Cristo estão presentes. A essência do ato cultual é a presença do ato salvífico como memorial do evento de salvação (cf. UBBIALI, 1996, p. 13-28). A celebração litúrgica, estruturação sacramental da fé, torna-se o lugar ontológico do encontro entre a graça e o assentimento pessoal e comunitário da fé.

Assim, a celebração é atualização da "obra da nossa redenção" (SC, 2), acontecendo na vida e no tempo dos homens, num estável "hoje" de graça e salvação. Este hoje da celebração e da presença renovada e atual do mistério de salvação confere à Liturgia cristã um valor escatológico que transcende as limitações do tempo e põe o homem em contato com a eternidade.

A Liturgia é "culmen et fons" (SC, 10) de toda a atividade da Igreja e, por meio dela, vem exercitado o sacerdócio de Cristo, que associa a santa Igreja, a manifesta e a implica (cf. SC, 7; 26), "per ritus et preces", para que se realize a mesma glorificação e se ofereça ao Pai um culto perfeito. No projeto do DPPL, é sempre afirmado o princípio cultual da Liturgia em relação à piedade popular. De fato, toda celebração litúrgica, enquanto obra de Cristo sacerdote e do seu corpo que é a Igreja, é ação sacra por excelência, e nenhuma outra ação da Igreja se iguala na eficácia (cf. SC, 7). É importante reconhecer a superioridade da Liturgia enquanto essa é necessária, objetiva, intersubjetiva e pública, em relação às outras devoções facultativas, variadas na forma e essência, subjetivas e privadas. A celebração litúrgica está à piedade como o objetivo está ao subjetivo. O objetivo diz que um acontecimento está acima da capacidade humana, sendo obra de Deus; o subjetivo diz o relacionar-se com Deus a partir da própria percepção, do próprio mundo e se move mais no âmbito antropológico (cf. MAGGIONI, 2002, p. 969). Na Liturgia, nada é privado, sendo ação de Cristo e da Igreja, enquanto na piedade popular, mesmo assumindo forte conotação eclesial, se conserva sempre um caráter particular, ligado ao tempo e às características de uma comunidade religiosa.

3. Devoção: linguagem da religião

São muito recomendados os exercícios (piedosos – devocionais) não estritamente litúrgicos por parte de todo o povo cristão (cf. SC, 13). Com isso, temos uma clara diferença entre o que é litúrgico e o que é devocional. Mas, o que é a devoção? Tal pergunta não pode ter uma resposta se não afrontando as interrogações acerca da religião e acerca da verdade do homem, da sua condição histórica e real. A devoção não constitui um acréscimo a respeito da fé, mas exprime o lado da fé que essa realiza e juntas determinam o sentido geral da religião, da relação do sujeito crente com o seu Deus (cf. ANGELINI, 1991, p. 87).

Assim, ao falarmos de devoção, lembramos que ela se enquadra dentro do universo maior da religiosidade popular. O *Dicionário Aurélio* conceitua devoção, a partir da linguagem comum, como "o ato de dedicar-se ou consagrar-se a alguém ou à divindade [...]. Um sentimento religioso, o culto, prática religiosa, enfim, uma dedicação íntima, uma afeição, afeto a um objeto de especial veneração".

Falar de devoção,[1] a partir de toda a sua centralidade e urgência, nos leva a considerar uma associação não tanto feliz, a saber, uma identificação da "devoção" com a *devotio moderna* e, assim, com um sentimento individualístico. Nesta circunstância, a *devotio liturgica*, querendo desconsiderar a função individualista-sentimental da tradição devota mais recente, viveu uma tentação de querer/dever ser plenamente litúrgica, querendo/devendo evitar de ser devota.[2] Criou-se um efeito não desejado de atração por parte do termo *devoção*, o qual terminou por identificar-se com a sua degeneração sentimentalista e individualista. *Mutatis mutandis*, aconteceu com a devoção o que já tinha acontecido com o termo "rito". Também este conceito foi identificado com a degeneração formalística e rubricista, chegando a ter sinônimos como ritualismo e formalismo, rubricismo e juridicismo. Como a devoção tornou-se sinônimo de individualismos a-litúrgicos, assim o rito se tornou sinônimo de exterioridade e formalismo incomunicável (cf. GRILLO, 2015, p. 90).

A teologia litúrgica, lançada pelo ML, trabalhou "contra" esta categoria clássica. Por isso permaneceu desfeita pelo desenvolvimento cultural tardo-moderno. O Concílio Vaticano II já se mostrou mais sensível, ao menos onde compreendeu que, com "religião" (e "devoção"), indica-se não somente uma modalidade do agir moral, mas também uma modalidade do sentir, ou seja, de uma experiência (*Idem*, 91). Neste sentido, a perspectiva

---

[1] Devoção ou devoções? Por devoção costuma-se entender a inclinação interior do homem para Deus e para tudo o que representa o mundo religioso. Equivale a piedade para com Deus e para com tudo o que é santo [...], ato principal da virtude da religião. As devoções são conjunto de tendências ou preferências particulares dentro do culto cristão para algum aspecto concreto do mistério de Deus ou de Cristo, da Santíssima Virgem ou dos santos, ou da espiritualidade cristã, mas também compreendem as práticas externas ou exercícios piedosos como expressão de uma tendência do espírito. Neste sentido, as devoções são atos de oração ou práticas religiosas que surgiram, na maioria das vezes, da iniciativa privada e adquiriram carta de cidadania entre os fiéis (cf. MARTÍN, 1997, p. 364-365).

[2] Considerando a história da Liturgia, bem sabemos que um dos grandes interesses do Movimento Litúrgico foi a renovação da Liturgia como aspecto central da fé e da participação eclesial. O termo e o conteúdo do ML são preocupações do tempo moderno. É um fenômeno histórico-cultural do nosso tempo. O século XIX "misturou" todas as tendências, nele se configura uma crise cultural, na qual os mitos e as esperanças do mundo liberal foram drasticamente colocados em discussão. A subjetividade típica do mundo liberal, um mundo individualista, centrado na linguagem do direito e do dever, que tendia a fechar a dimensão religiosa na pura interioridade da consciência e a negar o comunitário e público da fé, mostrava os próprios limites. J. B. Libanio afirma que "o ponto-chave do movimento consiste em desenvolver uma espiritualidade comunitária, ressuscitando a força das celebrações e tempos litúrgicos, em oposição ao individualismo religioso reinante, estribado em devoções particulares. Este tinha se desenvolvido, em parte, para fazer frente ao protestantismo, fortemente individualista. O movimento quer dar um salto por cima do protestantismo individualista e do pietismo católico, também eles individualistas" (LIBANIO, 2000, 51). O povo, não se sentindo mais ator da Liturgia, preenche ainda mais este vácuo espiritual com as devoções aos santos e ao Santíssimo Sacramento. O individualismo religioso toma conta de todos, tanto do clero, que faz da missa sua devoção particular, como do povo, que faz das devoções particulares a grande fonte de vida espiritual (cf. BUYST; ARIOVALDO, 2003, p. 59).

não é distanciar-se da devoção, mas da compreensão jurídico-moral (objetivo-subjetiva) da devoção.

Em nosso contexto cultural, e também em diversas outras culturas, não devemos ser obrigados a negar que a devoção (e a religião) sejam também virtude. Religião e devoção não são somente uma elaboração da vontade (como o dever de dedicação e consagração a uma divindade), mas também "experiência", "emoção", "paixão" por esta relação.

Esta redefinição emancipa a leitura da religião/devoção da subordinação subjetiva – típica do mundo liberal, individualista, centrado na linguagem do direito e do dever, reduzindo a dimensão religiosa a pura interioridade – e pode dar maior espaço para uma leitura teologal da religiosidade popular. Nosso objetivo geral permanece no desejo, a partir desta compreensão teologal da religiosidade popular, de recuperar a profunda relação entre ação ritual, participação ativa e experiência religiosa e devota.

O documento de Aparecida (=DA) afirma que "não podemos desvalorizar a espiritualidade popular ou considerá-la como modo secundário da vida cristã, porque seria esquecer o primado da ação do Espírito e a iniciativa gratuita do amor de Deus. A piedade popular contém e expressa um intenso sentido da transcendência, uma capacidade espontânea de se apoiar em Deus e uma verdadeira experiência de amor teologal. É também uma expressão de sabedoria sobrenatural" (DP, 263).

4. Celebrando a devoção: o Rosário da beata Virgem Maria

Hans Urs von Balthasar, no seu pequeno volume intitulado *O Rosário, a salvação do mundo na oração mariana* (1977), buscava afirmar que estamos diante de uma obra não somente de "pura e verdadeira devoção", mas de grande teologia, que à devoção confere fundamento, amplitude e participação. No Rosário, nós entramos para fazer parte da resposta de Maria-Igreja, do seu modo de ser obediente diante do mistério de Deus, de acolher e de doar o seu filho.

A *Marialis Cultus* (1974), publicada dez anos depois da *Lumen Gentium* (1964), teve como objetivo o desenvolvimento harmônico e o correto incremento do culto à Mãe do Senhor, segundo indicação conciliar da SC 103 e da LG 67. Ao mesmo tempo, é uma completa resposta à acusação de que a reforma litúrgica tinha-se esquecido da devoção mariana.

Uma premissa indispensável para individuar a relação entre Liturgia e Rosário seria conhecer a história do próprio Rosário. Porém, reconstruir a história do Rosário significa percorrer um caminho misterioso e complicado.[3]

Dois antecedentes sinalizam esta história: a oração dos Salmos e o uso do Pai-nosso, Ave-Maria e Glória utilizados da celebração litúrgica. Esta oração mariana não apareceu improvisadamente em um dado momento, mas é fruto de grande evolução: do saltério de Davi ao saltério mariano, da recitação da Ave-Maria nas clausuras cistercienses e dos cartuxos até a forma estabelecida por Alano de la Roche. Não obstante a multiplicidade dos saltérios e dos Rosários marianos que encontramos no século XV, o saltério da Virgem Maria foi conservado até hoje.

A inegável popularidade do Rosário é devida, sem dúvida, aos dominicanos, que se dedicaram a divulgá-lo, instituindo numerosas fraternidades do Rosário, e também aos Sumos pontífices, que, nos seus documentos, sempre recomendaram a prática aos fiéis. Enfim, a história do nascimento do Rosário coloca em evidência aquele desejo ardente, escondido no coração dos homens, de louvar à Virgem Maria. Através da meditação dos mistérios da nossa salvação, podemos conhecer melhor a nossa Mãe e, conhecendo-a, amá-la sempre mais.

Assim, os estudiosos da piedade popular do Rosário enfatizam que este traz motivos da Liturgia, pelo seu referimento à oração do saltério. O Rosário, afirma a *Marialis Cultus*, "é como que um rebento que germinou sobre o tronco secular da Liturgia cristã, qual 'Saltério da Santíssima Virgem'" (MC, 48). Tais formulações condensam e simplificam um processo histórico longo e complexo, rico e diversificado por diversas gerações de cristãos, começando no período medieval.

Se o saltério e as fórmulas de orações recordadas estão na origem dos elementos característicos do Rosário, a história da piedade mariana registra também que a oração popular do Rosário influenciou a introdução do calendário litúrgico da memória da beata Virgem Maria e a fórmula da Ave-Maria na Liturgia das Horas.

Especificando o nosso tema, como premissa fundamental temos que a relação existente entre o Rosário e a Liturgia é que ambas são formas de culto da Igreja. Como a Liturgia, o Rosário, de fato, tem uma dimensão cristológica, pois "considera numa sucessão harmoniosa os principais eventos

---

[3] Afirma A. Beckhauser: "Quando a Liturgia das Horas se transformou numa oração quase exclusiva do clero, o povo buscou suas formas de oração, mais simples e compreensíveis. Começou a meditar o mistério da redenção de outra maneira. Na escola de oração de São Domingos, formou-se um tipo de oração no qual as leituras e as antífonas da Liturgia das Horas foram substituídas pelos mistérios denominados gozosos, dolorosos e gloriosos; e os Salmos, com as ave-marias. Os 150 Salmos foram substituídos pelas 150 ave-marias do Rosário. A oração do Rosário é, então, uma meditação e um louvor. A meditação faz-se sobretudo por meio da contemplação memorial dos mistérios, ao passo que a resposta de louvor faz-se por meio dos pais-nossos e das ave-marias" (2007, p. 252).

salvíficos da Redenção, que se realizaram em Cristo" (MC, 45), manifesta uma base bíblica e, quase sempre, possui natureza comunitária, além de caracterizar-se pelo aspecto contemplativo e por favorecer a comunhão com a Virgem Maria.

Oração evangélica, centrada sobre o mistério da Encarnação redentora, o Rosário é, por isso mesmo, uma prece de orientação profundamente cristológica. Na verdade, o seu elemento mais característico, a repetição litânica do "Alegra-te, Maria", torna-se, também ele, louvor incessante a Cristo, objetivo último do anúncio do Anjo e da saudação da mãe do Batista: "Bendito o fruto do teu ventre" (Lc 1,42). Diremos mais ainda: a repetição da Ave-Maria constitui a urdidura sobre a qual se desenrola a contemplação dos mistérios; aquele Jesus que cada Ave-Maria relembra é o mesmo que a sucessão dos mistérios propõe, uma e outra vez, como Filho de Deus e da Virgem Santíssima; nascido numa gruta de Belém; apresentado pela Mãe no Templo; um rapazinho ainda, a demonstrar-se cheio de zelo pelas coisas de seu Pai; depois, Redentor, agonizante no horto, flagelado e coroado de espinhos; a carregar a cruz e a morrer sobre o Calvário; por fim, ressuscitado da morte e elevado à glória do Pai, para efundir o dom do Espírito (MC, 46).

Todavia, sendo o Rosário um "piedoso exercício" (cf. DPPL, nn. 7, 70-74, 185-186, 192-207), não pode ser equiparado à celebração litúrgica. Ainda a própria *Marialis Cultus* precisa que, "à luz dos princípios da Constituição *Sacrosanctum Concilium*: as celebrações litúrgicas e o pio exercício do Rosário não se devem contrapor nem equiparar" (MC, 48). Além desta afirmação fundada na teologia da Liturgia do Concílio Vaticano II, a *Marialis Cultus* confirma aquilo que a história da experiência devocional claramente confirmou, dizendo que "cada expressão de oração conseguirá ser tanto mais fecunda, quanto mais conservar a sua verdadeira natureza e a fisionomia que lhe é própria" (MC, 48). A natureza da Liturgia, como culto público, pleno do mistério de Cristo, é de grandeza superior a qualquer forma devota ou piedoso exercício, como o Rosário. A Liturgia possui um valor preeminente e uma importância fundamental que o magistério afirma com vigor, ela é a fonte e o cume da vida cristã (cf. SC, 13). Reafirmando, portanto, o valor preeminente dos atos litúrgicos, não será difícil reconhecer que o Rosário é um exercício de piedade que se harmoniza facilmente com a sagrada Liturgia (MC, 48).

A substancial diferença a ser estabelecida entre Liturgia e Rosário é a compreensão de memória, pois ambas as "ações rituais" têm por objetivo a recordação dos mesmos eventos salvíficos realizados por Cristo. Entretanto, a memória na Liturgia é memória que faz o evento salvífico presente e atualizado em forma de símbolos e ritos (*anamneses*), ou seja, "torna presentes, de modo misterioso, os máximos mistérios da nossa Redenção" (MC, 48).

Assim, o Mistério pascal de Cristo é comunicado e torna-se presente para nós no hoje da Liturgia. A representação do acontecimento se atua através da proclamação da Palavra e da ação simbólico-ritual que, juntas, tornam o evento novamente eficaz do ponto de vista salvífico, não na situação histórica, mas no poder libertador. É uma relação criativa que possui categoria sacramental, é a intervenção invisível de Deus através dos elementos visíveis. A memória do Rosário, "com piedoso afeto da contemplação, por sua vez, reevoca na mente daqueles que oram esses mesmos mistérios e estimula neles a vontade para haurir aí normas de vida" (cf. MC, 48).

Estabelecida esta diferença substancial, não há quem não veja ser o Rosário um pio exercício que na Liturgia foi buscar a sua motivação e que, se for praticado de acordo com a sua inspiração originária, a ela conduz, naturalmente, sem, no entanto, transpor o seu limiar. A meditação dos mistérios do Rosário, de fato, ao tornar familiares à mente e ao coração dos fiéis os mistérios de Cristo, pode constituir uma ótima preparação, e vir a ser, depois, um eco prolongado da celebração dos mistérios nos atos litúrgicos (MC, 48).

Somos conscientes de que a vida espiritual não se limita apenas à participação na Liturgia (cf. SC, 12). No entanto, existe quem pense que a centralidade da Liturgia, fortalecida pelo Concílio Vaticano II, tenha como consequência uma diminuição na importância do Rosário. Na realidade, como afirmava Paulo VI, esta oração não só não se opõe à Liturgia, mas serve-lhe de apoio, visto que a introduz e ressoa, permitindo vivê-la com plena participação interior e recolhendo seus frutos na vida cotidiana (cf. RVM, 4).

Afirma D. Sartore que as formas devocionais, como exercício do sacerdócio dos fiéis, devem ser consideradas como "expressão do culto cristão, continuamente verificada e confrontada em uma sadia tensão com as ações litúrgicas, em uma harmonia de subordinação, como preparação, ressonância e prolongamento da participação ativa dos fiéis na Liturgia" (cf. SARTORE, 1989, p. 237).

Particularmente, o Rosário é uma ocasião para a contemplação dos mistérios de Cristo e, por isso, diferentemente de outras práticas devocionais, apresenta numerosa relação com a celebração litúrgica: no conteúdo, na inspiração e no próprio desenvolvimento.

Entretanto, a Liturgia é necessária, e o Rosário é facultativo. Enquanto a participação à Liturgia é indispensável para viver e crescer em Cristo e na Igreja, o Rosário pertence ao âmbito do facultativo. Afirma *o Diretório sobre a piedade popular*: "A eminência da Liturgia em relação a qualquer outra possível e legítima forma de oração cristã deve encontrar correspondência na consciência dos fiéis: se as ações sacramentais são necessárias para viver em Cristo, as formas de piedade popular pertencem ao âmbito do facultativo" (DPPL, 11).

Isso não significa "desacreditar" ou "diminuir" a forma da oração e da devoção não-litúrgica, mas sim educar os fiéis a avaliar as coisas com olhos mais lúcidos e voltados para o essencial. Declarar que o Rosário é facultativo não quer dizer desprezá-lo, mas colocá-lo em um lugar adequado, justamente porque ele é uma das mais excelentes e eficazes orações em comum (cf. MC, 54). E ainda, o Rosário é uma oração em relação à qual, contudo, os fiéis devem-se sentir serenamente livres, e solicitados a recitá-la com compostura e tranquilidade, atraídos pela sua beleza intrínseca (MC, 55); oração não litúrgica, mas simples e preciosa, não essencial ao cristianismo, é, todavia, importante e significativa.

Consideradas as afinidades e as diferenças entre Liturgia e Rosário, não é difícil compreender que "o Rosário é um piedoso exercício que à Liturgia foi buscar a sua motivação e que, se for praticado de acordo com a sua inspiração originária, a ela conduz, naturalmente (MC, 48). De fato, a meditação-contemplação dos mistérios do Rosário, tornando familiar a mente e o coração dos orantes aos mistérios de Cristo, "pode constituir uma ótima preparação, e vir a ser, depois, um eco prolongado da celebração dos mesmos mistérios nos atos litúrgicos" (MC, 48). Com isso, o Rosário dispõe e prepara o culto litúrgico, tornando-nos mais atentos à presença do Senhor, familiares aos grandes eventos da salvação, conscientes e participantes da celebração litúrgica. Quando rezamos o Rosário, é claro que a Virgem Maria, "modelo da Igreja no exercício do culto" (MC, 16) e primeira criatura humana a beneficiar-se da graça pascal, nos ajuda a entrar na Liturgia e no mistério celebrado de modo conveniente.

5. Dos "mistérios" ao "Mistério": o caminho de Maria

Como análise conclusiva, aproveitando a afirmação do parágrafo anterior, de que "Maria é a primeira criatura humana a beneficiar-se da graça pascal", queremos indicar alguns traços da presença sempre constante de Maria no projeto salvífico do Pai, o qual, pela ação do Espírito Santo, foi realizado no Mistério Pascal de Cristo, memória e fundamento de toda Liturgia.

A Virgem Maria é a imagem esplêndida da conformação ao projeto trinitário que se cumpre em Cristo (DA, 141). Foi em Maria que o Filho de Deus se fez homem por ação do Espírito Santo. Ela lhe deu o nome de Jesus e o acompanhou com solicitude maternal na sua caminhada humana, procurando, no diálogo com o Espírito, o sentido profundo dos seus gestos e palavras. Tendo intuído a distância a "hora de Jesus", lá estava junto d'Ele, de pé, corajosamente. Quando a "hora" chegou, d'Ele ouviu a palavra que a declarou nossa Mãe. Tendo sido a primeira criatura humana a beneficiar-se da graça pascal logo no primeiro momento da existência, e dessa graça tendo a plenitude, é de crer, como refere piedosa tradição, que fosse também a primeira a ver e a crer no Filho ressuscitado. Por fim, também, quando o Espírito Santo foi derramado sobre a Igreja nascente, reunida em oração em torno dela, foi a primeira a deixar-se penetrar da sua luz e do seu calor, como que a encher-se daquela sabedoria necessária ao empenho da sua nova missão de Mãe e modelo da Igreja no exercício de suas atividades e do seu culto.

O contemplar de Maria é, sobretudo, um recordar (RVM, 13). E assim, Maria exercita, diante dos eventos e das palavras de Cristo, uma memória ativa e atualizada.

Toda a participação de Maria no Mistério Pascal "deriva da abundância dos méritos de Cristo, funda-se na sua mediação e dela depende inteiramente, haurindo aí toda a sua eficácia; de modo nenhum impede a união imediata dos fiéis com Cristo, antes a favorece" (*Lumen Gentium*, 60).

Estes são os elementos da espiritualidade cristã da qual a espiritualidade mariana é parte integrante. Assim, pode-se concluir que Maria, modelo insuperável (cf. RVM, 10), esteve e está envolvida em todos os momentos do Mistério Pascal. Como diz Maggiani (1986, p. 34):

> a encarnação do Verbo abre para a realidade pascal: paixão-cruz-ressurreição-ascensão-*parusia*. No acontecimento da encarnação, inicia-se a comunhão do céu com a terra; no acontecimento de morte-ressurreição, fomos reconciliados com Deus (cf. Rm 5,6; 2Cor 5,18,20). E como no primeiro acontecimento Deus pedira a colaboração de Maria, no seu plano de amor quis que esta colaboração continuasse também no segundo (Jo 19,25-27).

Sendo frutuoso contemplar Cristo à escola de Maria, o fundamento último e permanente está no pressuposto de que, como o mistério de Cristo ilumina e explica o mistério de cada ser humano (cf. *Gaudium et spes*, 22), assim ilumina e explica melhor aquele de Maria. Frequentar a escola de Maria, mulher do Mistério Pascal, é deixar-se introduzir na contemplação da beleza do rosto de Cristo e na experiência da profundidade de seu amor (cf. RVM, 1). Esta familiaridade com o mistério de Jesus é facilitada pela reza do Rosário, onde "o povo cristão aprende de Maria a contemplar a beleza do rosto de Cristo e a experimentar a profundidade de seu amor. Mediante o Rosário, o cristão obtém abundantes graças, como as recebendo das próprias mãos da mãe do Redentor" (DA, 271).

Assim diz a *Rosarium Virginis Mariae*:

> Quem contempla a Cristo, percorrendo as etapas da sua vida, não pode deixar de aprender dele a verdade sobre o homem [...]. Na realidade, o mistério do homem só se esclarece verdadeiramente no mistério do Verbo encarnado. O Rosário nos ajuda a abrir-nos a esta luz. Seguindo o caminho de Cristo, no qual o homem é recapitulado, manifestado e redimido, o crente põe-se diante da imagem do homem verdadeiro, olhando a casa de Nazaré, aprende a verdade originária da família, segundo o desígnio de Deus; escutando o mestre nos mistérios da vida pública, recebe luz para entrar no Reino de Deus, e, seguindo-o no caminho para o Calvário, aprende o sentido da dor salvífica. Contemplando, enfim, a Cristo e sua mãe na glória, vê a meta para a qual cada um de nós é chamado, deixa-se curar e transfigurar pelo Espírito Santo (RVM, 25).

O Mistério Pascal, primeiramente experimentado por Maria, nos mistérios da vida de Jesus, é algo muito além de uma alienação: é uma oração até essencialmente antropológica, enquanto contribui ao bem e ao desenvolvimento da pessoa humana. Assim, o Rosário apresenta um tríplice trabalho: hermenêutico-iluminativo, ético-formativo, terapêutico (cf. RVM, 25). Desta forma, se a Liturgia é ação de Cristo e da Igreja por excelência, o Rosário, enquanto meditação sobre Cristo com Maria, participante ativa do Mistério Pascal, é contemplação salutar (RVM, 13).

Seguindo todo este caminho ético-formativo, de educação ritual, de compreensão teologal da religiosidade popular e de redescoberta sempre crescente do sacerdócio comum dos fiéis, exercitado de maneira excelente nas ações litúrgicas, a piedade popular, particularmente o Rosário da Virgem Maria (um popular "contraditório" à Liturgia e um popular "paralelo" à mesma Liturgia), ajudará os fiéis a exprimirem aquele valor eclesial que caracteriza tudo o que nasce e se desenvolve dentro do corpo místico de Cristo. Nesse fundamento, a piedade popular ajuda os fiéis a perseverarem na capacidade de oferecer sacrifícios de louvor a Deus, de elevar orações e súplicas, de fazer da própria vida um sacrifício vivo, santo e agradável a Deus (cf. DPPL, 85). Nisto conseguiremos recuperar a profunda relação entre "ação ritual", "participação ativa" e "experiência religiosa e devota", sendo pessoas abertas e disponíveis ao Mistério, agora revelado e anunciado a todas as gentes (cf. Rm 16,25-26), vivido e celebrado no hoje da Liturgia.

"A piedade popular é um imprescindível ponto de partida para conseguir que a fé do povo amadureça e se faça mais fecunda [...]" (DA, 262).

Não podemos rebaixar a espiritualidade popular ou considerá-la um modo secundário da vida cristã, porque seria esquecer o primado da ação do Espírito e a iniciativa gratuita do amor de Deus. A piedade popular contém e expressa um intenso sentido da transcendência, uma capacidade espontânea de se apoiar em Deus e uma verdadeira experiência de amor teologal. É também uma expressão de sabedoria sobrenatural, porque a sabedoria do amor não depende diretamente da ilustração da mente, mas da ação interna da graça. Por isso, a chamamos de espiritualidade popular. Ou seja, uma espiritualidade cristã que, sendo um encontro pessoal com o Senhor, integra muito o corpóreo, o sensível, o simbólico e as necessidades mais concretas das pessoas. É uma espiritualidade encarnada na cultura dos simples, que nem por isso é menos espiritual, mas que o é de outra maneira (cf. DA, 262-264).

Bibliografia

ANGELINI, G. "Devozione e secolarizzazione. Per una riformulazione del problema". In: VV.AA. La *spiritualitá del cristiano come problema pastorale*. Casale M.: Piemme, 1991, p.53-109.

BECKHAUSER, A. "Expressões celebrativas da religiosidade popular". In: CELAM. *Manual de Liturgia, IV: Outras expressões celebrativas do mistério pascal e a Liturgia na vida da Igreja*. São Paulo: Paulus, 2017, p. 221-262.

CHAUVET, L. M. *Linguaggio e símbolo. Saggio sui sacramenti*. Leumann: LDC, 1982.

GRILLO, A. "Devotio moderna e Devotio liturgica. Il recupero del "sentire emotivo" come condizione e stile della partecipazione alle azioni rituali". In: GIRARDI, L. *Liturgia e emozione*. Roma: Liturgiche, 2015, p. 89-108.

_____. *Introduzione alla teologia liturgica: approccio teorico alla Liturgia e ai sacramenti cristiani*. Padova: Ed. Messaggero di Sant'Antonio, 2011, p. 316.

BUYST, I.; ARIOVALDO, J. *O mistério celebrado: memória e compromisso I*. São Paulo: Paulinas, 2003.

LIBANIO, J. B. *A Igreja Contemporânea: encontro com a modernidade*. São Paulo: Loyola, 2000.

MAGGIANI, S. "Angelus". In: *Nuovo Dizionario di Mariologia* (NDM). Cinisello Balsamo: Edizioni Paoline, 1986, p. 34.

MAGGIONI, C. "Cosa significa 'educare alla pietà popolare'". In: *Rivista liturgica* 89 (2002), 969.

MARTÍN, J. L. *No espírito e na verdade: introdução teológica à Liturgia*. Petrópolis: Vozes, 1996.

_____. *No espírito e na verdade: introdução antropológica à Liturgia*. Petrópolis: Vozes, 1997.

MURONI, P. *Il mistero di Cristo nel tempo e nello spazio: la celebrazione cristiana*. Roma: Urbaniana University Press, 2014.

SARTORE, D. "Le manifestazioni della religiosità popolare". In: PONTIFICIO ISTITUTO LITURGICO S. ANSELMO (ed.). *Anamnesis. I sacramentali e le benedizioni*. Vol. 7. Genova: Marietti, 1989, p. 229-247.

PEDICO, M. "Liturgia e Rosário". In: CECCHIN S. (org.). *Contemplar Cristo com Maria*. Vaticano: Pontificia Academia Mariana Internacional, 2003, p. 231-246.

UBBIALI, S. "Il sacramento Cristiano". In: VV.AA. *Celebrare il misterio di Cristo. Manuale di Liturgia*. Vol. 2. Roma: Ed. Liturgiche, 1996, p.13-28.

O *MAGNIFICAT* COMO PARADIGMA DE LITURGIA INTEGRAL

Pe. Valney Augusto Rodrigues[1]
Pe. Antonio Marcos Depizzoli[2]

1. Introdução

O cântico *Magnificat* foi inspirado pelo Cântico de Ana (1Sm 2,1-10), que pode denominar-se "salmo real", visto que se inspira na vitória de um rei. Em seu cântico de louvor ao Senhor, Ana se regozijou e louvou a *Yahweh*, por atender à oração dela. Essa cena contrasta com a de sua visita anterior a Silo (1Sm 1,9-15). As palavras de louvor de Ana podem ter sido cantadas como um testemunho pessoal na congregação de adoradores.

Essa passagem é escrita no mesmo estilo poético de outros salmos da Bíblia: as metáforas e outras figuras de linguagem são frequentemente semelhantes. A soberania de Deus e o seu governo providencial em todos os aspectos da vida constituem o tema básico desse cântico, que é uma afirmação poderosa da profunda fé dessa mulher no Deus vivo. Ana reconheceu a salvação de Deus (1Sm 2,1), sua santidade (1Sm 2,3), sua graça (1Sm 2,8) e seu julgamento (1Sm 2,10). Nós devemos incluir Ana entre os grandes "salmistas" do antigo Israel, assim como Maria, no Novo Testamento (Lc 1,46-55). Na verdade, esse cântico de Ana foi reutilizado duas vezes na poesia bíblica: como base no lindo Salmo 113; e, depois, no

---

[1] Presbítero da Diocese de Jacarezinho (PR), ordenado no dia 6 de junho de 2015. Atualmente é vigário na paróquia São Sebastião, em Joaquim Távora (PR).
[2] Presbítero da Diocese de Jacarezinho (PR), ordenado no dia 7 de agosto de 2005. Atualmente é Assessor Nacional da Comissão Episcopal Pastoral para a Animação Bíblico-Catequética da CNBB, em Brasília (DF).

Cântico de Maria, em Lucas 1 (cf. RADMACHER; ALLEN; HOUSE, 2010, p. 457).

Lucas, no cântico *Magnificat,* precisamente em seu corpo, ressalta a ação de Deus em favor dos humilhados (inicia com "por que..."). Essa ação é descrita como maravilha, termo que, na Bíblia, marca as grandes intervenções de Deus em vista da libertação (por exemplo, o Êxodo). A maravilha divina é libertar os que sofrem e esperam nele, exaltando-os e cumulando-os de bens. Os beneficiados são dois: Maria e os necessitados. Os aspectos político e econômico estão bem representados (poderosos destronados; ricos despedidos de mãos vazias).

A conclusão salienta que a ação de Deus em favor dos pobres é fruto da memória de sua misericórdia, renovando hoje os benefícios e opções feitos no passado, mantendo assim a fidelidade prometida a Abraão e a seus descendentes (cf. BORTOLINI, 2006, p. 771 e 772).

2. O *Magnificat* – Lc 1,46-55

O *Magnificat* é um dos cânticos da proto-história cristã (*Benedictus,* o cântico evangélico das Laudes, Liturgia das horas; *Nunc dimittis,* cântico evangélico das Completas, Liturgia das horas; cântico dos anjos – Lucas 2,14 –; e hino cristológico – Filipenses 2,6-11, dentre outros), que tem como papel ilustrar e esclarecer, em sentido histórico-espiritual, o acontecimento da encarnação do Verbo. No seu Cântico, Maria é a serva do Senhor, a eleita do evento escatológico, que agora experimenta e vive junto com o povo de Deus (cf. FIORES e MEO, 1995, p. 813).

Maria não canta apenas em seu nome, mas também em nome do povo messiânico e em nome dos antigos agiógrafos de Israel, que, desse modo, atingem o seu ponto mais elevado e, na sua interpretação, se superam a si mesmos. Junto com o *Benedictus,* o *Magnificat* pertence ao gênero literário celebrativo e eucarístico usado com diversas modalidades pela comunidade de Qumrã, que gostava de expressar os seus sentimentos de forma rítmica, segundo a liberdade que lhe permitia a métrica hebraica (*ibidem*, p. 814).

A proposta do Cântico é devolver a dignidade ao povo sofrido, a todos os pobres, sem voz e sem vez, a esperança messiânica e a alegria que somente a vinda do Messias, o Cristo Jesus, pode promover, através da Virgem Maria, com o seu incontestável "sim".

[46] *Maria então disse:*
[47] *"A minha alma engrandece o Senhor, e meu espírito se alegra em Deus, meu Salvador, [...]*

A alma (em grego: *psiquê*) significa a vida humana em sua raiz mais profunda, enquanto o espírito (em grego: *pneuma*) é o espaço no qual a pessoa se introduz no divino. Ambas expressam dimensões interiores do "eu", vistos na perspectiva da espiritualidade.

Alma não é algo etéreo, que se contrapõe ao corpo, mas, sim, a verdade da pessoa inteira, incluindo sua corporeidade. Assemelha-se à imagem bíblica de "coração", que expressa os sentimentos profundos do eu, o direcionamento que a pessoa confere aos seus afetos e o sentido que dá à sua existência.

"Minha *psiquê* exalta o Senhor" expressa uma postura de Maria. Ela renuncia à autossegurança de uma existência construída em torno do ego. Como humilde serva, coloca-se nas mãos do Senhor e reconhece que só Ele é grande. Sai de si, num verdadeiro "êxtase", acolhendo a alteridade absoluta de Deus. Mas com isso não deixa sua originalidade e individualidade. Sua *psiquê* é transmutada. No seu cântico, Maria expressa uma personalidade integrada e dirigida para Deus (cf. MURAD, 2012, p. 73).

O cântico inicia-se, também, com uma explosão de alegria. Nada mais simples e saudável. Para Lucas, a alegria é um sinal claro do novo tempo, no qual o Messias está no meio do seu povo (Lc 1,28.44.58; 2,10). Os discípulos ficam alegres pela missão que realizam (Lc 10,17). Quem se converte a Jesus e ao Reino conquista a alegria verdadeira, como Zaqueu (Lc 19,6). As primeiras testemunhas da ressurreição se alegram tanto que parecem estar noutro nível de consciência (Lc 24,41). A comunidade cristã ideal é marcada pela alegria e pela simplicidade, ao partir o pão (Lc 24,46). Assim, Maria expressa no seu canto um traço cristão essencial: a alegria (*ibidem*, p. 74).

É tradição da Igreja cantar o hino a Maria, o *Magnificat*, na hora mais solene de sua Liturgia: as Vésperas. O canto do *Magnificat* coincide com o sugestivo momento do incenso: incenso a Deus, ao altar, às imagens da Virgem e dos santos, ao clero e a todo o povo cristão. A Igreja, de fato, se reconhece nas palavras de Maria e faz próprias suas expressões de louvor e celebração a Deus, que mantém suas promessas, e com reconhecida humildade e alegria, porque têm sido atendidas as necessidades dos pobres.

A Igreja, que não cessa de repetir as palavras do *Magnificat*, ela mesma vive, embora "entre tentações e tribulações", a realidade do antigo e do novo Israel, e deseja "iluminar os difíceis e, às vezes, intrincados caminhos da existência terrena dos homens" (cf. *Redemptoris Mater*, 37).

[48] porque olhou para a humildade de sua serva.
Todas as gerações, de agora em diante,
me chamarão feliz, [...]

Na origem latina, a palavra "humildade" evoca o húmus da terra. A pessoa humilde tem os pés no chão, conhece sua força e sua fraqueza. Como o húmus é rico em nutrientes, essenciais para as plantas, a humildade coloca o ser humano diante daquilo que nutre a si mesmo e aos outros: seus valores. A pessoa humilde não tem medo de si mesma e cultiva o autoconhecimento. Compreende-se como terra a serviço da vida, como o húmus para a planta. Bem diferente do orgulhoso ou arrogante, que concentra sua existência em si mesmo e cultiva o narcisismo.

Na perspectiva dos valores humanos contemporâneos, a pessoa humilde é aquela que tem uma percepção real de si mesma. Não é orgulhosa nem vaidosa, nem arrogante, nem prepotente. Alegra-se com suas qualidades e virtudes, e aprende a lidar com suas limitações. Está aberta a críticas e sugestões, pois se percebe como alguém que está construindo-se na história (cf. MURAD, 2012, p. 74).

Do ponto de vista espiritual, humilde é quem reconhece que tudo recebe de Deus. Sabe-se servidor de uma causa que vai além de sua individualidade. Desenvolve habilidades pessoais e as coloca a serviço do bem. Nas relações humanas, conhece seu lugar. Não invade o espaço dos outros e se mostra discreto.

Murad afirma que Maria reconhece-se como uma mulher especial, agraciada por Deus. Diz claramente: "Todas as gerações, de agora em diante, me chamarão feliz" (Lc 1,48). Não se esconde debaixo da falsa modéstia. Aqui está o segredo de sua humildade: conhece seu valor, suas potencialidades, mas não utiliza isso para fortalecer o ego voltado para si mesmo. Maria reconhece que tudo é dom de Deus (cf. MURAD 2012, p. 76).

[49] porque o Poderoso fez para mim coisas grandiosas.
O seu nome é santo, [...]

Esse versículo relaciona-se diretamente com o início do Cântico, que diz: "A minh'alma engrandece o Senhor". De fato, só a alma em quem o Senhor se dignou fazer maravilhas pode engrandecê-lo e louvá-lo dignamente e dizer, exortando os que compartilham seus desejos e aspirações: "Comigo engrandecei ao Senhor Deus, exaltemos todos juntos o seu nome" (Sl 33,4).

Na visão de Baccarani, o Cântico de Maria faz-nos repensar na inquietante e indecifrável aventura de cada homem que nasce e vive na terra, em oposição aos contrastes, antinomias, que, cada dia, deve encontrar.

O homem é eterno mistério: barro e sopro de vida, perenemente colocado entre Deus e a serpente, entre a verdade e a ilusão, entre o amor e o ódio, entre a pobreza de espírito e a ânsia de riqueza. Aqui está a origem das divergências radicais na avaliação dos bens que significam e dos que não significam.

O Onipotente, o Santo de Israel, que resguardou a pequenez de Maria para operar nela grandes maravilhas, continua a amar o homem, apesar de todas as suas contradições. O próprio Jó e o salmista nos surpreendem: "Que coisa é o homem para o engrandeceres?" (Jó 7,17; Sl 18,5). Seu nome é "santo", diz-nos Maria, e somente ele é capaz de salvar e de tornar puras e santas as ações do homem; somente seu infinito amor "é a verdadeira luz que ilumina cada homem" (Jo 1,9).

Cada um de nós caminha, como povo de Israel, em seu deserto com a esperança de ser iluminado por aquele cujo nome é "santo", para cantar as verdadeiras riquezas: "Os povos andarão cada um em nome de seu deus; nós, porém, andaremos em nome do Senhor nosso Deus, por todos os séculos dos séculos" (Mq 4,5) (cf. BACCARANI, 1994, p. 59).

^{50} e sua misericórdia se estende de geração em geração,
sobre aqueles que o temem.

Segundo Murad, o Cântico de Maria traz as esperanças dos profetas de que, com o Messias, virá um tempo de justiça e felicidade para todos. Alguns séculos antes de Maria, Isaías anunciava: "Naquele dia, os surdos ouvirão e os olhos dos cegos, livres de escuridão das trevas, tornarão a ver. Os pobres terão maior alegria em Javé e os indigentes da terra exultarão nele" (cf. Is 29,18-19) (cf. MURAD, 2012, p. 76).

A ação recriadora de Deus, da qual o profeta é testemunha, provém da misericórdia divina. Nas Escrituras judaicas (que chamamos de "Antigo Testamento"), usa-se muitas vezes a palavra *rachamín*, plural da raiz *réchem*, que significa "seio materno", para falar da misericórdia de Deus. Assim é o amor de Deus: entranhado, íntimo, gratuito, criador de vida, capaz de perdoar infinitamente e de gerar perdão, refazendo a teia da vida (cf. MURAD, 2012, p. 77).

Deus tem o coração perto da miséria humana. Sua grandeza se revela em se fazer próximo ao ser humano extraviado, fora do caminho. A transcendência se faz condescendência. A alegria divina é contagiante. Na passagem de Lc 7,13, Jesus se comove diante dos pobres e necessitados, como a viúva de Naim. "Ao vê-la, o Senhor encheu-se de compaixão [misericórdia] por ela e disse: 'Não chores!'". No sermão da planície, Jesus resume assim seu apelo à gratuidade nas relações, à perfeição no amor: "Sede misericordiosos como vosso Pai é misericordioso" (Lc 6,36). E Lucas tem parábolas a mais sobre a misericórdia e o amor recriador de Deus diante do "perdido: o pastor vai buscar a ovelha perdida" (Lc 15,4-7).

O pastor, a mulher pobre e o pai chamam os outros para se alegrarem com eles e festejarem. Nos três personagens, há o mesmo sentimento de alegria por resgatar o perdido (Lc 15,6.9.32). Assim faz Jesus: cada inclusão, cada experiência de salvação acontecendo é motivo para se alegrar, para fazer festa, para celebrar o Reino acontecendo.

No *Magnificat* há um sentimento semelhante. Maria se alegra pela ação de Deus nela. Reconhece-se "feliz", "bem-aventurada" (Lc 1,48), pois foi agraciada pelo amor misericordioso do Senhor. Mas não se detém numa experiência intimista. Ela proclama que a misericórdia de Deus se estende a todos aqueles que o respeitam (Lc 1,50) e o escolhem (literalmente: o temem).

O Cântico de Maria proclama, de forma profética, a ação transformadora de Deus nas relações sociais. Embora use termos em contraposição, não defende uma mera troca de papéis: quem está em cima passaria para baixo e vice-versa. Expressa a indignação contra a injustiça que reina no mundo. Denuncia como o orgulho, o mau uso do poder e a concentração da riqueza estragam a todos, ricos e pobres. Maria alimenta a esperança de que vale a pena sonhar e criar alternativas em vista de uma nova sociedade. A garantia dessa esperança vem da misericórdia e da fidelidade de Deus, que socorre seu povo (Lc 1,50.55):

> Misericórdia é a atitude própria de Deus, é o seu amor – em hebraico: *hesed JHWH* – comunicado também aos que são fiéis. O termo refere-se à abertura do coração para o pobre. Maria experimentou em si mesma, em sua própria existência, o poder da misericórdia e é capaz de ler a sua própria vida à luz da experiência de fé e da palavra de Deus. Maria vê mais claramente o que o Senhor faz em seu coração e proclama-o, eleva-o (cf. GROSSO, 2002, p. 45).

51 Ele mostrou a força de seu braço:
dispersou os que têm planos orgulhosos no coração.

A primeira ruptura que Deus opera nas pessoas diz respeito a uma postura de vida. Os soberbos são homens e mulheres autossuficientes e orgulhosos. No Evangelho de Lucas, uma típica figura do soberbo se encontra na parábola do fariseu que sobe ao Templo para rezar, comparando-se ao publicano (Lc 18,9-14). Esse homem orgulhoso não espera nada de Deus, nada suplica; ostenta-se a si mesmo, reconhecendo-se com grande crédito diante do Senhor. Munido com tal arrogância, menospreza o outro. O publicano, por sua vez, não é um homem bom e justo. Mas se reconhece pecador e suplica a misericórdia de Deus sobre ele.

Jesus conclui a parábola com uma afirmação que incomoda seus interlocutores: quem sai justificado não é "o homem certinho", mas o pecador. Os soberbos estão "cheios de si mesmos". Têm certezas demais. Não sobra espaço para dialogar e aprender com os outros e com as situações. Deus os dispersa, desvela suas limitações e a fragilidade de suas pretensões.

Jesus realiza a profecia do *Magnificat*. Faz uma inversão messiânica, ao proclamar que os últimos da sociedade de seu tempo serão os primeiros no Reino, e que os primeiros na sociedade excludente serão os últimos (Lc 13,30; 14,9). Nesse contexto entende-se a oração de Jesus, louvando o Pai, porque escondeu o mistério do Reino aos sábios e entendidos, e os revelou aos pequeninos (Lc 10,21). Deus é misericordioso e manifesta seus "segredos" gratuitamente, sem distinção. Os pequenos compreendem o Reino de Deus, pois saem do nível do saber arrogante e autossuficiente e se colocam como aprendizes, discípulos (cf. MURAD, 2012, p. 79).

⁵² Derrubou os poderosos de seus tronos
e exaltou os humildes.

A segunda ruptura toca o poder, tanto nas instâncias pequenas quanto nas macroestruturas. Inclui a política e a lei, o jogo institucional da autoridade jurídica e política. No tempo do reinado, os profetas denunciam como os poderosos usam o poder em benefício próprio, arrebatando-o das mãos do Povo de Deus. Os reis, os anciãos-juízes, os sacerdotes e os profetas oficiais, que deveriam respeitar a Deus e defender "o direito e a justiça", abandonaram o Senhor e praticaram a corrupção, a mentira, a rapina (cf. Jr 5,23-31). Ecoa, então, um grito de indignação, em nome de Deus: "Ai daqueles que fazem decretos iníquos e escrevem apressadamente sentenças de opressão, para negar a justiça ao fraco e fraudar o direito dos pobres do meu povo, para fazer das viúvas a sua presa e despojar os órfãos" (cf. Is 10,1s.).

Nesse espírito profético, Maria afirma que Deus tira o poder dos que o utilizam para o mal e o restabelece aos despojados. Deus refaz o seu projeto salvífico a partir dos fracos e dos humildes:

> Apesar de absolutamente abandonada à vontade do Senhor, longe de ser uma mulher passivamente submissa ou de uma religiosidade alienante, foi, sim, uma mulher que não duvidou de afirmar que Deus é defensor dos humildes e oprimidos e derruba dos seus tronos os poderosos do mundo, e reconhecerá que Maria, que é a primeira entre os

humildes e pobres do Senhor (LG 55), foi uma mulher forte, que conheceu de perto a pobreza, o sofrimento, a fuga e o exílio (cf. Mt 2,13-23) – situações essas que não podem escapar à atenção de quem quiser secundar, com espírito evangélico, as energias libertadoras do homem e da sociedade (cf. AUTRAN, 1992, p. 85, Paulo VI, *Marialis Cultus*, 37).

O Deus poderoso, que faz maravilhas em Maria (Lc 1,49), é radicalmente diferente dos poderosos (Lc 1,52) deste mundo. Com sua misericórdia, restitui a dignidade roubada, promove e eleva o ser humano. Em linguagem atual, diríamos que Deus resgata a dignidade das pessoas e seus direitos básicos como seres políticos, membros da sociedade (em grego: *pólis*), cuja cidadania se torna hoje cada vez mais planetária.

> [53] *Encheu de bens os famintos,*
> *e mandou embora os ricos de mãos vazias.*

A terceira ruptura diz respeito ao âmbito econômico, que toca a produção e distribuição dos bens, a começar do nível básico da alimentação. Quem não tem o suficiente para alimentar-se bem compromete sua existência: apresenta problemas de saúde, tem dificuldades de aprendizagem, sofre consequências psicossomáticas e emocionais. Jesus anuncia que, com a vinda do Reino de Deus, as carências humanas básicas serão superadas.

As três primeiras bem-aventuranças de Lucas caracterizam a carência material, com manifestações intimamente relacionadas: ser pobre, faminto e aflito (Lc 6,20-21). Trata-se da mesma situação, pois quem não tem acesso aos bens é pobre, passa fome e está aflito:

> Segundo o Papa João Paulo II, o *Magnificat* é o espelho da alma de Maria. Neste poema, conquista o seu cume a espiritualidade dos pobres de Javé e o profetismo da Antiga Aliança. É o cântico que anuncia o novo Evangelho de Cristo. É o prelúdio do Sermão da Montanha. Aí Maria se nos manifesta vazia de si própria e deposita toda sua confiança na misericórdia do Pai. No *Magnificat*, manifesta-se como modelo "para os que não aceitam passivamente as circunstâncias adversas da vida pessoal e social, nem são vítimas da alienação, como se diz hoje em dia, mas que proclamam com ela que Deus 'exalta os humildes' e, se for o caso, 'derruba os poderosos de seus tronos'"... (cf. PUEBLA, 1979, p. 121).

Eis a promessa de Deus: o acesso de bens a todos, a começar dos que nada têm. Por isso Jesus gosta tanto de reunir-se em torno da mesa com pobres e pecadores, comer com eles e festejar o banquete da vida (Lc 5,29s.). Lucas, de forma idealizada, retrata que a comunidade cristã das origens experimenta este sonho de Jesus. Os cristãos "partem o pão nas casas, tomando o alimento com alegria e simplicidade de coração" (cf. At 2,46). Entre eles, "ninguém passa necessidade" (cf. At 4,34). O segredo não é a abundância de coisas, mas a partilha. Quando os bens são divididos, eles se multiplicam.

Há várias semelhanças entre as bem-aventuranças de Lc 6,20-26 (e os correspondentes alertas do "ai de vós") e as três rupturas propostas no Cântico de Maria. Na verdade, o *Magnificat* antecipa de certa forma o anúncio das bem-aventuranças e deve ser compreendido à luz delas:

> A interpretação hodierna do *Magnificat* contempla também a perspectiva ecológica. A crescente consciência ambiental leva a rever a forma de o ser humano relacionar-se com as outras criaturas. Desde os seres bióticos (água, solo, ar, energia do sol) até os seres vivos (micro-organismos, plantas e animais), a humanidade deve mudar seu conceito de progresso e refazer a maneira de organizar a cadeia produtiva de bens e serviços, que compreende a extração, a produção, o transporte, o consumo e o descarte. Cresce o apelo pela sustentabilidade, em sua tríplice vertente: ecológica, social e econômica. Estimula-se o consumo responsável e estilo de vida mais sóbrio. Trata-se de uma grande conversão, que inclui atitudes pessoais, ações coletivas, políticas públicas, gestão e educação ambientais e compromissos internacionais (cf. MURAD, 2012, p. 81).

A postura preconizada no Cântico de Maria, de alegria, humildade, consciência e partilha dos bens, é necessária para criar uma cidadania planetária, na qual todos nos sintamos em relações de rede, intimamente conectados e interdependentes. Pede superação das atitudes de onipotência, soberba, autossuficiência e exploração dos outros seres humanos e da natureza. Além disso, a figura materna de Maria tem um vínculo simbólico com a "cultura do cuidado" em relação a todas as manifestações da vida. Por fim, a aura que envolve a figura simbólica da Mãe de Jesus alude ao reencantamento, à redescoberta de que todos os seres têm seu mistério e não são simplesmente coisas ou recursos.

O *Magnificat* apresenta Maria como mulher toda de Deus e com consciência da história, da luta e da esperança do seu povo. O coração aberto para Deus faz dela uma pessoa alegre, cheia de vida e solidária com o povo sofrido. Maria inspira um jeito de ser cristão atual, da cidadania planetária.

Ela abre uma trilha nova e desafiadora, de integrar mística e consciência histórica, espiritualidade e compromisso socioambiental (cf. MURAD, 2012, p. 81-82).

> *⁵⁴ Acolheu Israel, seu servo,*
> *lembrando-se de sua misericórdia, [...]*

Deus veio em socorro de Israel, certamente, através de todas as "maravilhas" que realizou na história santa, sobretudo agora, pela chegada do Messias, que essa filha de Israel carrega em seu seio.

A maternidade de Maria não aproveita somente à Igreja, mas também, e em primeiro lugar, a Israel. Pois o Messias vem, primeiro, para as "ovelhas perdidas da casa de Israel" (Mt 10,6; 15,24). Só depois se estende aos outros povos, como evidencia a prática da pregação de Jesus e de Paulo. Aqui também o particular é passagem para o universal.

Vê-se então que a maternidade de Maria não é uma bênção reservada para si mesma, mas é, antes, uma missão em favor dos outros. Sua maternidade é um "carisma" outorgado "para a utilidade comum" (1Cor 12,7), adquirindo, assim, uma dimensão social e mesmo universal, como se mostrará na cena da Virgem ao pé da cruz (cf. Jo 19,26) (*ibidem*, p. 376).

Observando o versículo 54b, "lembrando-se de sua misericórdia", nota-se o eco do Salmo 97: "Ele se lembrou de seu amor e de sua fidelidade pela casa de Israel" (v. 3). O recordar-se, para Deus, é algo de ativo: significa intervir. Maria é, ao mesmo tempo, a testemunha e o agente da maior intervenção de Deus na história: sua vinda ao mundo em pessoa, a fim de levar o curso deste a bom termo. Essa é a maior das "grandes coisas" que Deus operou.

Por outro lado, se Deus intervém, não é movido pelos méritos de quem quer que seja. A própria Virgem, assim como o povo de Israel, não passam de "servos", no limite "inúteis" (cf. Lc 17,10). Se Deus age, é apenas *motu proprio*, isto é, exclusivamente por sua misericórdia, por seu amor gratuito (*ibidem*, p. 377).

> *⁵⁵ conforme prometera a nossos pais,*
> *em favor de Abraão e de sua descendência, para sempre!"*

Sobre a primeira parte do versículo 55, Boff afirma: "Certamente, tudo depende do *éleos* (misericórdia) de Deus". Contudo, aqui se diz que depende também de suas promessas. Mas essas mesmas promessas nada mais são do que a expressão do *éleos* divino. Pois foi livremente que Deus se vinculou a Israel. A Aliança foi voluntariamente proposta por Ele. Portanto,

Deus não está comprometido com nada, a não ser consigo mesmo, isto é, com a palavra que Ele deu, com o amor que Ele prometeu.

Aliás, a menção de Abraão, que segue imediatamente, é mais um sinal da gratuidade da ação salvífica de Deus na história. Com efeito, a partir do exílio, a figura do Patriarca representava a eleição puramente gratuita de Deus. Efetivamente, o pacto com Abraão, à diferença da aliança com Moisés, era um juramento unilateral. Sem dúvida, a promessa feita ao Patriarca exigia dele confiança incondicional, mas apenas como consequência. E isto é, no *Magnificat,* um sinal a mais de que tudo nele recende o perfume da graça amorosa do Senhor. O fato é que agora Maria proclama que as grandes promessas de Deus começaram a cumprir-se em seu seio (*ibidem*, p. 377).

Na segunda parte do versículo 55, "em favor de Abraão e de sua descendência", Boff afirma: "A misericórdia de Deus é para Abraão e seus filhos" (cf. Mq 7,20). E justamente desse amor, as promessas divinas são a melhor expressão. Ora, as promessas de amor que Deus fez aos pais são fundamentalmente as que foram feitas a Abraão: uma terra, uma descendência e uma bênção em prol de todas as nações" (cf. Gn 12,1-3).

A realização das promessas, cantada no *Magnificat,* encontra sua plenitude na ressurreição de Jesus. Esta é a suprema "coisa maravilhosa" que Deus realizou na história. Eis aí, além das alusões ao "salvador" (v. 47) e às "grandes coisas" (v. 49), outro raio de luz pascal que ilumina clara, embora discretamente, o *Magnificat* (*ibidem*, p. 379).

Com estas palavras finais, "para sempre", o *Magnificat* nos alcança no tempo de hoje. As promessas de Deus continuam a valer para os "descendentes" abraâmicos que somos nós. Como "sua misericórdia se estende de geração em geração" até nós, assim também são as promessas do Senhor.

A partir da "maravilha" decisiva que foi a vinda de Cristo em Maria, o Poderoso continua a fazer, ainda hoje, maravilhas no mundo. A revolução escatológica do Messias continua seu curso também em nossos dias.

Justamente por isso o *Magnificat* continua a ser cantado ainda hoje na Igreja, mostrando toda a sua atualidade. E será cantado "de geração em geração". É o *"Magnificat* dos séculos", como se exprimiu São João Paulo II.

E continuará a ser cantado pela Virgem-Igreja até que as promessas divinas se cumpram plenamente. E mesmo depois prosseguirá eternidade afora, junto com o "Cântico de Moisés, servo de Deus, e o Cântico do Cordeiro" (Ap 15,3). Será o "canto novo" dos que foram totalmente e para sempre libertos (*ibidem*, p. 380).

3. *Magnificat:* convite à alegria que irrompe do serviço

Através de seu louvor e júbilo em forma de cântico, o *Magnificat,* Maria deixa explícita sua alegria em contribuir com a obra da redenção: Maria gera em seu ventre o Salvador, o Cristo Jesus. Maria, que tem o Filho de Deus em seu ventre, é a nova Jerusalém. No Evangelho de Lucas, a vinda do Salvador cria um clima de alegria. O convite à alegria no Novo Testamento inicia-se com a saudação do anjo a Maria: "Alegra-te" (Lc 1,28). Prossegue com a alegria de Isabel pela visita de Maria, à qual esta responde com o seu cântico: "O meu espírito se alegra em Deus, meu salvador" (Lc 1,47) (SANTOS, 2014, p. 8).

Outrossim, o Papa Francisco, em sua homilia (13 de outubro de 2013), por ocasião da jornada mariana, lembra a todos os presentes no evento, e a todos os cristãos, que a Virgem Maria é o maior exemplo, depois de seu filho Jesus, de alegre serviçal:

> Maria serve com alegria – Maria é causa da nossa alegria –, compromete-se com o Criador a ajudar na obra da redenção através de seu coração generoso e vazio de seus planos e projetos, e acolhe em sua vida o plano de Deus, que sem dúvida trouxe mais alegrias que desafios. Maria acolhe com alegria a missão a ela confiada; mesmo não sabendo por completo como se desenrolaria todo o projeto, ela confiou em Deus e caminhou feliz, e a cada dia renovava o seu sim a Deus.

Essa mesma atitude, o sumo pontífice pede a cada um que deseja trilhar os passos de Jesus: servir ao Pai com solicitude e decididamente, para assim brotar em nossos corações a verdadeira alegria que vem somente de Deus, nosso pai generoso e misericordioso, que deseja que sejamos felizes no caminho do serviço aos irmãos e no serviço ao Pai, observando sempre o protótipo de Maria e por corolário contribuir com a instauração do Reino de Deus, paulatinamente.

O Papa Paulo VI apresenta a Virgem Maria, que, junto a Cristo, recapitula todas as alegrias, vivendo a alegria perfeita prometida à Igreja: "Mater plena sanctae laetitiae" com razão, pois os seus filhos da terra, ao voltarem-se para aquela que é a mãe da esperança e a mãe da graça, a invocam como a causa da sua própria alegria: "Causa nostrae laetitiae" (Exortação Apostólica *Gaudete in domino,* p. 32 e 33).

4. A alegria de Maria: servir à obra de Deus

Com sua figura sempre emblemática e muitas vezes paradoxal, a Virgem Maria tem sempre muitas lições a nos ensinar (Homilia do Papa Francisco, em 31/05/2013, por ocasião da conclusão do mês mariano), sobremaneira nos meandros do alegre serviço. Como ser feliz, à maneira mariana, em um mundo permeado por valores que vão diretamente contra o Evangelho, contra a família, contra a própria vida? O Papa Francisco (*Evangelii Gaudium*, n. 285) mostra-nos que é claramente possível realizar esta proeza, bastando nos assemelharmos à Virgem Santíssima em toda a sua essência:

> Maria é modelo de serviço eclesial em todo o mundo, porém, de modo pontual na América Latina. A Virgem Maria fez-se serva do Senhor. A Escritura apresenta-a como alguém que, indo visitar Isabel por ocasião do parto, presta-lhe o serviço muito maior de anunciar-lhe o Evangelho com as palavras do *Magnificat*. Em Caná, está atenta às necessidades da festa, e sua intercessão provoca a fé dos discípulos que "acreditam nele" (Jo 2,11). Todo o serviço que Maria presta aos homens consiste em abri-los ao Evangelho e convidá-los a obedecer-lhe: "Fazei o que vos disser" (Jo 2,5) (cf. PUEBLA, 1979, n. 300).

O Papa Paulo VI assinala a amplidão do serviço de Maria com palavras que têm um eco muito atual em nosso continente: ela é "a mulher que conheceu a pobreza e o sofrimento, a fuga e o exílio (cf. Mt 2,13-23). Apresentar-se-á Maria como a mulher que, com a sua ação, favoreceu a fé da comunidade apostólica em Cristo (cf. Jo 2,1-12) e cuja função materna se dilatou, vindo a assumir, no Calvário, dimensões universais" (*ibidem*, n. 302).

A Constituição Dogmática *Lumen Gentium*, em seu número 66, nos ensina a cultuar a bem-aventurada Virgem Maria na Igreja:

> Maria foi exaltada pela graça de Deus acima de todos os anjos e de todos os homens, logo abaixo de seu Filho, por ser a Mãe Santíssima de Deus e, como tal, haver participado nos mistérios de Cristo: por isso a Igreja a honra com culto especial. Na verdade, já desde os tempos mais antigos, a bem-aventurada Virgem é venerada com o título de "Mãe de Deus", e os fiéis sob sua proteção, recorrendo com súplicas, refugiam-se em todos os perigos e necessidades. Sobretudo a partir do Concílio de Éfeso, o culto prestado a Maria pelo Povo de Deus cresceu admiravelmente, em veneração, amor, invocação e imitação, de acordo com as palavras proféticas da própria Virgem: "Todas as gerações me chamarão bem-aventurada, porque

fez em mim grandes coisas o Onipotente" (cf. Lc 1,48) (LOPES, 2011, n. 66).

Assim fala o Papa Francisco (Homilia, 12 de outubro de 2013): "Como o Onipotente fez grandes coisas na vida de sua Serva primogênita, da mesma maneira quer fazer na vida de cada um de nós; basta-nos responder ao seu chamado com o coração humilde e confiante, como Maria o fez. O que nos falta muitas vezes é possuir a fé nos moldes de Maria: uma fé simples e expectante, e não uma fé erudita".

Maria é, diante dos olhos de todos os crentes, segundo o Documento de Aparecida (DAp, n. 269), a imagem bem acabada e fidelíssima do seguimento de Cristo, principalmente através do serviço discreto e cotidiano, de sua alegria contagiante e ao mesmo tempo sutil, quase imperceptível.

5. Considerações finais

O Papa Bento XVI, em Aparecida, teceu belíssimo comentário sobre a Santíssima Virgem Maria e sobre sua atuação no seio da Igreja:

> Maria Santíssima, a Virgem pura e sem mancha, é para nós escola de fé destinada a nos conduzir e a nos fortalecer no caminho que conduz ao encontro com o Criador do céu e da terra. O Papa veio a Aparecida com viva alegria para lhes dizer, em primeiro lugar: Permaneçam na escola de Maria. Inspirem-se em seus ensinamentos. Procurem acolher e guardar dentro do coração as luzes que ela, por mandato divino, envia a vocês a partir do alto.

O papel de Maria é nos levar até o seu filho Jesus; ela nos mostra o caminho, a melhor forma de nos achegarmos ao Pai pelo seu filho Jesus. Em síntese: Maria é o caminho seguro e feliz que nos conduz ao nosso único Senhor e Salvador. Maria é a Mãe de Deus e nossa Mãe e, sempre que olhamos para ela, voltamos a acreditar na força revolucionária da ternura e do afeto. N'Ela vemos que a humildade e a ternura não são virtudes dos fracos, mas dos fortes, que não precisam maltratar os outros para se sentirem importantes. Fixando-a, descobrimos que aquela que louvava a Deus porque "derrubou os poderosos de seus tronos" e "aos ricos despediu de mãos vazias" (Lc 1,52-53) é a mesma que assegura o aconchego de um lar à nossa busca de justiça e felicidade (cf. *Evangelii Gaudium,* 2013, n. 287 e 288).

Bibliografia

AUTRAN, Aleixo Maria. *Maria na Bíblia*. São Paulo: Ave-Maria, 1992.

BACCARANI, Alfonso M. *Maria Caminha Conosco: reflexões sobre o Evangelho de Maria*. Tradução de Jairo Veloso Vargas. São Paulo: Paulinas, 1994.

BÍBLIA. Português. *Bíblia de Jerusalém*. Tradução: Gilberto da Silva Gorgulho (cord.). 4ª imp. rev. São Paulo: Paulus, 2006.

BÍBLIA. Português. *Bíblia Sagrada*. Tradução da CNBB. 7ª ed. Brasília: Edições CNBB e São Paulo: Editora Canção Nova, 2008.

BORTOLINI, José. *Roteiros Homiléticos, festas e solenidades*. 5ª ed. São Paulo: Paulus, 2006.

CONCLUSÕES DA CONFERÊNCIA DE PUEBLA. *Evangelização no presente e no futuro da América Latina*. Conclusões da III Conferência Geral do Episcopado Latino-Americano. Puebla de los Angeles, México (23/03/1979). 6ª ed. São Paulo: Paulinas.

CONSELHO EPISCOPAL LATINO-AMERICANO (CELAM). *Documento de Aparecida: texto conclusivo da V Conferência Geral do Episcopado Latino-Americano e do Caribe. 13 a 31 de maio de 2007*. Tradução: Luiz Alexandre Solano Rossi. São Paulo: Paulus, 2007.

FIORES, Stefano; MEO, Salvatore. *Dicionário de Mariologia*. Tradução: Álvaro A. Cunha, Honório Dalbosco, Isabel F. L. Ferreira. São Paulo: Paulus, 1995.

FRANCISCO, Papa. *Exortação Apostólica*. Evangelii Gaudium. *A alegria do Evangelho: sobre o anúncio do Evangelho no mundo atual*. São Paulo: Loyola, 2013.

_____. *Homilia*. Disponível em: <http://w2.vatican.va/content/francesco/pt/speeches/2013/october/documents/papa-francesco – 2013.10.12 – preghiera-mariana.html>. Acesso em: 15 out. 2013.

_____. *Homilia proferida por ocasião da Conclusão da Jornada Mariana*. Disponível em: < http://w2.vatican.va/content/francesco/pt/homilies/2013/documents/papa-francesco - 2013.10.13 – omelia-giornata-mariana.html>: Acesso em: 15 out. 2013.

GROSSO, G. *Con Maria Figlia di Sion: in ascolto della Parola*. Padova: Messaggero, 2002.

JOÃO PAULO II, Papa. *Redemptoris Mater*. Disponível em: <http://www.vatican.va/holy_father/john_paul_ii/encyclicals/documents/hf_jp-ii_enc_1987_redemptoris-mater_eu.html>. Acesso em: 28 ago. 2013.

LOPES, Geraldo. Lumen Gentium: *texto e comentário*. São Paulo: Paulinas, 2011.

MURAD, Afonso Tadeu. *Maria, toda de Deus e tão humana: compêndio de mariologia*. São Paulo: Paulinas/Santuário, 2012.

PAULO VI, Papa. Exortação Apostólica *Gaudete in Domino*, sobre a alegria cristã (09/05/1975). 4ª ed. São Paulo: Paulinas, 2008.

_____. Exortação Apostólica *Mariallis Cultus*. Disponível em:< htpp://www.vatican.va/holy_father/paul_ii/post_exhortations/documents/hf_p-vi_exh_02021974_mariallis-cultus_po.html>. Acesso em: 02 fev. 2013.

RADMACHER, Earl D.; ALLEN, Ronald B.; HOUSE, H. Wayne. *O Novo Comentário Bíblico – Antigo Testamento*. 1ª ed. Rio de Janeiro: Central (Gospel), 2010.

SANTOS, Benedito Beni dos. *Evangelizar com Papa Francisco: Comentário* à Evangelii Gaudium. São Paulo: Paulus, 2014.

CANTOS MARIANOS: LITURGIA E DEVOÇÃO

Joaquim Fonseca, ofm[1]

O presente texto discute o tema "Cantos marianos: Liturgia e devoção", a partir de três eixos. Em primeiro lugar, focaliza-se o devocionismo como elemento marcante da realidade eclesial hodierna. Em seguida, faz-se uma exposição sumária de como a Mãe do Senhor vem apresentada na Liturgia. Nessa seção, vêm destacadas as antífonas de entrada e da comunhão previstas para as festas da Virgem Maria, no Missal Romano, e alguns exemplos de hinos (marianos) pinçados do repertório litúrgico da Igreja no Brasil, pós-Concílio. Por fim, a título de conclusão, é-nos apresentado um exemplo musical que pode servir de paradigma para os compositores litúrgico-musicais se enveredarem na arte de bem integrar a piedade popular e a Liturgia.

1. Nossa realidade atual: mais devocionismo que devoção

Diariamente assistimos, sobretudo na mídia "católica", a verdadeiros espetáculos de devocionismo: bênçãos do Santíssimo Sacramento, novenas, propagandas de produtos religiosos etc. Conforme o *Dicionário Houaiss da Língua Portuguesa*, a palavra *devocionismo* significa: "Forma de liberalismo litúrgico que exagera as devoções, ignorando a Liturgia e levando os fiéis à

---

[1] Frei Joaquim Fonseca de Souza é presbítero da Ordem dos Frades Menores (franciscanos), da Província Santa cruz (Minas Gerais). Bacharel em Música e doutor em Teologia. Professor de Liturgia e Arte Cristã na Faculdade Jesuíta (FAJE) e no Instituto Santo Tomás de Aquino (ISTA), em Belo Horizonte. Foi Assessor Nacional da CNBB para a Música Litúrgica (2003-2006). Foi o coordenador geral do canto e da música na V Conferência do Episcopado Latino-Americano e Caribenho de Aparecida, em 2007. É membro da Associação dos Liturgistas do Brasil (ASLI). Autor e coautor de diversos livros. Coordena a coleção "Liturgia e Música" da Paulus. Assessora encontros de formação litúrgica em todo o país.

superstição; devoção afetada e hipócrita; beatice". Em outras palavras, trata-se de um desvio da sã devoção. O devocionismo cristão católico também tem a ver com o que os teólogos costumam chamar de "maximalismo", ou seja, o santo recebe atributos divinos, quando não ocupa o lugar do próprio Deus. Disso decorrem as inúmeras "especialidades" atribuídas a Maria e aos santos, tipo: "Nossa Senhora Desatadora de nós"; "Santo Antônio, restituidor das coisas perdidas"; "Santa Edwiges, a santa dos endividados"; "Santo Expedito, o santo dos desesperados" etc. Ao devocionista interessam apenas os milagres que o santo é capaz de realizar aqui e agora em seu favor.

Um bom exemplo de canto que expressa o maximalismo é o chamado "Consagração a Nossa Senhora":[2]

> Ó minha Senhora e também minha mãe,
> Eu me ofereço inteiramente todo a vós,
> E em prova da minha devoção
> Eu hoje vos dou meu coração.
> Consagro a vós meus olhos, meus ouvidos, minha boca,
> Tudo o que sou, desejo que a vós pertença.
> Incomparável mãe, guardai-me, defendei-me
> Como filho e propriedade vossa. Amém.

Como se pode observar, a figura de Maria é invocada na qualidade de uma deusa, dotada de dignidade e de poderes absolutos e divinos. A pessoa se coloca diante de uma soberana *Senhora* com o ardente desejo de se tornar uma *propriedade* dela.[3] O devocionismo é expressão de quem não recebeu uma adequada iniciação à fé cristã e, por isso mesmo, ignora a centralidade do mistério pascal de Cristo, não dando conta de que Maria e os santos ocupam lugar especial em nossa devoção, não porque são capazes de realizar milagres, mas porque testemunharam, de forma exemplar, o Evangelho de Jesus Cristo. A lacuna deixada pela ausência de conhecimento dos rudimentos da fé aparece explícita em muitos cantos marianos, como este que escolhemos, a título de exemplo:[4]

> 1. Quão grande graça após uma consagração
> Feita por Pedro, por Tiago ou por João:
> A mãe que alimentou Jesus em seu ser
> Comunga agora o Deus comunhão.

---
[2] Extraído de: http://www.folhetosdecanto.com/2014/10/consagracao-nossa-senhora.html
[3] Outros aspectos do maximalismo encontrados neste canto, veja: FONSECA, J. "Educar a piedade mariana". In: VV.AA. *Maria no coração da Igreja*. São Paulo: Paulinas/UMBRASIL, 2011, p. 89-104.
[4] Extraído de: http://www.folhetosdecanto.com/2014/10/maria-eucaristia-quao-grande-graca.html

Quanta alegria a de Maria:
Receber Jesus na Eucaristia.
O corpo do Filho que um dia ela gerou,
Foi ela quem primeiro o comungou.

2. Eu imagino que naquela refeição
Estava junto aquela que sempre o seguiu.
A Mãe que deu à luz o Cristo meu Senhor
Comeu do pão que o Filho serviu.

3. Quanta alegria a de Maria, que gerou
O Deus que em seu ventre um dia alimentou.
Ser novamente sua morada:
Por isso és bendita e agraciada.

Sem entrar no mérito, na estética do texto – que está aquém de qualquer juízo! – chamamos a atenção para o absurdo da ideia vinculada da "primeira Eucaristia" de Maria, a mãe de Jesus.

2. Maria na Liturgia

Ao contrário do devocionismo, Maria e os santos vêm apresentados nos textos litúrgicos sempre na condição de discípulos e testemunhas de Cristo Ressuscitado. Não é por acaso que os primeiros homens e mulheres que encabeçam a fileira dos santos são os mártires que testemunharam o Evangelho, a ponto de derramarem seu sangue, a exemplo do próprio Cristo. Na ação litúrgica, celebra-se o memorial da páscoa de Cristo na páscoa do "santo" e da páscoa do "santo" na páscoa de Cristo. A título de exemplo, vejamos as antífonas (de entrada e da comunhão) das solenidades, festas e do "Comum" da Virgem Maria, extraídas do Missal Romano. Em cada uma delas, facilmente se pode verificar a centralidade do mistério de Cristo. Ei-las:

- *Maria Mãe de Deus (1º de janeiro):*
- "Salve, Santa Mãe de Deus, vós destes à luz o Rei que governa o céu e a terra pelos séculos eternos" (Ant. de entrada).
- "Jesus Cristo, ontem e hoje e por toda a eternidade" (Ant. da comunhão).
- *Assunção de Maria (15 de agosto):*
- "Grande sinal apareceu no céu: uma mulher que tem o sol por manto, a lua sob os pés e coroa de doze estrelas na cabeça" (Ant. de entrada).

– "Todas as gerações me chamarão bem-aventurada, porque o Poderoso fez em mim grandes coisas" (Ant. da comunhão).

- *Natividade de Maria (8 de setembro):*
– "Celebremos com alegria o nascimento da Virgem Maria: por ela nos veio o Sol da justiça, o Cristo, nosso Deus" (Ant. de entrada).
– "A Virgem dará à luz um filho, e ele salvará seu povo do pecado" (Ant. da comunhão).

- *Nossa Senhora da Conceição Aparecida (12 de outubro):*
– "Com grande alegria rejubilo-me no Senhor, e minha alma exultará no meu Deus, pois me revestiu de justiça e salvação, como a noiva ornada de suas joias" (Ant. de entrada).
– "Seus filhos se erguem, para proclamá-la bem-aventurada. Ela se levanta antes da aurora para dar o alimento a cada um" (Ant. da comunhão).

- *Imaculada Conceição de Maria (8 de dezembro):*
– "Com grande alegria rejubilo-me no Senhor, e minha alma exultará no meu Deus, pois me revestiu de justiça e salvação, como a noiva ornada de suas joias" (Ant. de entrada).
– "Todas as gerações cantam as vossas glórias, ó Maria; por vós nos veio o sol da justiça, o Cristo, nosso Deus" (Ant. da comunhão).

- *Comum de Nossa Senhora:*
– "Salve, Santa Mãe de Deus, vós destes à luz o Rei que governa o céu e a terra pelos séculos eternos" (Ant. de entrada – formulário 1).
– "Feliz o seio da Virgem Maria que trouxe o Filho do eterno Pai" (Ant. da comunhão – formulário 1).
– "Bendita sois, Virgem Maria, que em vós trouxestes o Criador do mundo. Gerastes aquele que vos fez e permaneceis virgem para sempre" (Ant. de entrada – formulário 2).
– "O Senhor fez em mim maravilhas. Santo é o seu nome" (Ant. da comunhão – formulário 2).
– "O Senhor Deus vos abençoou, Virgem Maria, mais que a todas as mulheres. Ele exaltou o vosso nome: que todos os povos cantem vosso louvor" (Ant. de entrada – formulário 3).
– "Todas as gerações me chamarão bem-aventurada, porque Deus olhou a humildade de sua serva" (Ant. da comunhão – formulário 3).
– "Céus, deixai cair o orvalho; nuvens, chovei o justo; abra-se a terra e brote o Salvador" (Ant. de entrada – Advento).

- "A Virgem conceberá e dará à luz um filho e ele será chamado 'Deus conosco'" (Ant. da comunhão – Advento).
- "Maria deu à luz o Rei eterno, uniu as alegrias da mãe à glória da virgindade. Jamais houve nem haverá quem se compare com ela" (Ant. de entrada – Natal).
- "O Verbo se fez homem e habitou entre nós, cheio de graça e de verdade" (Ant. da comunhão – Natal).
- "Os discípulos unidos perseveravam em oração com Maria, a Mãe de Jesus, aleluia" (Ant. de entrada – Tempo pascal).
- "Alegrai-vos, Virgem Mãe! Cristo ressurgiu do sepulcro, aleluia!" (Ant. da comunhão – Tempo pascal).

Enfim, nosso fazer litúrgico-musical para as celebrações da memória da Mãe do Senhor não pode prescindir dessa preciosa fonte que é o Missal Romano. Na esteira do que vem proposto no missal, vale ressaltar os bons exemplos de cantos marianos existentes no *Hinário Litúrgico* da CNBB e no *Ofício Divino das Comunidades*. A título de exemplo, citamos:

- "Cântico de Maria" (Lc 1,46-55): há diversas versões com refrãos e antífonas próprios para os tempos litúrgicos e as festas. Função ministerial: canto de comunhão, por excelência, para qualquer festa de Maria.
- "De alegria vibrei no Senhor": refrão baseado em Is 61,10 (cf. ant. de entrada de 12/10 e 08/12) e estrofes do Salmo 45(44). Função ministerial: canto de abertura para qualquer festa de Maria.
- "Uma mulher no céu foi vista": refrão e estrofes baseados em Ap 12 (cf. ant. de entrada de 15/08). Função ministerial: canto de abertura, especialmente para 15/08.
- "Bendirei ao Senhor todo tempo": refrão baseado nos primeiros versos do cântico de Maria e estrofes do Salmo 34(33). Função ministerial: canto de comunhão para qualquer festa de Maria.
- "Ave, Maria, cheia de graça, mãe do Senhor": refrão baseado em Lc 1,28.42 e estrofes do Salmo 147. Função ministerial: canto de comunhão, especialmente para 08/12.

3. Em busca de um repertório que integre piedade popular e Liturgia

Passados 50 anos do Concílio Vaticano II, incluindo as quatro Conferências do Episcopado Latino-Americano e Caribenho (Medellín, Puebla,

Santo Domingo e Aparecida), continua o desafio da inculturação da Liturgia nesse gigantesco continente formado de povos e culturas tão diversos. No Brasil, no que tange à música litúrgica, houve passos significativos. Quanto à inculturação do repertório para as festas litúrgicas em memória da Mãe do Senhor e dos santos, há muito que fazer.[5] Dos exemplos citados acima, merece destaque o canto "Uma mulher no céu foi vista", do compositor pernambucano e pioneiro da inculturação da música litúrgica no Brasil Geraldo Leite Bastos, com ambientação melódica e rítmica típicos da música ritual dos terreiros de Xangô.

Enfim, urge mergulhar na pesquisa da etnomúsica religiosa ligada à Virgem Maria, como das congadas, presentes em boa parte do território brasileiro. Estudos dessa natureza poderão auxiliar compositores litúrgico-musicais na criação de repertórios alternativos, a exemplo do que foi feito com as exéquias.[6]

Concluindo

A título de conclusão, apresentamos o "canto final" da celebração do sepultamento.[7] Trata-se de um exemplo primoroso de integração da piedade popular com a Liturgia. Vejamos:

---

[5] Vale aqui a ressalva do "Ofício da Mãe do Senhor", de autoria de Reginaldo Veloso, com bons exemplos de cantos que integram piedade popular e Liturgia das Horas.
[6] Referimo-nos à obra de: FONSECA, J. *Música ritual de exéquias: uma proposta de inculturação*. Belo Horizonte: O lutador/Apostolado litúrgico, 2010. Trata-se de um estudo sobre a contribuição das "incelenças" de defunto no processo de inculturação da música ritual de exéquias da Igreja no Brasil.
[7] Para o que segue: FONSECA, J. *Música ritual de exéquias...*, op. cit., p. 272-274.

A partir de uma "Incelença de Nossa Senhora", o poeta Reginaldo Veloso elaborou esta "Invocação a Maria", a ser entoada no final da celebração do sepultamento. Como é de praxe no âmbito do catolicismo popular, a proteção da Mãe de Jesus é muito requisitada, sobretudo por ocasião da morte de um ente querido. É sabido que, nas antigas sentinelas de defunto, nunca faltavam a reza do "Ofício da Imaculada Conceição", do "Terço", da "Salve-Rainha", dentre outras orações devocionais marianas.

Observemos o que acontece com o texto, comparando-o com o da "incelença":

"Incelença"	Invocação a Maria
Uma incelença é de Nossa Senhora O anjo chora e Maria adora. Bem-aventurado quem está na glória!	1. Tua companhia seja, irmão(ã), nesta hora Maria, a Mãe que a seu Filho implora. Bem-aventurado quem está na glória! 2. Tua companhia seja, irmão(ã), nesta hora Maria, a Mãe que por todos ora. Bem-aventurado quem está na glória! 3. Tua companhia seja, irmão(ã), nesta hora Maria, a Mãe que seu Filho adora. Bem-aventurado quem está na glória!

- O poeta manteve, no final de todos os versos, a mesma rima da "incelença" (**o**ra – **o**ra - **ó**ria).
- O terceiro verso: "Bem-aventurado quem está na glória!" foi conservado intacto e repetido em todas as estrofes.
- O primeiro verso e parte do segundo: "Tua companhia seja, irmão, nesta hora / Maria, a Mãe que" são repetidos em todas as estrofes. O que muda no restante do segundo verso de cada estrofe é a ação de Maria – mãe e discípula de seu Filho –, expressa nos verbos: "implora", "ora", "adora".

Quanto à melodia, convém ressaltar dois aspectos relacionados com o texto da "Invocação a Maria":

a) O movimento melódico ascendente, culminando com a cadência à dominante da primeira frase (compassos 1-4), nos sugere a subida do "irmão" para o céu, em companhia de Maria.

b) Na terceira frase (compassos 9-12), a melodia se desenvolve em graus conjuntos e com pouca tensão, na região mais grave da escala (mib3 - sib2) – o que nos permite entrever o "ambiente celestial" dos bem-aventurados.

LITURGIA DAS HORAS E OFÍCIO DIVINO: O LUGAR DE MARIA

Pe. José Humberto Motta

O lugar de Maria na Liturgia das Horas (LH) e no Ofício Divino das Comunidades (ODC) é uma realidade existente praticamente em todo o tempo cristão da história dessa celebração; ora implícita, como o caso do Primeiro Testamento no exercício cultual/espiritual judaico, ora explícita, no caso do Segundo Testamento e no tempo da Igreja.

No ambiente judaico, Maria não aparece de forma tão pessoal e direta como aqui, no tempo cristão (da Igreja). Sua presença no Primeiro Testamento está localizada no nível análogo da promessa e dos sinais que acompanham o seu cumprimento. Além dos profetas, a presença da "Virgem", Mãe do Messias prometido, está implícita e incipiente nos Salmos usados abundantemente na Celebração judaica das Horas e, posteriormente, na cristã.

Maria, na Liturgia da Igreja, sobretudo na celebração eucarística e na LH, está sempre em relação ao Mistério Pascal de Jesus Cristo. Depois do Concílio Vaticano II, essa relação ganha uma reflexão teológica mais acentuada e clara. A Constituição sobre a Sagrada Liturgia *Sacrosanctum Concilium*, 103, diz:

> Neste ciclo anual da celebração dos mistérios de Cristo, a santa Igreja venera com especial amor, e porque unida indissoluvelmente à obra de Salvação do seu Filho, a bem-aventurada Virgem Maria, Mãe de Deus, em quem vê e exalta o mais excelso fruto de redenção, em quem contempla, como em puríssima imagem, tudo o que ela deseja e espera com alegria ser.[1]

---

[1] SC 103.

1. Composições hinódicas

Antes de verificarmos os Salmos, é importante apontar, segundo o *rito da LH*, alguns hinos que se referem a Maria. Basicamente, os hinos são poemas compostos no início da história da Igreja, na Idade Média e na Idade Moderna, para condensar e introduzir as motivações da hora celebrada.[2]

Geralmente, os hinos acompanham as celebrações das festas e solenidades como próprios. No Comum de Nossa Senhora, existem os hinos próprios para as I Vésperas ("Maria, Mãe dos mortais...")[3]; para o Ofício das Leituras ("Aquele a quem adoram...")[4]; para Laudes ("Senhora gloriosa...")[5]; para II Vésperas ("Ave, do mar Estrela...")[6].

Dentre as composições hinódicas, é imprescindível citar a obra-prima da literatura universal, a sublime oração de Dante Alighieri[7] a Maria, Virgem, no hino do Ofício das Leituras, no Comum da Bem-Aventurada e na Memória de Santa Maria no sábado.[8] São súplicas líricas de grande valor e inspiração que, constantemente, invocam Maria, Mãe de misericórdia.

2. Os Hinos do ODC

O ODC traz hinos que mencionam Maria; alguns sem especificações mariológicas e outros mais específicos.

Encontram-se, nos Hinos para o Ciclo do Natal, estes que estão relacionados ao Mistério da Encarnação do Verbo Divino e, por isso, indiretamente relacionados a Maria: p. 302, n. 116, *Bendito e louvado seja* (Música de folia de Reis); p. 306, p. 122, *Nasceu a flor formosa* (Do século XV); p. 307, n. 126, *Ó Redentor*; p. 308, n. 127, *Desde o raiar* (Hino de Laudes da LH – adaptado); p. 309, n. 129, *Vimos sua estrela* (Geraldo Leite); p. 310, n. 131, *O que era noite* (Zé Vicente); p. 311, n. 132, *Já raiou* (Zé Vicente), contendo uma estrofe diretamente dirigida a Maria;[9] e p. 313, n. 135, *Cálix Bento* (Milton Nascimento).

Para o Ciclo da Páscoa, eis os que vemos: p. 320, n. 145, *Pecador agora é tempo*; e diretamente relacionada à Paixão de Jesus, Maria aparece como

---

[2] IGLH n. 173-178.
[3] Liturgia das Horas, volume 1, p. 1143.
[4] *Idem*, p. 1149.
[5] *Idem*, p. 1159.
[6] *Idem*, p. 1163.
[7] Cf. verbete "Virgem Maria". In: CASTELANO, J. *Dicionário de Liturgia*, p. 1222.
[8] "Aquele a quem adoram/ o céu, a terra, o mar,/ o que governa o mundo,/ na Virgem vem morar. A lua, o sol e os astros/ o servem, sem cessar./ mas ele vem no seio/ da Virgem se ocultar. Feliz chamou-te o Anjo,/ o Espírito em ti gerou/ dos povos o Esperado,/ que o mundo transformou. Louvor a vós, Jesus,/ nascido de Maria,/ ao Pai e ao Espírito/ agora e todo o dia."
[9] *Bendita sejas, ó Maria,/ pelo teu imenso amor,/ esmagaste a serpente/ e nos deste o Salvador.*

intercessora nas dores, como se vê na p. 327, n. 155, *Mãe de Jesus transpassada*; na p. 336 e na p. 337, nas duas versões da sequência pascal, Maria aparece como Mulher-Mãe que olha pressurosa à procura do Filho Ressuscitado; no mesmo espírito da sequência pascal, Maria aparece no hino de Zé Vicente, p. 343, n. 181, *Madrugada da Ressurreição*.

Da p. 352 até a p. 367, estão os hinos à Virgem Maria, todos especificamente dirigidos a Maria com abundância de poesia e composições contemporâneas.

Também são encontradas, nos hinos para os Ofícios dos Santos e Santas, referências indiretas a Maria, sempre relacionada ao que se celebra, por exemplo: no hino *Meu bom José,* de Zé Vicente, p. 369, n. 227, terceira[10] e última estrofes.[11]

Mais adiante, nos hinos para os Ofícios em circunstâncias especiais, Zé Vicente traz Maria em uma das estrofes do hino *Louvemos todos juntos,* p. 380, n. 240[12]; p. 394, n. 258, *Oh, que coisa bonita,*[13] uma referência direta a Nossa Senhora Aparecida; mais uma referência direta a Nossa Senhora Aparecida é o refrão do hino *Romaria,*[14] de Renato Teixeira, p. 407, n. 279; e, embora não se dirija diretamente a Maria, o hino *Maria, Maria,* de Milton Nascimento, foi encaixado na p. 413, n. 287, enaltecendo as virtudes e a força de Maria como modelo de mulher.

3. Salmodia

Alguns exemplos ajudam-nos a detectar, por interpretação, a figura de Maria nos Salmos, que, naturalmente, acontece através de analogia nos escritores dos Evangelhos e na reflexão dos teólogos nos primórdios do cristianismo:

– O Salmo 18(19)A (v. 6), usado no Ofício das Leituras da Solenidade do Natal do Senhor; na Hora Média da segunda-feira da segunda semana do Saltério; no Ofício das Leituras da Festa de São João, Apóstolo e Evangelista, assim como no Ofício das Leituras do Comum dos Apóstolos, das Virgens e das Santas Mulheres: "Armou no alto uma tenda (*tabernaculum*) para o sol, ele desponta no céu e se levanta como um esposo do quarto nupcial (*thalamus*), como um herói exultante em seu caminho". Neste caso, Maria é a

---

[10] *Maria, tua noiva, disposta aceitou/ ser mãe do Menino divino, Senhor.*
[11] *... a nossa Senhora e a José, nosso irmão.*
[12] *Louvemos por Maria, a mãe de todos nós;/ com ela venceremos o inimigo mais atroz.*
[13] *Oh, que coisa bonita!/ Mãe por Deus escolhida,/ Negra Aparecida./ Oh, que coisa bonita!*
[14] *Sou caipira, pira pora, Nossa Senhora de Aparecida,/ ilumina, mina escura e funda, o trem da minha vida.*

figura do tabernáculo donde nasce o sol, e o tálamo no qual o Verbo consuma as núpcias entre o humano e o divino.[15]

No ODC, este salmo aparece no Ofício da Manhã da segunda-feira da segunda semana, da Tabela dos Salmos para as quatro semanas.[16]

– O Salmo 21(22) (v. 7), usado na Hora Média da sexta-feira da terceira semana do Saltério: "Quanto a mim, eu sou um verme, e não um homem; sou o opróbrio e o desprezo das nações". A interpretação é de Orígenes, que vê aqui a concepção virginal de Cristo, porque o verme não nasce do encontro entre macho e fêmea, assim como vemos na concepção do Messias no seio de Maria; sem, portanto, intervenção humana. No mesmo salmo (v. 10-11): "Desde a minha concepção me conduzistes, e no seio maternal me agasalhastes. Desde quando vim à luz vos fui entregue; desde o ventre de minha mãe sois o meu Deus". O evangelista Mateus, no capítulo 27, versículos 35.46, assim como os demais evangelistas sinóticos, identifica facilmente a queixa *do inocente perseguido* à *de Cristo crucificado*, estando sua Mãe personificada na "mãe do justo".

Não aparece, no Saltério do ODC, a primeira parte do referido salmo; somente a segunda, muito embora ele figure no elenco.

– Salmo 66 (67) (v. 7), usado como uma opção de salmo invitatório e também encontrado nas Vésperas da quarta-feira da segunda semana do Saltério e nas Laudes da terça-feira da terceira semana: "A terra produziu sua colheita: o Senhor e nosso Deus nos abençoa" (versão latina: "benedictiones"). A figura gestante de Maria é associada à terra na qual Deus plasma o homem novo (possível interpretação de Tertuliano).

No ODC, esse salmo vem também no Ofício da Tarde da quarta-feira da segunda semana da Tabela e, depois, no Ofício da Manhã da terça-feira da terceira semana.

– Salmo 71 (72) (v. 6), usado no Ofício das Leituras do dia 29 de dezembro (quinto dia na oitava do Natal) e no Ofício das Leituras da Solenidade da Epifania do Senhor, bem como nas Vésperas da quinta-feira da segunda semana do Saltério: "Virá do alto, como orvalho sobre a relva; como a chuva que irriga toda a terra". Tertuliano interpreta o trecho como profecia simbólica do mistério da encarnação do Verbo. A água do céu (o Verbo) que irriga a terra (o seio virginal de Maria).

Esse salmo vem na Tabela do ODC no Ofício da Tarde da quinta-feira da segunda semana.

---

[15] Cf. verbete "Liturgia". In: CALABUIG, I. *Dicionário de Mariologia*, p. 750.
[16] Página 724 do Ofício Divino das Comunidades.

– Salmo 84 (85) (v. 12), usado no Ofício das Leituras do dia 30 de dezembro (sexto dia na oitava do Natal), também nas Laudes da terça-feira da terceira semana do Saltério e na Hora Média do Ofício dos fiéis defuntos: "... da terra brotará a fidelidade, e a justiça olhará dos altos céus". Segundo um gnóstico do século III, o versículo 12 do Salmo 85 refere-se ao mistério da encarnação no qual Jesus é a verdade que germinou da terra, Maria. Nos Santos Padres, essa exegese, purificada das deficiências do gnosticismo, tornar-se-á comum, durante até os nossos tempos, sobretudo no Advento e Natal.

Já no ODC, esse salmo está presente no Ofício da Manhã da terça-feira da terceira semana da Tabela.

– Salmo 86 (87) (v. 5), usado no Ofício das Leituras da Solenidade de Santa Maria, Mãe de Deus (1º de janeiro), nas Laudes da quinta-feira da terceira semana do Saltério, no Ofício das Leituras do Comum da dedicação de uma Igreja e do Comum de Nossa Senhora: "De Sião, porém, se diz: 'Nasceu nela todo homem; Deus é sua segurança'". Tertuliano, em uma leitura cristológico-mariana, interpreta "nela" como a carne da natureza humana em que Deus nasceu homem.

Esse salmo vem no Ofício da Manhã da quinta-feira da terceira semana da Tabela no ODC.

– Salmo 109 (110) (v. 3), usado nas II Vésperas da Solenidade do Natal do Senhor, nas II Vésperas da Solenidade da Epifania do Senhor, nas II Vésperas de todos os domingos do Saltério: "Tu és príncipe desde o dia em que nasceste; na glória e esplendor da santidade, segundo a ordem de Melquisedec". São Justino, em *Diálogo com Trifão*,[17] interpreta esse salmo como atribuição a Deus Pai pelas duas formas de geração do Filho: a eterna como Verbo (principado - esplendores) e a temporal, como homem (no seio da aurora). Já para Tertuliano, o versículo em questão se refere exclusivamente ao nascimento de Cristo em Belém, à noite, antes de amanhecer.

No ODC, esse salmo está no Ofício da Tarde de todos os domingos da Tabela.

– Salmo 131 (132) (v. 11), usado nas Vésperas da quinta-feira da terceira semana do Saltério: "O Senhor fez a Davi um juramento, uma promessa que jamais renegará: 'Um herdeiro que é fruto do teu ventre colocarei sobre o trono em teu lugar!'". Santo Irineu interpreta esse salmo como profecia relacionada ao parto virginal de Maria. Por sua vez, Tertuliano o vê como referência à estirpe de Davi, a qual daria carne ao Messias, cujo ventre seria o de Maria.

---

[17] Cf. 63, p. 6, 620-621.

Já no ODC, esse salmo aparece no Ofício da Tarde da quinta-feira da terceira semana da Tabela.

4. Tipologia

Somente entre os séculos IV e VII, as interpretações mariológicas ganham força e espaço na Igreja, sobretudo a partir do Concílio de Niceia (325). Mas, em época pré-nicena, já se detecta o uso do critério mariológico para a escolha dos Salmos, composição das antífonas, responsórios etc. Na época pré-nicena, a tipologia mariana já ganha força e ocupa um importante espaço na forma de interpretar e reler o Primeiro Testamento.

Dentre os tipos mais comuns e consolidados, atribuídos a Maria antes de Niceia, encontramos estes:

a) **Eva-Maria**: proposta por São Justino e aperfeiçoada por Santo Irineu, foi muito difundida nos primeiros séculos do cristianismo e amplamente usada para demonstrar o antitético da tipologia entre o diálogo cedente de Eva e a serpente (cf. Gn 3,1-7), com o diálogo fidedigno de Maria com o anjo Gabriel (cf. Lc 1,25-38).

b) **Terra virgem**: citada em Gn 2,5, da qual foi tirado Adão, remete ao ventre virginal de Maria, que, segundo Santo Irineu, Tertuliano e Metódio de Olímpia, sem intervenção humana, é fecundado por ação do Espírito Santo.

c) **Arca**: esta é uma das mais ricas tipologias aplicadas primeiro a Cristo e posteriormente também a Maria. Como a atenção aqui está voltada a Maria, concentramos a relação somente dos seus atributos com as múltiplas e exigentes características da Arca da Aliança. As mais notáveis são:

- a arca é construída de madeira incorruptível, e Maria é incorruptível na fé e na fidelidade ao projeto de Salvação de Deus;
- a arca é revestida interiormente de ouro, e Maria, embora pobre economicamente, é repleta de virtudes que compõem sua verdadeira riqueza (fidelidade, amor, fé, silêncio fértil, perseverança diante da morte de Jesus etc.);
- a arca contém as tábuas da Aliança, e Maria é a tipificação da obediência à Lei explicitada também na comparação da "Eva-Maria".

d) **Ramo de Jessé**: Tertuliano diz que Maria é o broto (ramo) real do tronco de Jessé (cf. Is 11,1), do qual a flor-Cristo nasce para a humanidade.

No Segundo Testamento, Maria aparece em todos os Evangelhos como personagem e figura indispensável para a continuidade do projeto divino de salvação. Dentre todos os evangelistas, Lucas é o que mais fala de Maria. Talvez porque tenha se encontrado com ela,[18] quando fez sua pesquisa minuciosa sobre a vida de Jesus para a construção de suas obras literárias. Seu interesse pelo encontro com Maria deve-se ao fato de ser ela a testemunha com mais autoridade factual e experiencial da vida de Cristo.

Lucas cita 90 dos 152 versículos relativos a Maria no Segundo Testamento, de modo que 1 aparece nos Atos dos Apóstolos e todos os demais no Evangelho. Essa informação faz-nos ver que Maria está entre as personagens mais admiradas e devotadas de todo o cristianismo, e, portanto, explica por que a Igreja quis que fossem de Lucas todos os Cânticos Evangélicos trazidos à LH.

5. Cântico Evangélico

O Cântico Evangélico é o ponto culminante da Celebração da LH. Refere-se a Cristo e está associado à figura de Maria, direta ou indiretamente:

– Na Celebração das Laudes, o *Benedictus* extraído de Lucas 1,68-79 retrata indiretamente Maria como a realização antecipada das promessas feitas a Abraão e à sua descendência e sua pessoa, ainda, sintetiza toda a Jerusalém e o povo eleito.[19]

– Nas Vésperas, o *Magnificat* extraído de Lucas 1,46-55 é direto na referência a Maria e expressa o encontro, não de Maria e Isabel somente, mas principalmente entre Deus e a humanidade. Um encontro que promove a vida dos mais fracos, socorre os pequenos e bane os que se acham poderosos. O evento milagroso das vidas de Zacarias e Isabel parte da vontade que têm e da súplica que fazem (humanidade infértil) a Deus. Já na vida de Maria, o milagre é resultante da vontade de Deus para com a humanidade.[20] O Cântico Evangélico, aqui, manifesta "A alegria da alma no Senhor" porque a celebração é um "encontro" de amor transformador entre o humano e o divino (dinâmica ascendente) e entre o divino e o humano (dinâmica descendente).

– Nas Completas, o *Nunc Dimittis* é um fragmento de Lucas 2,29-32. Nele, a referência a Maria (e a José) é textualmente indireta. O fato está relacionado a ela por conta do momento cultual em que se posiciona o

---

[18] CALDWELL, Taylor. *Médico de homens e de almas*. Tradução de Aydano Arruda. 45ª edição. Rio de Janeiro: Record, 2010.
[19] Cf. verbete "Bíblia". In.: SERRA, A. *Dicionário de Mariologia*, p. 213.
[20] Cf. *Idem*, p. 212.

episódio: Maria e José levam o Menino Jesus ao Templo de Jerusalém para a circuncisão e lá se encontram com o velho e santo Simeão. Maria e José ficam admirados com o que dizem a respeito do Menino. Simeão glorifica a Deus e considera que pode ir-se em paz *(descansar)* porque viu a salvação de Israel, Luz e glória de seu povo. Durante todo o dia, a celebração da LH busca a luz e a salvação em Cristo. E, tendo-a encontrado agora, descansa em paz.

O ODC não contém o Cântico Evangélico como a LH.

Encontra-se com abundância a figura de Maria nas antífonas das festas e solenidades marianas, como também no Comum de Nossa Senhora e nas celebrações devocionais.

6. Memória de Santa Maria no Rosário

As preces do sábado evidenciam a referência à memória de Maria na celebração da LH, tanto nas orações da semana corrente como na Memória de Santa Maria no sábado (orientado tipicamente pelo Comum de Nossa Senhora).

O sábado, no Ocidente, é considerado como dia dedicado à participação efetiva e afetiva de Maria no Mistério da Encarnação do Verbo Divino. Desde a Idade Média, o sábado é considerado "dia mariano", diferentemente da Liturgia oriental, que considera a quarta-feira como dia mariano. Segundo a Tradição, o sábado é o dia depois da Morte do Senhor e que, por sua vez, antecede à Ressurreição, estando a fé e a esperança da Igreja concentradas na figura de Maria. Paulo VI, na Exortação Apostólica *Marialis Cultus*, de 2 de fevereiro de 1974, define a memória de Maria no sábado e a considera como "antiga e discreta" (n. 9).[21]

7. Santoral

No ciclo santoral da LH, Maria está presente em muitas datas e festividades importantes, dentre as quais, destacam-se: *Anunciação do Senhor* (25 de março), relacionada à Solenidade do Natal do Senhor (9 meses antes), introduzida em Roma pelo Papa Sérgio I (687-701); *Apresentação do Senhor* (2 de fevereiro), também relacionada à Solenidade do Natal do Senhor (40 dias depois), inspirada no texto bíblico de Lc 2,22 com Lv 12,2-8, já celebrada em Jerusalém no século IV, segundo o *Diário de Etéria*.[22]

---

[21] Cf. verbete "Virgem Maria". In: CASTELANO, J. *Dicionário de Liturgia*, p. 1230.
[22] *Idem*, p. 1227.

Celebram-se solenemente os três dogmas marianos: *Imaculada Conceição* (8 de dezembro), *Santa Maria Mãe de Deus* (1º de janeiro) e *Assunção de Maria aos Céus* (15 de agosto).

Por fim, as Memórias de Santa Maria, algumas obrigatórias, outras facultativas, são inspiradas em três fatores: acontecimentos da vida de Maria, ideias teológicas ou lugares de veneração. São oito: 1) Bem-aventurada Maria Virgem de Lourdes (em 11 de fevereiro); 2) Bem-aventurada Virgem Maria do Monte Carmelo (em 16 de junho); 3) Dedicação da basílica de Santa Maria Maior (em 5 de agosto); 4) Bem-aventurada Maria Virgem Rainha (em 22 de agosto); 5) Bem-aventurada Maria Virgem das Dores (em 15 de setembro); 6) Bem-aventurada Maria Virgem do Rosário (em 7 de outubro); 7) Apresentação da Bem-aventurada Virgem Maria (em 21 de novembro); 8) Imaculado Coração de Maria (sábado após a Solenidade do Sagrado Coração de Jesus).

Depois desta pequena pesquisa, conclui-se que Maria é paulatinamente inserida no culto da Igreja, tanto nas celebrações eucarísticas quanto nas celebrações da LH e do ODC. Sua presença no culto da Igreja está sempre em relação ao Mistério Pascal de Jesus Cristo, não obstante alguns desvios do decurso da história.

O culto de *Super Dulia* (grande devoção), oficialmente dedicado a Maria pela Igreja, centra-se nos eventos pascais de Cristo (Encarnação, Vida, Paixão, Morte, Ressurreição, Ascensão e Pentecostes), dos quais Maria participa e nos quais ocupa lugar privilegiado. Como pioneira no processo de formação do discipulado, Maria como que segue à frente dos discípulos e discípulas de Jesus. Portanto, seu lugar na fé dos fiéis é de intercessora próxima da humanidade e, por isso, a motivação da Igreja em colocá-la num lugar de destaque e de permanência no seu culto, tanto oficial como na devoção popular.

A história da Igreja relacionada a Maria demonstra, por si, a importância de sua pessoa, ação, intercessão e luminosidade quando se observa a atração dos milhares de fiéis e a busca por Deus sob o intermédio maternal dela. A força de atração dos vários santuários, títulos e histórias de Maria pelo mundo continua atuando nas mais diversas realidades culturais transformando, convertendo e vinculando as pessoas a Deus.

Bibliografia

CALDWELL, Taylor. *Médico de homens e de almas*. Tradução de Aydano Arruda. 45ª edição. Rio de Janeiro: Record, 2010.

SARTORE, D.; TRIACCA, Achile M. (orgs.). *Dicionário de Liturgia*. Tradução de Isabel Fontes Leal Ferreira. São Paulo: Paulinas, 1992. Em it.: *Nuovo dizionario de Liturgia* di D. Sartore e A. M. Triacca.

FIORES, Stefano De; MEO, Salvatore (orgs.). *Dicionário de Mariologia*. Tradução de Álvaro A. Cunha, Honório Dalbosco, Isabel F. L. Ferreira. São Paulo: Paulus, 1995.

Sugestões para leitura complementar

BECKHÄUSER, Frei Alberto. *Liturgia das horas. Teologia e espiritualidade.* Petrópolis: Vozes, 2010.

REYNAL, Daniel de. *Teologia da Liturgia das Horas.* Tradução de Maria Ruth Alves e Joviano de Lima Júnior; revisão de João Bosco e L. Medeiros. São Paulo: Paulinas, 1981.

NA SALA DAS PROMESSAS OU DOS MILAGRES EM APARECIDA: A EXPERIÊNCIA HUMANA DE SALVAÇÃO E GRATIDÃO

Uma reflexão

Frei José Ariovaldo da Silva, ofm[1]

> *Como um bicho respirando perigo,*
> *às profundezas de que sou feita*
> *rezo como quem vai morrer,*
> *salva-me, salva-me.*
> *O zelo de um espírito*
> *até então duro e sem meiguice*
> *vem em meu socorro e vem amoroso.*
> (Adélia Prado)[2]

---

[1] Frei José Ariovaldo da Silva, nascido em Canoinhas (SC) no dia 01/01/1945, é frade franciscano e sacerdote, doutor em Liturgia pelo Pontifício Instituto Litúrgico Santo Anselmo de Roma. É professor de Liturgia no Instituto Teológico Franciscano (ITF), em Petrópolis (RJ). É membro fundador da Associação dos Liturgistas do Brasil (ASLI), da qual foi o primeiro presidente. Faz parte da Equipe de Reflexão da Comissão Episcopal Pastoral para a Liturgia da Conferência Nacional dos Bispos do Brasil (CNBB). Foi membro da Comissão Consultiva para Acabamento da Basílica Nacional de Aparecida. Faz parte do Centro de Liturgia D. Clemente Isnard, ligado ao Instituto Pio XI do Centro Universitário Salesiano de São Paulo (UNISAL). Faz conferências e presta assessoria em cursos, seminários e semanas de Liturgia em Institutos Teológicos, dioceses e paróquias pelo Brasil afora. Obras suas publicadas: *O Movimento Litúrgico no Brasil. Estudo Histórico* (Petrópolis: Vozes, 1983) (= sua tese doutoral); *O domingo, páscoa semanal dos cristãos* (São Paulo: Paulus, ³2005); *Os elementos fundamentais do espaço litúrgico para a celebração da missa: sentido teológico, orientações pastorais* (São Paulo: Paulus, 2006); em coautoria com Ione Buyst: *O mistério celebrado: memória e compromisso* (Valencia/Espanha: Siquem e São Paulo: Paulinas, 2003 – Coleção Livros Básicos de Teologia 9). Com Marcelino Sivinski, organizou as publicações: *Liturgia, um direito do povo* (Petrópolis: Vozes, 2001) e *Liturgia no coração da vida. Comemorando a vida e ministério litúrgico de Ione Buyst* (São Paulo: Paulus, 2006). Tem colaborado em vários e importantes subsídios da CNBB para formação litúrgica, em várias outras obras coletivas, bem como em revistas como *Grande Sinal* (Petrópolis), *Revista Eclesiástica Brasileira* (Petrópolis), *Revista de Liturgia* (São Paulo), *Mundo e Missão* (São Paulo), *Trinitatis* (Monte Sião, MG) e outras.
[2] Do poema "Pentecostes". In: PRADO, Adélia. *Miserere*. São Paulo: Record, ²2014, p. 65.

O fenômeno da Sala das Promessas, ou "Sala dos Milagres" (como é popularmente conhecida), está presente na maioria dos santuários cristãos católicos.

Aqui nos deteremos especificamente a refletir partindo da experiência humana de salvação e gratidão representada pelos ex-votos[3] da Sala das Promessas ou dos Milagres do Santuário Nacional de Nossa Senhora Aparecida, que, por sinal, tem uma longa história.[4]

Mas não nos detemos apenas à "Sala dos Milagres" do subsolo da Basílica mas, em conexão com esta, julgamos necessário ampliar a reflexão para a sua Sala superior, a partir da qual tudo o mais recebe sua razão de ser, sem deixar de ir à Sala do mundo, onde concretamente acontece o exercitar-se na fé.

1. A Sala das Promessas e o que nela chama a atenção à primeira vista

Localizada no subsolo da Basílica, é com certeza o segundo lugar mais visitado pelos fiéis devotos. O primeiro, claro, é o da imagem da santa. Trata-se de um espaço sagrado, muito bem cuidado e permanentemente renovado, que abriga um acervo de milhares de ex-votos acondicionados no amplo recinto, expostos em vitrines, pendurados ou colados nas paredes e nos tetos. Impossível relatar aqui toda a variedade de expressões de fé ali expostos.[5] São milhares. Sem contar com os que continuam chegando: Uma média mensal de 19 mil ex-votos doados. Nos meses de outubro, essa média chega a 30 mil. E cada qual, no seu âmago, trazendo toda uma rica história humana vivida, toda própria. Quanta riqueza de experiência humana concentrada nesse espaço! E o que "mais arrebata e encanta", como testemunha a jornalista Andressa Faria de Almeida, são as cerca de 70 mil fotografias, coladas no teto e nas paredes da Sala, "todas doadas por pessoas

---

[3] A palavra "ex-voto" vem da expressão latina "ex-voto suscepto", que significa "por um voto alcançado", "por uma promessa feita". É a expressão material, entregue no santuário, de um pedido de graça ou, sobretudo, de agradecimento por alguma graça alcançada.

[4] Cf. BRUSTOLINI, Júlio J. "A Sala dos Milagres, sua história". In: *História de Nossa Senhora da Conceição Aparecida. A Imagem, o Santuário e as Romarias*. 10ª ed. rev. e ampl. Aparecida: Editora Santuário, 1998, p. 130-139.

[5] A título de ilustração, trata-se de roupas, retratos de parede, objetos de uso doméstico, objetos cortantes, armas, miniaturas de meios de transporte, imagens da santa e outros santos (pintadas, ou esculpidas em madeira, barro, gesso ou outro material), maquetes de casa própria e da basílica, instrumentos musicais, discos, livros publicados, coroas de Nossa Senhora, relógios, joias (anéis, alianças, brincos, colares, pulseiras, braceletes, cruzes etc.), bilhetes e cartas, certificados de conclusão de curso, madeixas de cabelo, vestidos de noiva, roupas de formatura, uniformes profissionais, fardas militares, camisas de clubes esportivos, instrumentos profissionais e artísticos, roupas e aparatos de celebridades do mundo artístico e esportivo, cruzes, muletas, tipoias, aparelhos ortopédicos, isqueiros e maços de cigarro, garrafas de aguardente, óculos, armas, membros do corpo humano (pernas, braços, cabeça etc.) esculpidos em madeira, cera, barro, gesso etc. E por aí vai...

que conseguiram alcançar as bênçãos desejadas". E arremata: "É impossível não se deter por alguns minutos para admirar todas aquelas fotos e acabar sentindo-se imensa e profundamente agraciado por também poder estar nesse lugar tão sagrado".[6]

Já visitei a sala várias vezes. Para mim, sempre foi uma escola de fé. A última foi no dia 13/02/2016. Desta vez, além de observar novamente e com maior atenção os ex-votos, a vontade era fazê-lo com cada um em particular, tamanha a sua sacralidade. Mas isso, na verdade, era impossível! Fiquei observando também as muitas pessoas que por ali circulavam, em grupos, ou em família, ou individualmente. A maioria curiosa e encantada, muitas até extasiadas, percorrendo a passos lentos toda a sala, correndo os olhos por toda aquela multidão de ex-votos. Vi ali, nas pessoas, uma atitude orante peculiar, um jeito místico de ser, todo próprio, vivendo e revivendo sonhos, o sonho da vida! Possíveis comentários eram pronunciados em voz baixa, expressando profunda admiração, devoção, respeito, alegria, como se, elas mesmas, realmente estivessem encontrando-se naquelas imagens que mesclam a fé com o cotidiano das pessoas.

No entanto, não só observava as pessoas, mas também me observava. Observava o que eu próprio sentia, vivia. Percebi-me no jogo delas, aquecendo dentro de mim um carinhoso espaço de fé. Vi também como muitas delas se punham a escrever bilhetes de pedidos e agradecimentos, colocando-os nas urnas. Isso já pelas 3 horas da tarde... Quantos desses bilhetes, até então, já não teriam sido ali depositados! No mesmo embalo de fé e devoção, eu também passei a escrever meus agradecimentos vindos lá do fundo da sinceridade da alma, sem deixar de registrar igualmente alguns

---

[6] Cf. FARIA DE ALMEIDA, Andressa. "Sala das Promessas / Sala dos Milagres (Santuário Nacional)". In: http://www.aparecidasp.com.br/sala-das-promessas-santuario-nacional-aparecida-sp.html - Acesso em 12/02/2016. Para mais informações sobre a Sala, cf. ainda: http://www.a12.com/santuario-nacional/institucional/detalhes/sala-das-promessas - Acesso em 12/02/2016; LILLIAN, Aparecida. "Sala das Promessas". In: http://www.nerds-viajantes.com/2014/08/08/aparecida-sala-das-promessas/ - Acesso em 12/02/2016; RODRIGUES, Filipe. "Sala dos Milagres reúne provas de fé de famosos e anônimos no Santuário". In: http://g1.globo.com/sp/vale-do-paraiba-regiao/festa-da-padroeira/2015/noticia/2015/10/sala-dos-milagres-reune-provas-de-fe-de-famosos-e-anonimos-no-santuario.html - Acesso em 12/02/2016; "Santuário N. Sra. Aparecida e a Sala das Promessas". In: http://cronicasmacaenses.com/2012/10/10/santuario-de-n-sra-de-aparecida-e-a-sala-das-promessas/ - Acesso em 12/02/2016; "Sala de milagres do Santuário de Nossa Senhora Aparecida". In: http://projetoex-votosdobrasil.net/2011/04/18/sala-de-milagres-do-santuario-de-nossa-senhora-aparecida/ - Acesso em 12/02/2016; SARDINHA, Danilo; RODRIGUES, Filipe. "Milagres de Aparecida: fã misterioso faz promessa para salvar Massa". In: http://globoesporte.globo.com/sp/vale-do-paraiba-regiao/noticia/2013/10/milagres-de-aparecida-fa-misterioso-faz-promessa-para-salvar-massa.html - Acesso em 08/04/2016; "Sala das Promessas revela milagres no Santuário Nacional". In: http://noticias.cancaonova.com/sala-das-promessas-revela-milagres-no-santuario-nacional/ - Acesso em 08/04/2016; "Quando for ao Santuário, não deixe de visitar a Sala das Promessas". In: http://hotelsantograal.com.br/quando-for-ao-santuario-nao-deixe-de-visitar-a-sala-das-promessas.html - Acesso em 08/04/2016; COLOMBINI, Fábio; PASTRO, Claudio. "Aparecida. Guia da Basílica Nacional de Nossa Senhora Aparecida". Fotos de Fábio Colombini e texto de Cláudio Pastro. Aparecida: Editora Santuário, 2014.

pedidos muito pessoais, e depositá-los na urna. E continuei a refletir sobre o que significava tudo isso...

Mas, afinal de contas, por que apelidaram a sala também de "Sala dos Milagres"? Qual o significado desse nome? Segundo o missionário redentorista Pe. Júlio J. Brustolini, esse nome "reflete apenas o modo de expressar de nosso povo" através dos assim chamados "ex-votos, promessas, 'milagres'". Para o povo em geral, "'milagre' são todos os dons e graças concedidos por Deus aos fiéis pela intercessão dos santos, especialmente da Virgem Maria", o que não exclui, é claro, a possibilidade do milagre "propriamente dito", tido como "verdadeiro".[7] No pensar do povo:

> Os objetos lembram o momento e a graça alcançada por intercessão de Nossa Senhora. Todos são expressão de alguma graça tanto na ordem temporal como na espiritual. Para a pessoa simples do povo, de fé e cultura rudimentares especialmente, tudo é objeto de fé e chamam de milagre, mesmo aqueles fenômenos naturais que acontecem pela força da natureza e que são uma dádiva constante da bondade de Deus em favor de seu povo. Não é necessário que correspondam à intervenção direta de Deus, como em todo milagre no sentido estritamente teológico.[8]

Enfim, no entender do Pe. Júlio J. Brustolini, hoje a visão da Sala dos Milagres parece sumamente importante "para se entenderem os sentimentos religiosos do povo que convive com o progresso técnico e social. Se o conteúdo da sala empolgou, no passado, escritores, jornalistas, sociólogos e os estudiosos da religiosidade popular, creio que deve empolgar muito mais os agentes de pastoral de hoje, que, à luz da mesma religiosidade, devem tentar entender o comportamento religioso de nosso povo".[9]

De minha parte, sinto-me empolgado. Ainda mais, enfim, quando vejo o nosso irmão arquiteto e artista sacro Cláudio Pastro afirmar que a Sala dos Milagres, no subsolo da Basílica, "revela o mais profundo da alma humana, o agradecimento ou pedido de milagres. São fotos, 'ex-votos', imagens, armas,

---

[7] BRUSTOLINI, Júlio J., *op. cit.*, p. 131. Oficialmente, o "verdadeiro milagre" é entendido como fenômeno prodigioso excepcional, que não encontra explicação no curso comum e normal das leis da natureza e que, portanto, vem do divino. Cf. SCHIESARI Alessio. "Os milagres? Prodígios nascidos da energia da mente". Entrevista com Vito Mancuso. In: http://www.ihu.unisinos.br/noticias/530249-os-milagres-prodigios-nascidos-da-energia-da-mente-entrevista-com-vitomancuso#.U01F9CZIv9A.facebook – Acesso em 15/04/2016; RIAZA MORALES, José Maria. "El milagro". In: *Azar*, ley, milagro. Introducción científica al estudio del milagro. Madrid: Biblioteca de Autores Cristianos, 1964, p. 286-315 (BAC 236).
[8] BRUSTOLINI, Júlio J., *op. cit.*, p. 131.
[9] *Ibid.*, p. 145.

relatos... que testemunham a relação entre o céu e a terra em momentos do 'impossível'".[10]

Essa observação do Cláudio Pastro, sobretudo na última frase, vem me servir como oportuna e preciosa deixa para pensar e desenvolver aqui uma reflexão sobre a experiência humana do limite, da impotência, como possibilidade da experiência do milagre e consequente gratidão, expressa de milhares de maneiras na Sala das Promessas ou dos Milagres.

2. Da experiência humana do limite, da impotência, a possibilidade da experiência de salvação e gratidão

Imagine você criança recém-nascida: bebezinho, com um mês de idade, três meses, cinco meses; com um, dois, três, cinco anos...Você tinha os problemas que tem hoje? Os medos que você tem? Claro que não.

Aliás, para a criança, não existem problemas. Para ela, até brigar não é problema. Ela briga, agride, apanha, chora, grita. Depois, tudo passado, tudo é esquecido, continua a brincar com quem brigou, como se não tivesse acontecido nada. Até irar-se, ficar com raiva, não é problema. Ela enraivece, chora, grita, agride, bate os pés, esperneia. Depois, tudo passado, volta aos seus brinquedos, numa boa, inteira. Tão intensamente integrada com os brinquedos que, esquecida de tudo, chega a conversar com eles.

Mas, então, o que aconteceu comigo, com você, com os seres humanos "adultos" em geral, para que nos vejamos, pouco a pouco, como um verdadeiro saco de problemas (com os medos mais diversos, com culpas, ansiedades, rancores, raivas, ressentimentos, dificuldade de perdoar, conflitos psicológicos interiores, problemas nos relacionamentos com os outros, com a natureza, preconceitos, dificuldades no enfrentamento de determinadas situações da vida, decepções, eventuais vícios, neuroses múltiplas...), presos a doenças físicas, emocionais, espirituais...?

Acontece o seguinte. Esse nosso corpo de criança inocente, pouco a pouco, vai tomando nova consciência, a consciência do "outro" (pessoa, coisas, nós mesmos, fatos e acontecimentos), criando-se dentro um novo padrão existencial, o padrão da distância entre um "eu" e um "outro", onde até mesmo o "eu" vira "outro", e nos estranhamos... Rompe-se a primordial unidade e harmonia com o todo, a ponto de se sentir o "outro" como "perigo", como "inimigo". Consequentemente, na vivência das relações, mais ou menos conflituosas, de defesa e de ataque, vai se agregando, arquivando, ar-

---

[10] *Aparecida. Guia da Basílica Nacional de Nossa Senhora Aparecida.* Fotos de Fábio Colombini e texto de Cláudio Pastro. Aparecida: Editora Santuário, 2014, p. 86.

mazenando, programando, codificando (neural e celularmente!), mais e mais, todo o material "colhido" dessa vivência (regras, crenças, ameaças, agressões, obrigações, "tem-quês", decepções etc.). São os "acréscimos posteriores". E haja material! Tudo o que acontece fica programado, codificado, formando uma espécie de "outra camada" deste corpo – digamos no meu caso: um "segundo" Ariovaldo. Uma "máscara" de nós. É o nosso ego. E, dependendo de como, do que, e de quanto foi arquivado, pode formar-se uma pesada armadura ou couraça, tão densa e quase impermeável, que corremos o risco até de perder de vista a criança que na verdade continuamos a ser, porém, sufocada debaixo dessa "lixeira" toda, que se torna tão dura e grossa, que passamos a nos identificar com ela, a saber, inconscientemente achamos que isso somos nós, e ela (nosso ego!) é que passa a "falar mais alto", no direito até de dominar tudo, controlar tudo, rotular Deus e todo mundo, inclusive a nós próprios.

Porém, na vida, muita coisa escapa do "nosso" controle, isto é, do controle do nosso ego. Mas esse ego, no seu implacável orgulho e teimosa resistência, não o admite, pois este é o seu caráter irrevogável: não admitir perda. Então, identificados com ele, travamos uma luta feroz: luta e resistência para não perder jamais!

Ótimo. Tudo bem. Lutar! Lutar pela saúde, lutar por tudo o que nos ajude a viver com dignidade! Isso faz parte do jogo da vida neste mundo. É preciso lutar.

Porém, dentro de nós também nos damos conta de que, por mais que nos cuidemos, busquemos e lutemos, sempre aparecem novas coisas ou situações que fogem do nosso controle. Nem nós mesmos escapamos! E nos sentimos de novo ameaçados. E sempre de novo. É a experiência constante do limite. Da impotência. Por isso ainda prosseguimos na luta, sem desanimar, resistindo e resistindo, na árdua tarefa do cuidado da vida. E continuamos!

Contudo, também acontecem situações que, inexoravelmente, escapam mesmo do controle (eventuais acidentes, doenças graves, a morte...). Mais experiência de limite! E agora de extremo limite! Experiência extrema e trágica de impotência do ego! Experiência de "desmanche" do poder egoico, para então abrir espaço à chance de uma possível rendição e entrega a um poder superior...

Pois bem, por trás destes milhares de ex-votos da "Sala dos Milagre" vejo milhares de experiências humanas vividas de limite, de impotência, tanto no cotidiano como nas situações extraordinárias da vida, onde, ao mesmo tempo, se viveu a experiência da rendição, da entrega, do ser de fato pobre. Quanta riqueza!

Assim sendo, algo sumamente interessante venho percebendo ultimamente em mim e nos outros: toda essa experiência ameaçadora – cotidiana ou, sobretudo, a extrema – do limite e da impotência, com a consequência rendição e confiante entrega, pode levar as pessoas, como de fato leva, sobretudo as pessoas de fé, a expressar sua confiança, recomendar ou se recomendar, e até a clamar por socorro, a um poder que julgam "superior a tudo", com expressões do tipo: "Só por Deus!", "Só Deus mesmo!", Se Deus quiser!", "Queira Deus!", "Deus o livre!", "Deus me livre!", "Meu Deus!", "Meu Deus do céu!", "Deus te acompanhe!", "Deus te guie!", "Vai com Deus", "Fique com Deus!", "Piedade de mim, meu Deus!", "Virgem Maria!", "Valha-me, Nossa Senhora Aparecida!", e outras mais...

Isso significa o quê? Que o povo humilde e de fé, em meio às tribulações cotidianas ou inesperadas, ainda sabe naturalmente cultivar certo estado de meditação permanente e, nesse estado, conseguem vivenciar um espaço aberto dentro de si, para além dos padrões egoicos que a mente constrói e faz sofrer. Pessoas muito apegadas, sobretudo apegadas ao dinheiro, às riquezas, ao poder, à fama – enfim, na linguagem de hoje, aos ídolos do mercado – e, principalmente, apegadas ao ego, têm maior dificuldade de viver essa liberdade interior, pois, pela força do poder egoico do orgulho e da vaidade, correm o risco de viver permanentemente distraídas do essencial da vida. Resultado: Tornam-se sempre mais inseguras, o sofrimento (emocional, físico e espiritual) aumenta e, inconscientes, preferem "resolver os seus problemas" à base de "calmantes" e "energizantes", Rivotril ou outras drogas, ou com *fast foods* terapêuticos e religiosos, sem grandes compromissos em se olhar. A escolha é sua.

A experiência de salvação e gratidão

A pessoa de fé, por seu turno, nas suas experiências de limite, de impotência, pondo-se em estado de permanente autopercepção – o que eu chamo de serena vigilância – vive, ao mesmo tempo, a sabedoria de abrir-se naturalmente à oportunidade – que sempre nos é dada – de desconfiar do poder ilusório do ego. Consequentemente, consegue se desapegar desse, para simplesmente se lançar nos braços do infinito, do ilimitado, do transcendente. Faz-se assim dona de nada, nem de si mesma, nem de seu destino. Pobre, portanto,[11] confia-se unicamente ao Senhor da vida e da morte. Esse sim, então, sabe pedir. Pois pede já com gratidão, pois, como diz o Pe. Antônio Vieira, "o melhor

---

[11] Uma pessoa, quanto menos tem, menos com que se distrair tem. Ela apenas tem a si mesma. Seu ser é a sua distração, ou melhor, sua concentração. E quanto mais centrada nela, no "é o que é" do seu corpo agora, mais enxerga tudo – o ar que respiramos, a água, a chuva, todos os seres vivos, o céu estrelado, a natureza inteira, os acontecimentos da vida, cotidianos ou extraordinários, enfim, o viver e morrer – como dádiva simplesmente. Essa pessoa é pobre. E o Pobre por excelência (Deus) tem nela todo espaço livre para se revelar como fonte de harmonia e paz, de salvação e vida.

modo de pedir é agradecer".[12] Então a salvação acontece, a experiência do milagre se dá! Pois o corpo (mental, emocional, físico, espiritual) se solta, é o que é: apenas um livre e gratuito espaço aberto deixando a energia vital cósmica fluir livremente, sem motivo algum. Vive-se então a experiência do *miraculum* – algo prodigioso, maravilhoso – acontecendo na dança da vida--sempre-salva a se descortinar cheia de graça e verdade, não só em situações extraordinárias, mas, sobretudo, nas simples e cotidianas. Os pobres e os poetas têm essa sensibilidade.

De fato, o ser pobre é o único que sabe pedir. Então, dessa base primordial – a alma pobre –, deste seu corpo entregue, emerge uma energia toda própria que se materializa em palavras como "Graças a Deus", "Obrigado, meu Deus", "Graças à intercessão de Maria", e sobretudo nos milhares de ex-votos que vejo e não vejo na "Sala dos Milagres": é a gratidão, o mais nobre dos sentimentos humanos ou, no dizer de William Shakespeare, "o único tesouro dos humildes".[13] Só os humildes podem sentir gratidão e, assim, podem ser e sentir o que são, perfeitamente humanos, salvos nas mãos do Criador. E quem, somente, é capaz de ter tais sentimentos? Os pobres, repito, como Maria também os teve.

3. Da experiência humana marial do limite, da impotência, a experiência de salvação e gratidão

Dentre os milhares de pessoas evocadas nesta multidão de ex-votos da "Sala das Promessas" ou dos "Milagres", gostaria de destacar uma, como exemplo iluminador de experiência de salvação e gratidão a partir da experiência humana do limite e da impotência: Maria.

Da experiência do limite, da impotência, em Maria

Detenhamo-nos no relato lucano do anúncio do anjo Gabriel (cf. Lc 1,26-38). Primeiro, o anjo lembra a Maria como ela foi criada: "cheia de graça" e que o Senhor está com ela (v. 28).[14] A partir daí já aparece nela um primeiro sinal de limite, impotência, de Maria: Ela "se perturbou" (v. 29) e ficou com "medo" (v. 30). Quer dizer, de cara não entendeu, e isso

---

[12] http://www.citador.pt/frases/citacoes/t/gratidao/10 – Acesso em 18/04/2016.
[13] http://pensador.uol.com.br/gratidao/ – Acesso em 18/04/2016.
[14] Cf. SILVA, José Ariovaldo da. "A Liturgia que celebramos na Festa da Imaculada". In: COSTA, Sandro Roberto da. *Imaculada, Maria do povo, Maria de Deus*. Petrópolis: Vozes, 2004, p. 133-160. Modéstia à parte, um dos mais lindos textos que me foi dado por Deus para produzir.

a assustou. E o anjo, por sua vez, buscando "desconstruir" esse temor e acalmá-la, anuncia-lhe ter sido agraciada diante de Deus (v. 30): por isso vai ser mãe, e mãe daquele cujo nome será *Deus Salva* (Jesus[15]) (v. 31). "Ele será grande", diz o anjo, "será chamado Filho do Altíssimo. O Senhor Deus lhe dará o trono de Davi, seu pai. Ele reinará na casa de Jacó pelos séculos e seu reino não terá fim" (v. 32-33). Parece que ela entendeu o recado do anjo. Contudo, ainda pairava uma dúvida: "Como poderá ser, pois não conheço homem?" (v. 34). O anjo, então, buscando "desconstruir" esse novo temor, pacientemente lhe explica que essa gravidez não é obra humana, mas, diretamente, do Espírito Santo. E reforça o anúncio com mais argumentos: "... por isso que o Santo gerado será chamado Filho de Deus. E eis que Isabel, tua parenta, também ela concebeu um filho e já está no sexto mês de gestação, ela que, além da idade já bem avançada, também era considerada estéril" (v. 35-36). Enfim, conclui o anjo: "Porque para Deus nada é impossível" (v. 37). Pronto! Ela entendeu! "Para Deus nada é impossível". Entendeu e, desapegada, então livre de todos os temores, na fé (cf. v. 45) simplesmente se entrega... Entrega-se todinha nos braços da Providência: "Eis aqui a serva do Senhor. Aconteça comigo segundo a tua palavra!" (v. 38). "E dela se afastou o anjo", diz o Evangelho. Quer dizer: não há necessidade de dizer mais nada, muito menos dar explicações. O "Sim" de Maria virou fato consumado.

O anúncio do anjo a Maria trata-se de um acontecimento que, de cara, escapava totalmente de um eventual controle de Maria. Ela se viu diante dele – diante do acontecimento – limitada, totalmente impotente. E tinha razões para se perturbar e amedrontar-se. Uma gravidez totalmente fora da ordem e da natureza das coisas, social, cultural e humanamente falando. Humanamente falando: Como é possível uma gravidez sem a participação de um homem? Social e culturalmente falando: O que vão dizer dessa "mulher solteira"? No entanto, ela tinha uma sabedoria inata, dada por Deus, a sabedoria de cultivar em seu corpo um espaço totalmente aberto para o agir de Deus, venha o que vier: "Refletia sobre o que poderia significar a saudação" (v. 29).

A experiência de salvação e gratidão

Então a "salvação" aconteceu, o milagre se deu: O Verbo eterno de Deus, o futuro *Deus salva*, pobre por excelência, se faz concretamente presente no útero de Maria, carne da carne dela, sangue do sangue dela,

---

[15] A palavra "Jesus" significa exatamente isso: "Deus salva".

habitante da humanidade (cf. Jo 1,14). A experiência da "salvação" de toda a humanidade é vivida já ali por ela, em seu próprio corpo.

E mais: com essa "salvação" nela acontecendo, ela se faz solidária, a saber, visita Isabel, sua parenta, também grávida (cf. Lc 1,39-56). Tanto Isabel como a criança dentro dela – o futuro profeta João Batista – ficam imensamente felizes com a honra dessa visita. A criança vibrou (v. 41) e Isabel prorrompeu em altos e emotivos elogios: "Bendita és tu entre as mulheres e bendito o fruto do teu ventre! Donde me vem a honra de vir a mim a mãe do meu Senhor? Porque assim que ecoou em meus ouvidos a voz de tua saudação, a criança estremeceu de alegria em meu seio" (v. 42-45). E concluiu: "Feliz aquela que teve fé no cumprimento do que lhe foi dito da parte do Senhor" (v. 45).

Maria, por sua vez, expressa toda a sua jubilosa experiência de fé, sua profunda gratidão e seu total reconhecimento pela imensa misericórdia de Deus para com os humildes, através do famoso canto do *Magnificat* (cf. v. 46-55). Vale a pena ler e jamais deixar de meditar, contemplar e viver em nosso dia a dia a profundidade desse hino:

> Minha alma engrandece o Senhor e rejubila meu espírito em Deus, meu Salvador, porque olhou para a humildade de sua serva. Eis que desde agora me chamarão feliz todas as gerações, porque grandes coisas fez em mim o Poderoso, cujo nome é santo. Sua misericórdia passa de geração em geração para os que o temem. Mostrou o poder de seu braço e dispersou os que se orgulham de seus planos.[16] Derrubou os poderosos de seus tronos[17] e exaltou os humildes. Encheu de bens os famintos e aos ricos despediu de mãos vazias. Acolheu Israel, seu servo, lembrando-se de sua misericórdia, segundo a promessa a nossos pais, em favor de Abraão e de sua descendência para sempre.

Interessante: Deus fez uma "promessa" aos nossos antepassados na fé. A promessa, ele a cumpre; o "milagre" se dá; a "salvação" acontece. E a gratidão é expressa e vivida por Maria ao visitar Isabel.

E então?...

Daí para a frente, em sua missão assumida de mãe, Maria terá que conviver ainda com outras situações-limite, de impotência, permanentes desafios. Os relatos da Escritura apontam alguns exemplos:

---

[16] Poderíamos dizer: "do seu ego".
[17] Os tronos egoicos.

"Em estado de gravidez" já avançada, Maria teve que se dirigir com José para Belém, na Judeia, para um recenseamento decretado por César Augusto. Lá mesmo, chegou a hora do parto. Sem lugar para se hospedar, o único jeito foi se refugiar num espaço de acolhida de animais, onde deu à luz o menino *Deus salva* (Jesus). Enrolou-o nuns paninhos, e deitou-o numa manjedoura (cf. Lc 2,1-7).

Dias depois, por ocasião da apresentação do menino Jesus no Templo (vv. 22-40), Maria tem que ouvir da boca do velho Simeão o anúncio do terrível desafio que esse menino irá significar tanto para Israel como para ela mesma: "Eis que este menino está destinado a ser ocasião de queda e elevação de muitos em Israel e sinal de contradição. Quanto a ti, uma espada te atravessará a alma! Assim serão revelados os pensamentos de muitos corações'" (v. 34-35).

Lembramos também, no relato de Mateus, a ameaça que significou Herodes, rei da Judeia, para a vida do menino Jesus recém-nascido (cf. Mt 2,1-12.16-18). Assim, por ordem divina, a sagrada família teve que se refugiar quanto antes no Egito. Lá permaneceu, até quando Herodes morreu (v. 13-15). Podiam então retornar. No entanto, o perigo ainda persistiu, visto que o sucessor de Herodes, seu filho Arquelau, também não era flor que se cheirasse. Resultado: Maria, José e o menino acabaram indo morar lá para as bandas da Galileia, na cidade de Nazaré (v. 19-23). Outra situação fora do controle de Maria.

Anos mais tarde, por ocasião da festa da páscoa judaica, o menino, já com doze anos, ficou lá no Templo, em Jerusalém (cf. Lc 2.41-52). Isso sem a mãe o saber. Passados três dias, encontraram-no, entretido com os doutores do Templo, "ouvindo e fazendo-lhes perguntas" (v. 46). Maria, ao mesmo tempo que admirada com a inteligência do menino, também não escondeu sua perplexidade: "Filho, por que agiste assim conosco? Olha que teu pai e eu, aflitos, te procurávamos" (v. 48). Ao que Jesus responde: "Por que me procuráveis? Não sabíeis que eu devia estar na casa de meu Pai?" (v. 49). Lucas então comenta que "não entenderam" o que Jesus lhes dizia (v. 50). Pronto! Mais uma experiência de limite, de impotência, em Maria! Esse Filho e sua história, mais e mais, escapam do seu controle!

Nas bodas de Caná (cf. Jo 2,1-11), seu "zelo" diante da situação da falta de vinho é questionado pelo Filho: "Mulher, que há entre mim e ti?" (v. 4). Ela tem que abrir mão do "seu zelo" e deixar o Filho agir do "seu jeito": "Façam tudo o que ele lhes mandar fazer". O Filho escapa do seu controle.

E cada vez mais desconcertante vai se tornando a trajetória deste Filho. Multidões o procuram para ouvi-lo ou ser atendidos em suas situações de doença, morte, penúria. Por outro lado, resistências em relação a ele, por parte das elites, vão se avolumando, até com falsas e assustadoras acusações. Numa ocasião o chamam abertamente de maluco, possuído pelo príncipe dos demônios, "possuído de espírito impuro", e o bem que ele faz às pessoas, portanto, é coisa do demônio, demoníaco (cf. Mc 3,20-30). Ora, diante de tudo isso, Maria, com certeza, se via impotente, e até preocupada. Tanto é que ela vai até o Filho, para ver como é que ele está (cf. v. 31-35). Jesus é avisado da presença da mãe. Mas, ela recebe mais uma inesperada resposta do Filho: "Minha mãe e meus irmãos, quem são?". E correndo os olhos para a multidão ao redor, disse: "Eis minha mãe e meus irmãos. Aquele que fizer a vontade de Deus, esse é meu irmão, minha irmã e minha mãe" (v. 33-35). Mais uma situação-limite!

Enfim, a última e extrema situação-limite para Maria: o Filho na cruz! Maria não pode fazer mais nada. Totalmente impotente, aos pés da cruz. Tem que abrir mão, de vez, da "posse" de seu Filho. Experiência de extrema pobreza desta cotidiana e extraordinária mulher.

Algumas considerações a mais

Em primeiro lugar, chama a atenção este testemunho do Evangelho: Maria tinha por hábito um estado permanente de vigilância, de meditação e reflexão diante dos acontecimentos relacionados ao seu Filho, bem como à sua relação com o Filho (cf. Lc 2,19.51).[18] Em outras palavras, nesse estado, ela buscava cultivar dentro de si o espaço aberto para o cumprimento da vontade de Deus, apenas, e não a dela. E seu sentimento de gratidão não se traduzia mais em palavras, senão apenas em atitude de gratuita entrega à vontade de Deus. É a atitude típica de quem vive na dinâmica da humildade, da entrega, do desapego, do ser pobre.

Nessa trajetória de permanente estado de abertura diante do mistério do agir de Deus, Maria vai fazendo consigo mesma o constante trabalho de, em todas as situações de limite e impotência, abrir mão de si mesma, para deixar o Filho ser o que é, a saber, o Salvador da humanidade pela via do ser "loucamente" desapegado, pobre e solidário com todos, a ponto de entregar a própria vida para que todos tenham vida. A vida e o destino desse Filho, por mais trágicos e aparentemente contraditórios que sejam, não lhe pertencem. Ela precisa abrir mão... "Não sabíeis que devo estar na casa de meu Pai?", já lhe alertava o menino, lá no Templo!

---

[18] "Maria conservava todas aquelas palavras, conjeturando tudo em seu coração" (v. 19) – "E sua mãe conservava tudo isso no coração" (v. 51).

Assim, para que a Salvação de fato aconteça, ela é instada a se permitir abrir mão até mesmo do "papel social" de "ser mãe" para, então, viver uma nova e peculiar maternidade, a maternidade do "seja feita a vontade do Senhor". Esse é o Filho que ela é instada a se permitir ter em gestação e cuidado permanente no seu corpo. Numa relação, portanto, que extrapola os padrões humanos de parentesco (cf. Mc 3,33.35; Mt 12,48-50; Lc 8,21).[19] Tanto é que o Filho nem a chama mais de "mãe", mas, simplesmente, "mulher" (cf. Jo 2,4; 19,26). E no derradeiro momento, do alto da cruz, ele fala à sua mãe: "Mulher, eis aí o teu filho" (Jo 19,26). Como que a dizer: "Desse jeito aqui está, enfim, este seu filho. Desapegado de tudo; de tudo mesmo! Neste extremo limite, de impotência total, até você eu entrego". E ao discípulo a quem amava diz: "Eis aí tua mãe" (v. 27). Como que a dizer: "Ela a ti pertence".

Assim sendo, ela vai deixando que a Salvação – que unicamente vem do "Espírito do Senhor e seu modo de operar"[20] – aconteça.

E a salvação de fato aconteceu. Os milagres se deram. E o grande Milagre, enfim, aconteceu: O Filho, que na cruz morreu, ressuscitou, subiu ao céu, vive e age entre nós por seu Espírito. E, enfim, da parte de Maria, ela mesma não morreu. Apenas "dormiu". Seu corpo não experimentou a corrupção, a morte. Ela foi em corpo e alma direto para a glória do céu. É nosso dogma de fé. E nesse espaço de glória celeste, com todos os anjos, com todos os santos e toda a Igreja, ela canta e vive a eterna gratidão de todos pela imensa misericórdia da Trindade e, ao mesmo tempo, intercede por todos nós ainda a caminho, na experiência de nossos limites...

4. Da experiência jesuânica do limite, da impotência, a experiência de salvação

Ao falar de Maria, já falamos bastante de Jesus. Impossível desconectar um do outro, nem desta Sala das Promessas ou dos Milagres. Por isso, creio ser importante nos atermos um instante, ainda que resumidamente, também na experiência jesuânica do limite, da impotência. Pois, afinal, Jesus "viveu em tudo a condição humana, menos o pecado",[21] ou, em outras palavras,

---

[19] Parecida provocação, Jesus a coloca em relação aos que o seguem: "Quem amar o pai ou a mãe mais do que a mim, não é digno de mim. E quem amar o filho ou a filha mais do que a mim, não é digno de mim. E quem não tomar a cruz e me seguir, não é digno de mim. Quem procurar a sua vida, há de perdê-la; e quem esquecer a sua vida por amor de mim, há de encontrá-la" (Mt 10,37-39). Em outras palavras: entrar no jogo do espírito de Jesus desapegado de tudo. Eis o desafio da vida!
[20] A expressão, aqui entre aspas, é de Francisco de Assis (cf. Regra Bulada 10,9. In: *Fontes Franciscanas e Clarianas*. Petrópolis: Vozes / FFB, 2004, p. 164).
[21] Cf. Oração Eucarística IV; Fl 2,6-11.

foi humano em tudo, menos no pecado. Nesse sentido, viveu a experiência humana também do limite, da impotência.

Como já vimos, sua infância passou por penúrias e perigos: seu nascimento pobre em Belém, sua fuga para o Egito, sua migração para a Galileia. Tudo superado, graças à colaboração de Maria e José, pela graça de Deus.

Já adulto, iniciando sua vida missionária, Jesus passou por momentos de tentação. Passou por uma situação-limite, verdadeira prova, no sentido de desistir da sua missão de libertação.

Assumida a missão, multidões acorrem até ele, na esperança de nele encontrarem alguma solução para seus problemas humanos, sociais, espirituais. Querem até proclamá-lo rei! Mas não foi para isso que ele veio. Trabalho estafante, na busca de atender aos milhares de casos urgentes, e mais estafante ainda, na busca de criar uma nova consciência religiosa e social a partir do pensamento de Deus que ele conhece muito bem, pois de Deus é que vem. Trabalho estafante, tendo que se retirar de vez em quando para a oração e o descanso.

Seus seguidores, a começar pelos apóstolos, têm grande dificuldade de entender sua proposta de vida, o significado propriamente dito do Reino de Deus. Alguns, mais tarde, querem inclusive persuadi-lo a desistir do destino que o aguardava, a saber, o sofrimento e a cruz. Quão difícil não era "desconstruir" toda a grossa casca de padrões egoicos (escravidão às leis, luta pelo poder, corrupção por todo lado, preconceitos contra os pobres e doentes, e por aí vai...) programados naqueles corpos todos, e que geravam tanta dor e sofrimentos.

Ele mesmo percebe que as elites da época (religiosas ou não), começavam a tramar contra ele. Enfrenta uma terrível resistência que se avoluma mais e mais, a começar pelos de sua própria terra (Nazaré). Pois Jesus, a partir dos padrões deles, parecia estar subvertendo e até invertendo a ordem das coisas. E isso atiçava cada vez mais a raiva, o ódio, a fúria do orgulho e vaidade do ego escravizador das pessoas.

E o resto não preciso mais contar. Basta ler com atenção o Evangelho de Lucas que coloca Jesus a caminho, rumo a Jerusalém, e ver como Jesus, nesse caminho, vai enfrentando sempre mais resistências. Uma vez chegado lá, em Jerusalém, então, sim, "o tempo fecha" de vez contra ele.

Apenas temos que lembrar a experiência da situação-limite, da extrema impotência vivida por Jesus: as últimas conspirações das autoridades religiosas (sumos sacerdotes e escribas), a previsão certa do que estava para lhe acontecer imediatamente, a angústia no monte das Oliveiras, a traição de Judas, a prisão, o injusto julgamento, as sádicas agressões contra o inocente, a cruz, o sofrimento atroz, a solidão total, a morte... (Mt 27,1-66; Mc 14,1-15,41; Lc 22,1-49; Jo 13,1-19,37).

Alguém então pode perguntar: Mas como ele conseguiu conviver com tais situações-limite até o fim? Então, ouso dizer: Pelo estado permanente de meditação e vigilância, tanto no silêncio como na ação. No silêncio, pelo intenso diálogo com o Pai. Na ação, prestando sempre atenção e dialogando com cada detalhe do humano, a começar por ele. Sempre à luz do Pai. Dessa maneira, mantém seu corpo permanentemente aberto à vontade do Pai misericordioso.[22] Resultado, então, nos estertores da dor, pendurado na cruz, sem aparente possibilidade de retorno, sem nada, paupérrimo, seu corpo é apenas perdão vindo das profundezas da compaixão: "Pai, perdoai-lhes, eles não sabem o que fazem". Na verdade, ele entende: Quem o tortura não são eles, são padrões da mente humana com vernizes religiosos que transformam inocentes em cruéis tiranos, inconscientes. Escravos do depois (sua criança interior), não sabem o que fazem, senão odiar a vida, matar. Que situação!... Pobres coitados, tenho pena... "Pai, nada posso mais fazer. Entrego-os na tua mão, nas mãos da nossa compaixão". E assim, o bom Jesus, depois de um grito muito forte, inclinou sua cabeça docemente, entregou seu sopro vital, expirou. E o mundo todo estremeceu, muita gente depois entendeu: Era o próprio Filho de Deus feito justo filho do homem que por todos nós morreu. E, enfim, também entendi quem sou eu.[23]

5. A experiência da salvação e gratidão

E o Grande Milagre aconteceu. A salvação da humanidade definitivamente se implantou. Dos limites e impotência da vida humana e do abismo da morte ele, definitivamente, se liberta, ressuscita (cf. Mt 28,1-20; Mc 16,1-18; Lc 24,1-49; Jo 20,1-21,28). A sepultura encontrada vazia e as sucessivas aparições são o grande testemunho do Milagre.

Não só se liberta, mas também salva. A salvação aconteceu, como possibilidade certa para todos os que creem no Senhor Jesus, morto e ressuscitado. A grande Promessa se realiza, agora, pela fé naquele que, pela sua vitoriosa morte-ressurreição, nos libertou da morte e do instrumento de morte que é o pecado (cf. Rm 4,13-24; 6,4; 1Cor 15,1-58; Cl 3,1-3; 1Pd 3,1-3; Ap 1,5-6).

Isso tudo se deu porque Jesus vivia dentro de si um profundo sentimento de gratidão. Gratidão vinda de sua total abertura à vontade do Pai, que se traduz pelo total desapego à sua própria vontade (cf. Fl 2,5-11). Para ilustrar, basta aqui lembrarmos a belíssima oração por ele pronunciada logo

---

[22] "Meu alimento é fazer a vontade do Pai", dizia ele (Jo 4,34). Ou: "Desci do céu não para fazer a minha vontade, mas a vontade de quem me enviou" (Jo 6,38).
[23] SILVA, José Ariovaldo da. Do poema "Divina compaixão" (Inédito).

após a escolha dos setenta e dois colaboradores seus em missão. Diz o Evangelho que Jesus, "sentindo-se inundado de alegria no Espírito Santo" – não seria o sentimento de gratidão?! –, então orou dizendo: "Graças te dou, Pai, Senhor do céu e da terra, porque escondeste estas coisas dos sábios e prudentes, e as revelaste aos pequeninos. Sim, Pai, porque assim foi de teu agrado. Tudo me foi entregue pelo Pai. Ninguém conhece quem é o Filho senão o Pai e quem é o Pai senão o Filho e aquele a quem o Filho quiser revelar" (Lc 10,21-22). Em outras palavras, esse sentimento de gratidão expressa a íntima e total conexão nas relações entre ambos, bem como com quem for dada a graça de entrar no mesmo jogo ("aquele a quem o Filho quiser revelar"). Por isso, Jesus foi atendido em suas "preces e súplicas entre clamor e lágrimas àquele que o podia salvar da morte" (Hb 5,7), "preces e súplicas" muito bem expressas na sua famosa "oração eucarística", por ocasião de sua última ceia, no momento extremo da dor da despedida (cf. Jo 17,1-26). E assim a salvação aconteceu também "para todos os que lhe obedecem" (v. 8).

Resultado, com o Milagre salvador da morte-ressurreição, a gratidão de Jesus contagiou e foi contagiando todos os seus seguidores pelos tempos afora, na terra e, sobretudo no céu, até hoje e para sempre. Tanto é que, ao memorial que ele nos deixou de sua Páscoa, que inicialmente chamaram de "fração do pão", os cristãos do Ocidente acabaram chamando simplesmente de "Eucaristia" (Ação de graças). Ação de graças que celebramos em comunhão com a incontável multidão de anjos e santos do céu que, junto ao Cordeiro imolado e, agora, "vivo para sempre", cantam a glória, a riqueza e o poder supremos dele (cf. Ap 5,11-14), cantam a santidade e a eterna misericórdia do Deus poderoso que, pelo sangue do Cordeiro, nos fez passar da morte para a vida em plenitude. São os cristãos que, no seguimento de Jesus, tiveram a graça de desenvolver, em seus corpos, profundos sentimentos de gratidão. Pois é pela gratidão, desenvolvida pela vigilante desconfiança do nosso ego, que de fato sabemos pedir e receber. Repito a frase do Pe. Antônio Vieira: "O melhor modo de pedir é agradecer".

E é isso que vejo e sinto quando visito os milhares de ex-votos da Sala das Promessas ou dos Milagres, verdadeiras expressões simbólico-sacramentais de fé de um povo que, antes de pedir, já é naturalmente grato a Deus pela intercessão de Nossa Senhora. Razão pela qual os ex-votos estão ali: como expressão de gratidão.

6. Vamos à Sala superior

Creio que ficar só no subsolo da Basílica ainda é pouco. Ampliemos nossa reflexão. Vamos também à Sala superior. É uma grande sala, em quatro alas, artisticamente acabada, onde se fazem presentes os três maiores e mais importantes "ex-votos" de todo o espaço basilical. Ousamos chamá-los também de "ex-votos" porque "gratuitamente" oferecidos e trazidos, não por mãos humanas, mas por iniciativa do próprio Deus para nos serem, por excelência, lugar e fonte de bênçãos e crescimento espiritual. Desses dependem todos os demais. Por isso são tão importantes: a imagem venerada da Imaculada Virgem Aparecida e, no centro, o altar e a mesa da Palavra.

A imagem da Virgem

Não vem ao caso abordar toda a significativa história da imagem que, por sinal, viveu também situações-limite sérias: de perda e descoberta, de quebras e restaurações, de agressões e salvações.[24]

Gostaria de apenas lembrar, de modo breve, o sentido profundamente humano e espiritual que nela pessoalmente vejo em conexão com o que já refletimos anteriormente.

Colocada num solene nicho em ouro, aos pés de um imenso retábulo em porcelana, ouro, branco e azul, com a figura dos três arcanjos (Rafael, Miguel e Gabriel), correspondendo à "escada de Jacó", "lugar onde Deus se manifesta",[25] e fazendo intuir na globalidade deste espaço uma misteriosa ligação entre o céu e a terra, a imagem da santa vem representar a viva presença da Virgem Imaculada Aparecida na vida de fé dos cristãos, seus admiradores e devotos. Virgem esta em cujo corpo imaculado a salvadora "Promessa" de Deus se fez carne na pessoa de Jesus Cristo, que, pela sua Páscoa, uniu o céu e a terra. Virgem esta que, como nós, viveu a experiência humana de salvação e gratidão. Virgem esta que é sentida e vivida como nossa Mãe, um presente de Deus oferecido, dado, a todos nós.

O que vejo nesta imagem? Um "ex-voto" feito por mãos humanas, mas nele a presença da Virgem-mãe feita pelas mãos de Deus, a interceder por nós, portanto, todo especial. E dele e nele vejo juntados e concentrados todos os milhares de ex-votos, visíveis e invisíveis, que vimos lá no subsolo. É diante dessa imagem que as pessoas de fé, presencialmente ou não, vêm fazer seus pedidos, mas, antes de pedir salvação, já vem com o coração agradecido. Razão por que sabem pedir e, consequentemente, são agraciados pelo que pedem para de novo e sempre de novo agradecer mediante orações e ofertas de ex-votos.

---

[24] Cf. BRUSTOLINI, Julio J. "A imagem, o culto e as romarias". In: *op. cit.*, p. 11ss.
[25] *Aparecida. Guia da Basílica Nacional de Nossa Senhora Aparecida, op. cit.*, p. 34.

O altar

No centro desta grande Sala superior, situa-se o altar,[26] em torno do qual se congrega em assembleia todo o corpo eclesial (visível e invisível) do Ressuscitado; polo central, portanto, sobre o qual vejo a grande cruz vazada, pendurada, símbolo da morte/ressurreição salvadora tornada célebre neste altar.

Esse é o "ex-voto" por excelência, o mais importante de todos. Por que o mais importante? Porque ele representa o próprio Cristo – este sim! – altar verdadeiro do sacrifício (entrega total) de sua própria vida por nós. Realização propriamente dita da Promessa de Deus a nós, oferta definitiva de salvação para toda a humanidade pelo mistério pascal – chave de nossa fé – que aí se celebra.

Ele, o altar, é o próprio Cristo, segundo São Cirilo de Alexandria e toda a tradição patrística. Ele, portanto, representa (torna presente) toda a experiência humana de salvação e gratidão vivida por Cristo e, sobretudo, a da Páscoa definitiva que nos salvou.

Ele representa (torna presente) a Fonte de todos os milagres, isto é, Jesus, o Cristo, sem o qual nenhum milagre acontece: "Façam tudo o que ele lhes mandar fazer" (Jo 2,5), nos adverte Maria, a Esposa do Espírito Santo e mãe desse altar. Em outras palavras, nas experiências de situações-limite, de impotência, como aconteceu nas bodas de Caná, abram mão do seu ego, sejam humildes e, desapegados, confiem apenas no "Não-Ego", isto é, no Mistério para além das egoicas máscaras, armaduras e couraças, no Mistério pascal de Cristo que o altar representa.

Para ele convergem e nele se encontram *todas* as experiências humanas de salvação e gratidão, inclusive as de Maria. Ele é a razão de ser do Paraíso resgatado.[27] Nele (no altar), pela Liturgia eucarística, Cristo assume *todas* essas experiências sobre si e as apresenta ao Pai como oferta de louvor. Ele, o altar, pela Oração eucarística, é o lugar da expressão máxima de gratidão e ação de graças ao Pai, "por Cristo, com Cristo e em Cristo, na unidade do Espírito Santo". Ele, enfim, é a grande oferta de Deus para nós, a saber, mesa por Deus preparada, a partir da qual nos alimentamos do Corpo entregue e

---

[26] Sobre o altar em geral: "Rito de dedicação de um altar". In: *Pontifical Romano*. São Paulo: Paulus, 2008, p. 480-505; cf. PASTRO, Cláudio. *Arte sacra. O Espaço Sagrado Hoje*. São Paulo: Loyola, 1993, p. 246-261; JOHNSON Cuthbert; JOHNSON, Stephen. "O altar". In: *O espaço litúrgico da celebração. Guia litúrgico prático para a reforma das igrejas no espírito do Concílio Vaticano II*. São Paulo: Loyola, 2006, p. 29-48; SILVA, José Ariovaldo da. *Os elementos fundamentais do espaço litúrgico para a celebração da missa. Sentido teológico. Orientações pastorais*. São Paulo: Paulus, 2006, p. 14-28.

[27] Por isso o acabamento artístico do espaço central no qual o altar se encontra – cúpula, colunas e paredes – traz presente a experiência deste Paraíso.

do sangue derramado do Cordeiro imolado que tira o pecado do mundo. E daí partimos mundo afora em missão, como peregrinos e peregrinas rumo ao céu.

A mesa da Palavra

"Cristo é o protagonista da ação litúrgica também no ambão, o espaço reservado para a proclamação da Palavra de Deus. Isto significa que este espaço possui, também ele, um sentido simbólico-sacramental de fundamental importância. Pois ele nos evoca a presença viva do Senhor, que fala para o seu povo",[28] quando nele se proclamam as Escrituras Sagradas.

No contexto da Basílica de Aparecida, também o ambão não deixa de ser, em conexão com o altar, um dos principais "ex-votos" da sala superior. Pois dele ouvimos a voz daquele que, como o Bom Pastor, deu a vida por todos nós e nos salvou. Dele ouvimos a voz do Bom Pastor, que, assumindo sobre si todas as experiências humanas de salvação e gratidão representadas pelos ex-votos do subsolo, nos convida a seguir os seus passos, entrar no seu jogo, para sermos também nós gratos e salvos. Então, assim que ouvimos sua voz, sentimos fortalecida a nossa fé e, desta fé fortalecida, sentimos crescer a gratidão e, dessa gratidão crescida, brota a nossa reação: à Palavra do Senhor dizemos "Graças a Deus", à Palavra da Salvação proclamamos "Glória a vós, Senhor". Em outras palavras, nosso corpo torna-se espaço aberto para a livre ação da graça.

Assim, vejo também no ambão um verdadeiro "ex-voto", do qual a Salvação ressoa como anúncio pascal, e no qual já se faz potencialmente presente a nossa gratidão geradora de fé portadora de salvação nas circunstâncias da vida, cotidianas ou extraordinárias.

7. Enfim, vamos à sala ainda maior: a sala do mundo...

Na grande sala do mundo, no qual se insere também o espaço da Basílica, nos relacionamos com outro "ex-voto" muito especial. Com exceção dos três que vimos há pouco, com certeza o mais importante de todos. Por que tão especial? Porque criado por Deus à sua imagem e semelhança para ser zeloso e harmônico cuidador do paraíso (cf. Gn 1,26-31; 2,4-25): o ser humano em sua incontável diversidade. Resgatado da sua queda, pelo

---

[28] *Ibid.*, p. 31. Para outras considerações sobre a mesa da Palavra ou ambão, cf. *ibid.*, p. 29-33; JOHNSON Cuthbert; JOHNSON, Stephen. "O altar". In: *op. cit.*, p. 49-55.

sangue do Cordeiro, tornou-se o espaço privilegiado de Deus (cf. Rm 8,9; 1Cor 3,16-17; 6,19-20; 2Cor 6,16; Gl 2,20; Ef 2,19-22; 1Pd 2,5).

Na sala do mundo encontramos a toda hora esse sagrado "ex-voto", não como sagrado objeto memorial pendurado em paredes, guardado em vitrines, mas como vivos corpos humanos, morada de Deus, sobretudo na pessoa dos pobres, injustiçados e sofredores. Para Jesus, o ser humano era sagrado e, por isso, objeto de especial veneração e cuidado.

Mesmo resgatado, por o ser humano viver ainda a experiência do limite, da impotência, geradora de um ego ainda – mais, ou menos – conflituoso, com esse ser humano concreto, também com nós próprios, somos chamados a conviver e, nessa convivência, nos é dada a oportunidade de nos trabalharmos, isto é, fazer o permanente exercício do desapego de nós mesmos e, com isso, crescer na fé cristã. A presença do "outro", com seus limites e também oportunidades, no fundo é uma bênção para nós, no sentido de nos possibilitar perceber quem somos: nosso ego dominante, controlador, criador de confusão, ou a simples criança que em nossa essência somos? Pensando bem, até nossos inimigos podem ser gratamente considerados como nossos melhores amigos,[29] pois nos possibilitam imitar Jesus pelo exercício do perdão (cf. Mt 5,44; Lc 23,34). É na convivência com o ser humano concreto, à luz do exemplo de superação de Maria e de seu Filho Jesus, que nos é dada a oportunidade de crescer na fé geradora de humilde gratidão e salvação, e mais gratidão, e mais salvação, e mais gratidão...

Portanto, na grande sala do mundo, vejo o ser humano – todos eles, cada qual do seu jeito – como um verdadeiro "ex-voto", isto é, um presente santificador que Deus nos presenteia para o nosso bem. Ex-voto testador e revelador de quem eu sou, para ser melhor. O Senhor me deu irmãos[30] e, convivendo com eles, posso crescer sempre mais em santidade, isto é, me aproximar sempre mais do jeito de ser de Jesus Cristo.

---

[29] Sábios de hoje nos ensinam: "Às vezes os inimigos são mais úteis que os amigos, pois os moinhos não giram sem o vento (...). Dalai Lama assegura que um 'inimigo é nosso melhor mestre. Ao estar com um mestre, podemos aprender a importância da paciência, o controle, a tolerância, mas não temos oportunidade real de praticá-los. A verdadeira prática surge ao nos depararmos com um inimigo' (...). O inimigo faz com que nos movamos e saiamos da situação de comodidade que nos tinha paralisado. Ele nos obriga a extrair o melhor de nós mesmos, e também o pior. Se somos capazes de ver nossas próprias reações com distanciamento e um pouco de humor, em cada conflito aprendemos uma grande lição sobre quem somos e quais são nossas carências" (PERCY, Allan. Trecho do livro *Hermann Hesse para Desorientados*. In: http://www1.folha.uol.com.br/livrariadafolha/2013/08/1330584-as-vezes--os-inimigos-sao-mais-uteis-que-os-amigos-diz-livro.shtml – Acesso 25/04/2016).

[30] Expressão de Francisco de Assis no seu *Testamento* (cf. "Testamento", 14. In: *Fontes Franciscanas e Clarianas, op. cit.*, p. 189).

Bibliografia

BARRETO FARIAS, Juliana. "Andar com fé eu vou". In: http://www.revistadehistoria.com.br/secao/capa/andar-com-fe-eu-vou

BRUSTOLINI, Júlio J. *História de Nossa Senhora da Conceição Aparecida. A imagem, o santuário e as romarias*. 10ª ed. rev. e ampl. Aparecida: Editora Santuário, 1998.

COSTA BRITO, Ênio José. "Ex-voto: uma celebração da vida". In: *Espaços*. São Paulo, 18/2/2010, p. 207-212.

DAHLKE, Rüdiger. *A doença como linguagem da alma. Os sintomas como oportunidade de desenvolvimento*. São Paulo: Cultrix, 2007.

———. *A doença como símbolo. Pequena Enciclopédia de Psicossomática. Sintomas, significados, tratamentos e remissão*. São Paulo: Cultrix, 2015.

DETHLEFSEN, Thorwald; DAHLKE, Rüdiger. *A doença como caminho. Uma visão nova da cura como ponto de mutação em que um mal se deixa transformar em bem*. São Paulo: Cultrix, 2014.

MILLER, Carolyn. *Milagres acontecem: chave para o entendimento da intervenção divina*. São Paulo: Pensamento, 2000.

PAGOLA, José Antônio. *Jesus: uma aproximação histórica*. Petrópolis: Vozes, 2013.

PEREIRA DAS NEVES, Guilherme. "Os Ex-Votos Pintados: Uma Prática Votiva Popular?" In: LAGE DA GAMA LIMA, Lana; TEIXEIRA HONORATO, Cezar; CORRÊA CIRIBELLI, Marilda; TEIXEIRA DA SILVA, Francisco Carlos (orgs.). *História & Religião*. Rio de Janeiro: FAPERJ: Mauad, 2002, p. 91-102.

RAMOS, Luciano. *Aparecida, Senhora dos brasileiros: a história de uma devoção na origem de um povo*. São Paulo: Paulinas, 2004.

RIAZA MORALES, José Maria. *Azar, ley, milagro. Introducción científica ao estudio del milagro*. Madrid: Biblioteca de Autores Cristianos, 1964, p. 286-315 (BAC 236).

SCARANO, Julita. *Fé e milagre. Ex-votos pintados em madeira: Séculos XVIII e XIX*. São Paulo: Edusp, 2004.

SCHIESARI Alessio. "Os milagres? Prodígios nascidos da energia da mente". Entrevista com Vito Mancuso. In: http://www.ihu.unisinos.br/noticias/530249-os-milagres--prodigios-nascidos-da-energia-da-mente-entrevista-com-vito-mancuso#.U01F9C-ZIv9A.facebook – Acesso em 15/04/2016.

TRUNGPA Chögyam. *Além do materialismo espiritual*. São Paulo: Cultrix, ²1996.

———. *Muito além do divã ocidental: uma abordagem budista da psicologia*. Organizado e editado por Carolym Rose Gimian. Prefácios de Daniel Goleman e Kidder Smith. São Paulo: Cultrix, 2008.

———. *Sorria para o medo. O despertar do autêntico coração da coragem*. Rio de Janeiro: Gryphus, 2013.

———. *Shambhala: a trilha sagrada do guerreiro*. São Paulo: Cultrix, 2013.

WOODWARD, Kenneth L. *O significado dos milagres no cristianismo, no judaísmo, no budismo, no hinduísmo e no islamismo*. São Paulo: Mandarim, 2000.

SIGNIFICADO DA ROMARIA COMO ESPAÇO DE ÊXODO

Pe. Alexandre Awi, ISch

Peregrinar é uma *experiência* milenar na história da humanidade. É também um *símbolo* muito adequado para expressar a condição humana: o ser humano é existencialmente um peregrino, um *homo viator*, um "caminhante que faz caminho ao andar"[1] e se dirige a uma terra de promissão. Muito antes do cristianismo já se encontra o costume de se dirigir a lugares considerados sagrados a fim de se ter uma experiência do divino. Por isso, o correlato do ato de peregrinar é o *santuário*, o "lugar sagrado", culminação e meta da peregrinação. De fato, tanto do ponto de vista teológico como pastoral, peregrinação e santuário são duas faces de uma mesma moeda: "Santuários e peregrinações constituem um binômio que, de um lado, é objeto de distinção (o primeiro é um lugar, o segundo é um gesto), mas que, por outro lado, devem ser vistos como que em um único discurso, já que se trata de símbolos correlatos".[2]

A expressão "romaria", muito usada em português, deriva das peregrinações a Roma, que se tornaram comuns durante a Idade Média, "época de ouro das peregrinações".[3] Inicialmente motivadas pela veneração da memória dos apóstolos Pedro e Paulo, e dos inúmeros mártires venerados nas catacumbas e nas basílicas romanas, a aquisição de indulgências constituiu mais uma motivação para os "romeiros" a partir de 1300, graças aos anos jubilares convocados pelos diferentes Papas, começando por Bonifácio VIII (1235-1303).

---

[1] Segundo o clássico poema de Antonio Machado (1875-1939): "Caminante no hay camino, se hace caminho al andar".
[2] ROSSO, S. "Peregrinações". In: DE FIORES, S.; MEO, S. *Dicionário de Mariologia*. São Paulo: Paulus, 1995, p. 1031-1054, aqui p. 1031-1032.
[3] ROSSO, S. *Peregrinações, op. cit.*, p. 1039.

Aqui se usará, contudo, os termos *peregrino* e *peregrinação*, mais amplos e universais para se referir a esse fenômeno humano e religioso que pode ser compreendido e vivido como "espaço de êxodo", tal como foi proposto pela organização do X Congresso Mariológico de Aparecida, dedicado à reflexão sobre "Maria na Liturgia e na piedade popular". Cada romaria é, em primeiro lugar, *expressão da existência humana* (capítulo 1) e *imagem plástica do povo de Deus peregrino* (capítulo 2). Partindo dessa compreensão, chegar-se-á ao *significado das romarias como espaço de êxodo* (capítulo 3).

1. A romaria como expressão da existência humana[4]

Peregrinar é um dos movimentos de tipo religioso mais frequentes em todas as religiões. Peregrinar é fazer um *caminho humano e espiritual* para uma *meta* que se considera como um objetivo importante a se alcançar. Como já se disse, normalmente essa meta é o santuário onde se encontra o sagrado, o transcendente.

Também na tradição judaico-cristã, do Antigo ao Novo Testamento, o ato de peregrinar costumou ser considerado como "um símbolo da existência humana, que se manifesta e concretiza num conjunto de ações, como a partida e o regresso, a entrada e a saída, a subida e a descida, a marcha e o descanso".[5]

O homem vive numa constante *peregrinação,* desde seu nascimento até a sua morte, sendo a vida eterna sua meta final e escatológica. Esse símbolo esconde e revela, portanto, a *condição peregrina do ser humano*. Este passa pela vida:

> em busca de novas metas, tende ao infinito, sobe as montanhas sagradas, em cujo topo a terra toca idealmente o céu, percorre o tempo, com marcos de datas assinaladas e santas. Considera o nascimento a entrada no mundo e a morte a saída para penetrar as entranhas da terra e ascender às regiões divinas. Pela peregrinação, se fundamenta o encontro e a participação do homem na realidade divina.[6]

Na análise do pastoralista Ramiro González, a peregrinação comporta três elementos centrais:

---

[4] Cf. "Antropologia e simbologia da peregrinação cristã: às portas do século XXI com Santiago no horizonte". Em: GONZÁLEZ, Ramiro. *Piedade popular e Liturgia*. São Paulo: Loyola, 2007, p. 177-189.
[5] GONZÁLEZ, *op. cit.*, p. 177.
[6] *Id.*, p. 177-178.

– o *homem* aberto à transcendência;
– o *caminho* como espaço a percorrer;
– a *realidade sagrada* (Deus, Nossa Senhora e/ou os santos).

Esses elementos estão presentes na vida de todo homem. O ser humano é um ser aberto à transcendência e permanece insatisfeito existencialmente enquanto não descansar em Deus, como dizia Santo Agostinho: "Porque nos fizeste para ti e nosso coração está inquieto até que descanse em ti".[7] O homem passa pela vida em busca do sagrado e já o experimenta tenuemente, como que "em sombras" aqui na terra, mas ainda não plenamente. Os lugares sagrados, de alguma forma, o aproximam dessa plenitude.

A Sagrada Escritura também descreve o caminho das grandes testemunhas da fé como uma peregrinação: desde Abraão, pai da fé, que deve deixar a sua terra em busca da terra prometida (Gn 12,1-4) até as primeiras comunidades cristãs, passando pelo próprio Jesus, peregrino que veio do Pai ao mundo e daqui voltou ao Pai (cf. Jo 16,28), descrevendo-se a si mesmo como "o Caminho" para que o homem, peregrino neste mundo, chegue a Deus e à sua pátria definitiva (cf. Jo 14,6).

O documento *A peregrinação no grande jubileu do ano 2000*, do Pontifício Conselho para a Pastoral dos Migrantes e Itinerantes, descreve com beleza e propriedade as *diferentes peregrinações do Povo de Deus*, desde a peregrinação adâmica de todo o gênero humano, passando pela abraâmica, a do êxodo, a cultual, que se dava no templo, até a messiânica, aberta ao cumprimento da promessa escatológica. Mostra ainda como Cristo, a Igreja, a humanidade inteira e também cada cristão hoje, todos, estão chamados a vivenciar o peregrinar como caminho de encontro com Deus, com Sua Palavra, com a Igreja, com a natureza e consigo mesmo, caminho eucarístico e de reconciliação, caminho de caridade e de encontro com Maria.[8]

Logo no seu primeiro parágrafo, a Constituição Apostólica *Gaudium et Spes* (= GS), do Vaticano II, se refere à *vida do homem neste mundo rumo ao Reino definitivo* como uma *peregrinação*:

> As alegrias e as esperanças, as tristezas e as angústias dos homens de hoje, sobretudo dos pobres e de todos aqueles que sofrem, são também as alegrias e as esperanças, as tristezas e as angústias dos discípulos de Cristo; e não há realidade alguma verdadeiramente humana que não

---
[7] AGOSTINHO. *Confissões* I. 1,1. Cf. *ibid*. XIII, 38,53: "Algumas de nossas obras, por sua graça, são boas, mas não eternas. Depois delas, esperamos descansar em tua grande satisfação".
[8] Pontifício Conselho para a Pastoral dos Migrantes e Itinerantes. *A peregrinação no grande jubileu do ano 2000*. 25/04/1998.

encontre eco no seu coração. Porque a sua comunidade é formada por homens, que, reunidos em Cristo, são guiados pelo Espírito Santo na sua *peregrinação* em demanda do reino do Pai, e receberam a mensagem da salvação para a comunicar a todos. Por este motivo, a Igreja sente-se real e intimamente ligada ao gênero humano e à sua história (GS 1).

Ou ainda, mais adiante, reforça:

Ao ajudar o mundo e recebendo dele ao mesmo tempo muitas coisas, o único fim da Igreja é o advento do reino de Deus e o estabelecimento da salvação de todo o gênero humano. E todo o bem que o Povo de Deus pode prestar à família dos homens *durante o tempo da sua peregrinação* deriva do fato de que a Igreja é o "sacramento universal da salvação", manifestando e atuando simultaneamente o mistério do amor de Deus pelos homens (GS 45).

A peregrinação se inicia com *a decisão de partir*. Seja ela cristã ou não, é uma valiosa *expressão de piedade*: em geral nasce de motivações espirituais e é sustentada pela oração. Implica desapego da estabilidade própria para se aventurar na insegurança, correr o risco do desconhecido e do imprevisto. Manifesta, assim, direta ou indiretamente, o desejo de conversão, de penitência, austeridade e sacrifício.

Ao *fazer o caminho*, o peregrino se encontra com muitas oportunidades para a contemplação serena, a acolhida, a caridade, a partilha fraterna, a alegria e o serviço gratuito. Mesmo que esteja sozinho, o peregrino se sente de alguma forma unido ao cosmos, à natureza, à humanidade. Esta experiência de comunhão é mais plena se em seu caminho estiver em contato com a família dos filhos de Deus, a Igreja de Cristo.

A *motivação* fundamental do peregrino costuma ser o desejo de um *encontro mais profundo com Deus*, especialmente nos lugares onde Ele se manifesta ou se manifestou mais fortemente, seja pelo testemunho de um santo, de Nossa Senhora ou do próprio Povo de Deus, que consagrou e/ou experimentou esse lugar como espaço sagrado. Na busca e encontro de Deus, o peregrino acaba encontrando-se consigo mesmo e com os demais.

2. A romaria como imagem do Povo de Deus peregrino

A condição peregrina é também uma imagem para a Igreja como tal. A Constituição Apostólica *Lumen Gentium* (= LG), do Vaticano II, diz claramente: "Enquanto, na terra, a Igreja peregrina longe do Senhor (cf. 2Cor 5,6), tem-se por exilada, buscando e saboreando as coisas do alto, onde Cristo está sentado à direita de Deus, e onde a vida da Igreja está escondida com Cristo em Deus, até que apareça com seu esposo na glória (cf. Cl. 3,1-4)" (LG 6; cf. também LG 8; 14; 21).

Em seu capítulo VII, fala da "índole escatológica da *Igreja Peregrina*" (LG 48-50) e a última parte do capítulo VIII (Maria, sinal de segura esperança e de consolação para o *Povo de Deus peregrinante*), indica ainda que: "A Mãe de Jesus, assim como, glorificada já em corpo e alma, é imagem e início da Igreja que se há de consumar no século futuro, assim também, na terra, brilha como sinal de esperança segura e de consolação, para o *Povo de Deus ainda peregrinante*, até que chegue o dia do Senhor (cf. 2Pd 3,10)" (LG 68).

A LG refere-se, inclusive, à *imagem do "êxodo"*, tema do nosso estudo, quando diz:

> Assim como Israel segundo a carne, que peregrinava no deserto, é já chamado Igreja de Deus (cfr. 2Esd 13,1; Nm 20,4; Dt 23,1ss.), assim o novo Israel, que ainda caminha no tempo presente e se dirige para a futura e perene cidade (cf. Hb 13-14), se chama também Igreja de Cristo (cf. Mt 16,18), pois que Ele a adquiriu com o seu próprio sangue (cf. At 20,28), encheu-a com o seu espírito e dotou-a dos meios convenientes para a unidade visível e social (LG 9).

São João Paulo II, na sua Encíclica *Novo millennio ineunte*, se refere aos grupos de romeiros que, em peregrinação a Roma, por ocasião do ano 2000, transitavam através da Porta Santa, como "imagem palpável da Igreja Peregrina".[9] O teólogo pastoralista argentino Carlos Galli, convocado como perito na V Conferência do CELAM em Aparecida e atual membro

---

[9] Referindo-se aos milhares de romeiros que inundaram Roma durante o ano 2000, Jubileu da Encarnação, o Papa escreve: "Neste ano, o meu olhar não se deixou impressionar apenas pelas multidões que encheram a Praça de São Pedro durante muitas celebrações, pois não era raro deter-me a contemplar também as longas filas de peregrinos que esperavam pacientemente a sua vez de atravessar a Porta Santa. Em cada um deles, eu procurava imaginar uma história de vida, feita de alegrias, ansiedades, sofrimentos; uma história acolhida por Cristo, e que, no diálogo com Ele, retomava o seu caminho de esperança. Naquele fluxo contínuo dos grupos, deparava-se-me quase uma imagem palpável da Igreja peregrina, daquela Igreja que vive, como diz Santo Agostinho, 'no meio das perseguições do mundo e das consolações de Deus' (*De civitate Dei*, XVIII, 51, 2; cf. LG 8)". JOÃO PAULO II. *Novo millennio ineunte* (2001), 8ab.

da Comissão Teológica Internacional, usa esta expressão para refletir sobre as *peregrinações cristãs como uma imagem plástica do povo de Deus peregrino* que caminha rumo à consumação do Reino.[10]

Partindo do fenômeno das peregrinações recentes e dos últimos documentos da Igreja, o autor destaca a importância das romarias na piedade popular, que, no marco de uma complexa hermenêutica teológica, são interpretadas como um símbolo vivente do Povo de Deus peregrino com a sua conseguinte simbólica *eclesiológica* e *missionária*. Ele sugere que o Povo de Deus peregrino é sustentado pela esperança e se orienta a uma nova etapa – posterior ao Concílio Vaticano II (1962-1965) e ao Jubileu da Encarnação (2000) – chamada por ele de "peregrinação evangelizadora".

"Hoje o Povo de Deus peregrino e missionário – expressado na *imagem plástica* das peregrinações – necessita de um *novo entusiasmo pastoral*, sustentado pela *esperança* teologal."[11] Surge assim uma nova espiritualidade missionária, que, sendo obra do Espírito (*Evangelii Nuntiandi* = EN 75), inclui hábitos e sentimentos que impulsionam à missão (EN 76-80). Entre essas atitudes se destaca o *fervor do amor*, que nutre "doce alegria de evangelizar" (EN 80), expressão tão querida para o Papa Francisco e muitas vezes usada por ele (cf. EG 9-10). Inclusive pode-se destacar que, nesse contexto de uma "peregrinação evangelizadora" movida pelo fervor e a alegria, o Papa fala da "dinâmica de êxodo" implicada na alegria de evangelizar.

Essa alegria:

> que enche a vida da comunidade dos discípulos, é uma *alegria missionária* (...), é um sinal de que o Evangelho foi anunciado e está a frutificar. Mas contém sempre a *dinâmica do êxodo* e do dom, de *sair de si mesmo*, de caminhar e de semear sempre de novo, sempre mais além. O Senhor diz: "Vamos para outra parte, para as aldeias vizinhas, a fim de pregar aí, pois foi para isso que Eu vim" (Mc 1,38). Ele, depois de lançar a semente num lugar, não se demora lá a explicar melhor ou a cumprir novos sinais, mas o Espírito leva-o a partir para outras aldeias (EG 21).

A Igreja peregrina é uma "Igreja em êxodo", ou "em saída", rumo às "periferias existenciais", como Francisco costuma dizer, uma Igreja descentrada de si mesma, que sabe que não está acabada, que tem imperfeições e necessita de conversão, como o povo de Deus no deserto. Uma Igreja que vai em busca dos afastados, marginalizados e doentes, que não cai na tentação

---

[10] Cf. GALLI, Carlos María. "La peregrinación: 'imagen plástica' del Pueblo de Dios peregrino". *Teología y Vida*. Vol. XLIV (2003), p. 270-309.
[11] GALLI, *op. cit.*, p. 308.

da autorreferência, mas se compreende como *mãe misericordiosa e servidora*, a exemplo de Maria.

3. O significado das romarias como espaço de êxodo

Para discorrer sobre o significado das romarias como espaço de êxodo, nos inspira a reflexão feita pelo Conselho Pontifício para a Pastoral dos Migrantes e Itinerantes, no texto já mencionado: "A Peregrinação no Grande Jubileu do Ano 2000",[12] que descreve *as etapas da "peregrinação do êxodo" como "modelo exemplar da própria história de salvação"* (n. 6). Eis o texto:

> É da terra dos faraós que se desenvolverá a grande peregrinação do êxodo. As suas etapas, como a saída, o caminho pelo deserto, a prova, as tentações, o pecado, a entrada na terra prometida tornam-se o modelo exemplar da própria história da salvação (cf. 1Cr 10,1-13), que não só inclui os dons da liberdade, da Revelação no Sinai e da comunhão divina, expressos na Páscoa ("passagem") e na oferta do maná, da água, das codornizes, mas também a infidelidade, a idolatria e a tentação de retornar à escravidão. O êxodo adquire um valor permanente, é um "memorial" sempre vivo, que se repropõe também no retorno do exílio de Babilônia, cantado pelo Segundo Isaías como um novo êxodo (cf. Is 43,16-21), que Israel celebra em cada Páscoa e que no livro da Sabedoria se transforma em representação escatológica (cf. Sb 11-19). A meta última é, na realidade, a terra prometida da plena comunhão com Deus numa criação renovada (cf. Sb 19).

Portanto, nas mais diversas romarias aos santuários espalhados pela "geografia específica da fé" de nossos povos (cf. RM 28), podem-se *identificar* e *reviver*, na forma de um "memorial sempre vivo", com valor permanente, as *mesmas etapas do êxodo*:

- a *saída*, com a decisão de partir, de desacomodar-se rumo a uma esperança ainda incerta;
- o *caminho pelo deserto*, com seus dons e suas tentações;
- e a *entrada na terra prometida*, com a alegria da comunhão e libertação desejada.

---

[12] CONSELHO Pontifício para a Pastoral dos Migrantes e Itinerantes. A Peregrinação no Grande Jubileu do Ano 2000. http://www.vatican.va/roman_curia/pontifical_councils/migrants/documents/rc_pc_migrants_doc_19980425_pilgrimage_po.htm-Acesso 25/04/2016.

O êxodo se inicia com a *decisão* de sair, graças a um *convite* que parte de Deus – pois é Ele sempre que tem a iniciativa –, mas que interpela a vontade própria daqueles que confiam na promessa divina de libertação.

Ao longo do *caminho* pelo "deserto da vida", a liberdade do homem se encontra com os *dons de Deus*, que se revela, fortalece o peregrino com o maná e a água material e espiritual. Durante o caminho, porém, o homem se confronta também com duras *provas*, tem a *tentação* permanente de desistir, de cair na infidelidade, no pecado e na idolatria. Na luta por perseverar, experimenta o *encontro* e a comunhão almejada.

E a *chegada* ao santuário é a confirmação de que a terra prometida existe e pode ser alcançada. A celebração dos sacramentos, oferecidos em abundância nos santuários, realiza já aqui na terra a plena comunhão com Deus e os irmãos, antecipação da promessa definitiva que se cumprirá no céu.

Vejam-se em detalhe cada uma dessas etapas presentes em cada romaria.

a) A saída

A *decisão* de partir, de sair do *status quo*, de deixar uma terra que escraviza. "Sai da tua terra e vai!" (cf. Gn 12,1-3). É o convite que Deus fez a Abrão, que se lança numa aventura que transformará para sempre a sua história e a história da humanidade. Toda peregrinação começa com uma decisão que é *resposta de fé a um chamado* do Deus que nos "primeireia", o Deus que se fez sensível em um lugar que atrai e move o peregrino a iniciar um caminho, a sair, a partir.

Como Maria, após a anunciação, partiu imediatamente em peregrinação a Ain Karin, para constatar o milagre que Deus tinha realizado em sua prima Isabel e servi-la em suas necessidades (cf. Lc 2,39-45), o romeiro se decide a *sair* da sua comodidade, de uma situação estável, já estabelecida, e partir – em meio às incertezas do caminho – rumo a um lugar sagrado, a fim de constatar e experimentar, uma e outra vez, a manifestação de Deus na concretude de um espaço físico determinado.

A saída do peregrino é, consciente ou inconscientemente, realização da "Igreja em saída" à qual o Papa Francisco nos convida, uma Igreja missionária, como já foi mencionado. Na sua primeira Exortação Apostólica, a *Evangelii Gaudium* (= EG), com força programática, o Papa faz um forte apelo a uma "transformação missionária" da Igreja. EG 20 inicia sua reflexão sobre a "Igreja em saída" com o relato da *saída de Abraão* de Ur da Caldeia e *evoca o êxodo* de Moisés e o povo de Israel. Mostra, assim, como, nas Escrituras, "aparece constantemente este dinamismo de 'saída', que Deus quer provocar nos crentes". Também Jesus ordenou aos seus discípulos: "Ide". Desta forma, também: "Hoje todos somos chamados a esta nova 'saída' missionária". O peregrino encarna essa atitude de forma exemplar.

Tanto que o *Documento de Aparecida*, que teve sua redação presidida pelo então cardeal Jorge Bergoglio, fala claramente desta forma de evangelizar que o peregrino realiza: "O caminhar juntos para os santuários e o participar em outras manifestações da piedade popular, levando também os filhos ou convidando a outras pessoas, *é em si mesmo um gesto evangelizador* pelo qual o povo cristão evangeliza a si mesmo e cumpre a *vocação missionária* da Igreja" (DA 264).

Como já se disse, a "saída" está acompanhada da atitude básica de "alegria". Uma alegria cheia de esperança diante do caminho que o peregrino tem pela frente. O Papa Francisco destaca que essa alegria "contém sempre a *dinâmica do êxodo* e do dom, de sair de si mesmo, de caminhar e de semear sempre de novo, sempre mais além" (EG 21), pois Jesus sempre de novo convida a partir, a sair rumo a novos horizontes: "Vamos para outra parte, para as aldeias vizinhas, a fim de pregar aí, pois foi para isso que Eu vim" (Mc 1,38). Depois que Jesus lança "a semente num lugar, não se demora lá a explicar melhor ou a cumprir novos sinais, mas o Espírito leva-o a partir para outras aldeias" (EG 21).

Neste contexto da "saída" e como introdução ao tema do "caminho", pode-se recordar o belíssimo poema de Dom Helder Câmara. O texto merece uma boa meditação para relacioná-lo com a vida do "peregrino em êxodo":

> Partir é, antes e tudo, sair de si.
> Romper a crosta de egoísmo
> que tende a aprisionar-nos no próprio eu.
> Partir é não rodar, permanentemente,
> em torno de si, numa atitude de quem,
> na prática, se constitui centro do mundo e da vida.
>
> Partir é não rodar apenas em volta
> dos problemas das instituições a que pertence.
> Por mais importantes que elas sejam,
> maior é a humanidade a quem nos cabe servir.
>
> Partir, mais do que devorar estradas,
> cruzar mares ou atingir velocidades supersônicas,
> é abrir-se aos outros, descobri-los, ir-lhes ao encontro.

Abrir-se às ideias,
inclusive contrárias às próprias,
demonstra fôlego de bom caminheiro.
Feliz de quem entende e vive este pensamento:
"Se discordas de mim, tu me enriqueces".

Ter ao próprio lado quem só sabe dizer amém,
quem concorda sempre, de antemão e
incondicionalmente, não é ter um companheiro,
mas sim uma sombra de si mesmo.

Desde que a discordância não seja sistemática
e proposital, que seja fruto de visão diferente,
a partir de ângulos novos,
importa de fato em enriquecimento.

É possível caminhar sozinho.
Mas, o bom viajante sabe que
a grande caminhada é a vida
e esta supõe companheiros.

Companheiro, etimologicamente,
é quem come o mesmo pão.

O bom caminheiro preocupa-se
com os companheiros desencorajados,
sem ânimo, sem esperança…
Adivinha o instante em que se acham
a um palmo do desespero.

Apanha-os onde se encontram.
Deixa que desabafem e, com inteligência,
com habilidade, sobretudo, com amor,
leva-os a recobrar o ânimo e
voltar a ter gosto na caminhada.

Marchar por marchar não é ainda
verdadeiramente caminhar.
Para as minorias abraâmicas, partir,

caminhar significa mover-se e ajudar muitos outros
a moverem-se no sentido de tudo fazer
por um mundo mais justo e mais humano.[13]

b) O caminho pelo deserto

Peregrinar é, portanto, *reviver o êxodo* do Povo de Israel, é uma atualização existencial da experiência histórico-salvífica da "passagem" de Israel da escravidão do Egito para a libertação. A passagem implica um verdadeiro "parto" que se dá ao longo do caminho. O peregrino experimenta os *dons* e presentes de Deus e, ao mesmo tempo, passa por várias *provas* e tentações. São as lutas desse tempo que fortalecem a sua fé e o ensinam a valorizar a chegada.

No caminho, sua *liberdade* é colocada à prova, pois sempre é possível desistir, voltar atrás ou simplesmente não continuar até o final, até a meta, o santuário. A tentação de desistir o acompanha quase como uma obsessão. Como o povo de Israel no deserto, o peregrino interiormente se *queixa* e se *arrepende* de ter partido: "Toda a assembleia dos israelitas pôs-se a murmurar contra Moisés e Aarão no deserto. Disseram-lhes: 'Oxalá tivéssemos sido mortos pela mão do Senhor no Egito, quando nos assentávamos diante das panelas de carne e tínhamos pão em abundância! Vós nos conduzistes a este deserto, para matardes de fome toda esta multidão'" (Ex 16,2-3).

Contudo, o *desvalimento* torna-se o contexto propício para a experiência dos *dons* de Deus, da sobreabundância da Sua Graça. Com extrema paciência escuta as murmurações do Povo que ama e que escolheu para si. E imediatamente promete a Moisés: "Vou fazer chover pão do alto do céu. Sairá o povo e colherá diariamente a porção de cada dia" (Ex 16,4a). No confronto entre a necessidade e o dom recebido, o povo é colocado à prova: "Pô-lo-ei desse modo à prova, para ver se andará ou não segundo minhas ordens. No sexto dia, quando prepararem o que tiverem ajuntado haverá o dobro do que recolhem cada dia" (Ex 16,4b-5). Se passarem pela prova, serão capazes de reconhecer a grandeza do dom, do amor e da misericórdia de Deus para com eles: "Esta tarde, sabereis que foi o Senhor quem vos tirou do Egito, e amanhã pela manhã vereis a sua glória, porque ele ouviu as vossas murmurações contra ele" (Ex 16,6-7).

É no caminho do deserto que o povo experimenta, então, sua *penúria* e, ao mesmo tempo, a *glória* de Deus: "Enquanto Aarão falava a toda a

---

[13] CÂMARA, Helder. *O Deserto é fértil*. Rio de Janeiro: Civilização Brasileira, 1985. Acessível em http://www.luso-poemas.net/modules/news/article.php?storyid=137903 - Acesso em 27/04/2016.

assembleia dos israelitas, olharam para o deserto e eis que apareceu na nuvem a glória do Senhor! E o Senhor disse a Moisés: 'Ouvi as murmurações dos israelitas. Dize-lhes: esta tarde, antes que escureça, comereis carne e, amanhã de manhã, vos fartareis de pão; e sabereis que sou o Senhor, vosso Deus'" (Ex 16,10-12). A grande afirmação do Deus de Israel é esta promessa: "Vós sereis o meu povo e eu serei o vosso Deus" (Jr 30,22; 32,38; cf. Ex 6,7).

Assim também o peregrino experimenta essa *luta entre os próprios desejos e a vontade de Deus*. Como no êxodo, ao longo do deserto, Deus se revela (cf. Ex 3,14), fortalece o peregrino material e espiritualmente com o maná (cf. Ex 16,35) e a água que sai da rocha (Ex 17,6). No deserto se dá a *confrontação e o encontro com o Deus* pão verdadeiro (cf. Jo 6) e água viva, que jorra para a vida eterna (cf. Jo 4). Trata-se de duras provas, que o colocam diante da tentação de cair na infidelidade, no pecado e na idolatria. O *silêncio* do caminho e a *aridez* do deserto fazem o peregrino se confrontar *consigo mesmo*, tocar o fundo da sua alma e (re)descobrir as atrofias do seu coração. Junto com a consciência de pequenez e de pecado, surge um profundo desejo de *conversão*, um profundo anelo de santidade, de chegar ao lugar santo, o santuário, onde finalmente poderá purificar-se e reencontrar-se com as promessas de Deus. Na luta por perseverar, experimenta o encontro e a comunhão consigo, com os companheiros de caminho e com o Deus que o impeliu a partir em peregrinação, a realizar o caminho do êxodo.

No deserto se faz necessário *confiar* nas promessas de Deus e recordar os bens recebidos nos tempos de "jardim". O Dêutero-Isaías refere-se à experiência do êxodo para assegurar aos exilados na Babilônia seu retorno a Jerusalém:

> Assim diz o Senhor, aquele que abriu caminho pelo mar, passagem entre as águas violentas, e trouxe carros e cavalos, batalhões de elite. (...) Eis que estou fazendo coisas novas, estão surgindo agora e vós não percebeis? Sim, no deserto eu abro um caminho, rasgo rios na terra seca (...) por eu ter feito brotar água no deserto, rios na terra seca, para dar de beber ao meu povo, o meu escolhido. O povo que escolhi para mim vai recitar, então, o meu louvor (Is 43,16-21).

Deserto e *jardim* são metáforas que se alternam. O deserto do êxodo é a antítese do Jardim do Éden perdido. A "terra onde corre leite e mel" é a promessa do jardim reencontrado. Muitos poetas e mestres de espiritualidade se deixaram inspirar por essa simbologia. Jesus mesmo se faz confundir com **um jardi**neiro na manhã da ressurreição (cf. Jo 20,15). Saint-Exupéry, no seu conhecido livro *O pequeno príncipe*, recorda: "O que torna belo o deserto é que ele esconde um poço em algum lugar".

Em um verdadeiro caminho de "peregrinação espiritual", São João da cruz recorda que "a amplidão do deserto ajuda muito o espírito e o corpo. O Senhor se compraz quando também o espírito tem o seu deserto". Seu desejo de que seus confrades retornassem à *espiritualidade do deserto* lhe custou muitas incompreensões. Usando a imagem do deserto e da aridez espiritual, ele fala da "noite dos sentidos", "cheia de aridez e de provação, um verdadeiro martírio para a alma. Segundo o santo doutor, é Jesus que chama a alma a caminhar com Ele no deserto, mesmo queimando os pés e sendo queimado pelo sol, para se santificar".[14]

Antes de concluir esta reflexão sobre o caminho, vale a pena citar a "mensagem ao peregrino" do I Congresso Europeu sobre Santuários e Peregrinações, realizado no santuário de Máriapócs (Hungria), em setembro de 1996:

> Caminha!
> Nasceste para o caminho.
>
> Caminha!
> Tens um encontro.
> Onde?
> Com quem?
> Ainda não o sabes.
> Talvez contigo mesmo?
>
> Caminha!
> Teus passos serão tuas palavras,
> o caminho tua canção,
> o cansaço tua oração,
> ao final, teu silêncio te falará.
>
> Caminha!
> Sozinho, com outros,
> mas sai de ti mesmo.
> Criaste rivais para ti,
> encontrarás companheiros;

---

[14] AQUINO, Felipe. "O que fazer quando temos aridez espiritual". Em: http://formacao.cancaonova.com/Liturgia/tempo-liturgico/quaresma/o-que-fazer-quando-temos-aridez-espiritual/. - Acesso em 24/05/2016.

imaginaste inimigos,
farás irmãos.

Caminha!
Tua mente não sabe
aonde teus passos conduzem teu coração.

Caminha!
Nasceste para percorrer o caminho.
Na tua direção caminha Outro
e te busca
para que tu possas encontrá-lo.
No santuário, meta do caminho,
no santuário, no profundo de teu coração,
Ele é tua paz,
Ele é teu júbilo.
Vamos! Deus já caminha contigo.[15]

c) A entrada na terra prometida

O santuário é a *meta* da peregrinação. Ali se encontra o espaço sagrado: "Tira as sandálias dos pés, porque a terra que pisas é terra santa" (Ex 3,5). Ali, repleto de alegria, quase sem conseguir acreditar que realmente alcançou a meta do caminho, após ter duvidado tantas vezes se chegaria, o peregrino se enche de *alegria* pela fidelidade de Deus, que uma vez mais não o abandonou. Ali se experimenta em *comunhão* com Ele e com os companheiros de caminho. Ali vivencia a *libertação* desejada, seja pela recepção e vivência dos sacramentos, seja por perceber a purificação que o caminho lhe proporcionou.

A meta foi o *motor* e o *desejo* longamente acalentado durante o caminho. Ao divisá-la já de longe, o coração do peregrino se enche de emoção. Ali faz *memória* da sua história própria e das origens daquele lugar santo. Ali experimenta a *presença* viva de Deus e de suas testemunhas mais próximas, Maria e os santos. Ali se renova na *promessa*, pois a chegada ao santuário confirma a existência da terra da promessa e, ao mesmo, da confiabilidade das promessas de Deus. A celebração dos sacramentos, oferecidos em abundância nos santuários,[16] fortalece a esperança e antecipa na terra a plenitude

---

[15] *Apud* GONZÁLEZ, *op. cit.*, 188-189.
[16] Cf. *Código de Direito Canônico*, can. 1234, §1.

esperada para o céu. O santuário é ainda sinal *profético* da pátria definitiva para a qual os homens caminham, quando Deus estabelecerá seu "santuário no meio deles para sempre" (Ez 37,26). Por isso, um dos primeiros documentos magisteriais que refletiram sobre os santuários trazia como título: "O Santuário: memória, presença e profecia do Deus vivo".[17]

O *milagre* faz parte da experiência de peregrinar e manifesta o cumprimento das promessas de Deus. Seja físico ou espiritual, algo muda no peregrino. Percebe o milagre como realização das promessas de Deus. Não necessariamente o milagre acontece no santuário, mas estará posteriormente vinculado a ele, e o peregrino amiúde voltará para agradecer, "cumprir a promessa" que fez porque Deus se adiantou e cumpriu sua promessa, deixará seus "ex-votos" como expressão perene desta experiência sagrada.

A "terra prometida" do santuário muitas vezes contrasta com a terra da dura realidade de onde o peregrino partiu e para a qual retornará. A experiência do santuário alimentará a existência cotidiana ao regressar a sua terra: a terra prometida fecunda a realidade terrena. É o que expressa o poema de Sirlei Passolongo e Carmen Vervloet, "Terra prometida":[18]

Há uma terra tão áspera,
Onde a suavidade do olhar sofrido
Por vezes supera a cena cruel.
Meninos caminham com chinelos gastos,
Meninas sonham vestidos sem remendos
E os versos que tento quase molham o papel.
Há uma terra quase esquecida do céu...

Declino com o sol, o coração dói...
Encontro no fundo de mim
Reservas do tempo,
Grito versos de dor
Na esperança de ser ouvida.
Aponto os injustiçados,
Responsabilizo os conspiradores
Sonho crianças soletrando alegria,
Olhos faiscando estrelas
Nas madrugadas frias...

---

[17] Pontifício Conselho para a Pastoral dos emigrantes e itinerantes. "O santuário: memória, presença e profecia do Deus vivo", 08/05/1999.
[18] Cf. http://poesianocanto.blogspot.com.br/2011/01/terra-prometida.html – Acesso em 02/06/2016.

Há um silêncio na terra que versejo,
Sonhos riscados no chão batido,
Um vão de olhos e mãos
Suplicando o direito à vida
E os versos choram,
Meninos e meninas sem horizontes
Perdidos no esquecimento das elites.
O amanhã talvez seja igual ao ontem:
Não há flores na cena,
Tampouco há risos...

Os sonhos agonizam nos dedos
Que contam as horas...
A neblina dos meus olhos
Encobre o desenho que traço...
A poesia chora!

Mas quanta doçura nos gestos dessa gente,
Que abrandam a cena pungente...
Se há mãos vazias, há corações ávidos,
Olhares que refletem
Uma fé sem igual...
Botões quase sem viço,
Vertendo sangue em sua cor,
Mas que não deixam de buscar o sol
Na terra prometida por Deus.

d) *O retorno às realidades anteriores ao êxodo*

Ramiro González, no estudo já mencionado, apresenta quatro momentos ou etapas que, com maior ou menor profundidade, todo peregrino experimenta: a partida, o caminho, a meta e o retorno. Os três primeiros momentos coincidem com as etapas da romaria como "espaço de êxodo", recém-mencionados. Contudo, parece-me importante resgatar também a quarta etapa: o retorno:

> O tempo vivido no santuário e a experiência da comunhão com o sagrado impulsionam de novo, a quem chegou à meta (não definitiva), a retroceder no caminho, renovado interiormente. Ele deseja proclamar aos outros o que viveu no santuário. Mas a "conversão" ou renovação

o leva à *nova missão*: ser testemunha do que experimentou, celebrou e ali recebeu.[19]

González se opõe a que o peregrino fique na vivência de uma "sacralidade vazia de compromisso", que fique apenas na experiência de uma "autocomplacência intimista e individualista", nem quer que ele volte para casa com um "egocentrismo safisfeito". Da peregrinação deve brotar um "testemunho de fé que exige amor pelos demais pobres e necessitados", que o leve a um "compromisso caritativo" e à promoção da "dignidade humana, da solidariedade com os grandes problemas do mundo e, particularmente, com a paz".[20]

Conclusão

O gesto milenar e intercultural de peregrinar é uma valiosa *expressão da existência humana*, enquanto todo ser humano é um *homo viator* inacabado, em caminho à realização plena, só alcançável na eternidade. A peregrinação ou romaria é, ao mesmo tempo, *imagem plástica do Povo de Deus peregrino*, uma Igreja em caminho ao Reino, antecipação imperfeita dos valores do Reino e servidora da humanidade.

Entre as muitas representações simbólicas presentes nas romarias, destaca-se a peregrinação como *espaço de êxodo*, ou seja, como um memorial vivo da experiência do êxodo. A romaria expressa, assim, um ciclo permanente tanto da vida do homem como da Igreja peregrina: a necessidade constante de *partir*, de passar pelo *deserto* das provas e do encontro com os dons de Deus, para chegar finalmente à *terra prometida*, onde as promessas, em maior ou menor medida, se cumprem. O *retorno* do peregrino, convertido e revigorado, à terra de onde partiu, permite que se inicie um novo ciclo, tanto para ele como para outros, que serão agora convidados a refazer a mesma experiência existencial do peregrinar, que tem, no *êxodo* de Israel do Egito, seu ancestral milenar e seu modelo perene.

---

[19] GONZÁLEZ, *op. cit.*, p. 187.
[20] *Ibid*.

CONSIDERAÇÕES SOBRE A CONSAGRAÇÃO A NOSSA SENHORA

Pe. Antonio Elcio de Souza

Dentre as muitas manifestações da piedade popular à Virgem Maria está a "Consagração a Nossa Senhora", uma prática que permanece viva em nossos dias: junto ou próximo ao batismo das crianças, nas mais variadas formas de momentos de oração, no final de celebrações e, sobretudo, entre muitos jovens, cresce uma busca pela consagração através da "escravidão a Maria", e outras formas. Por isso, é importante buscar o autêntico significado hoje, no contexto de transmissão da fé e de iniciação à vida cristã, dessa manifestação de piedade popular e o seu lugar no culto cristão; considerando que, no rito do batismo atual, já não se denomina consagração, mas ato de devoção, e que se encontra fora da celebração litúrgica.

Em tempos de pós-modernidade, podemos notar claramente a ambivalência que Pe. Libânio acenava, quando afirmava que o "antigo" e o "novo" coexistem. Dentro da mudança de época em que vivemos, existem, em relação ao religioso em geral e à consagração a Nossa Senhora, dois aspectos importantes: uma postura de irrelevância, como fruto da secularização da sociedade, em que o religioso ou a consagração não faz falta ao homem de hoje; mas também há um inesperado despertar espiritual e fome pelo sagrado. Olhando especificamente o nosso objeto, a questão da "consagração a Nossa Senhora", mesmo entre os católicos encontramos críticas a ela, pois já fomos consagrados a Deus no batismo. Mas há muitos que buscam a consagração como uma maneira de viver a sua religiosidade, e até mesmo entre os pastores da Igreja, como São João Paulo II, que foi um grande propagador da consagração à Virgem (*Totus tuus*).

Neste nosso texto, nos dedicaremos a refletir sobre o sentido da consagração a Nossa Senhora, buscando compreender seu valor teológico e espiritual à luz da Palavra de Deus, da experiência dos fiéis ao longo da história da Igreja e das exigências dos homens e dos cristãos de hoje.

1. Em busca de uma fundamentação bíblica[1]

No Antigo Testamento, a consagração estava expressa na Aliança. O Povo escolhido vive a sua relação com Deus a partir da Aliança, que o torna um povo consagrado ao Senhor, isto é, que pertence ao Senhor e relacionado com seu poder e sua santidade: "Agora, se realmente ouvirdes minha voz e guardardes a minha aliança, sereis para mim a porção escolhida entre todos os povos. Na realidade, é minha toda a terra, mas vós sereis para mim um reino de sacerdotes e uma nação santa. São essas as palavras que deverás dizer aos israelitas" (Ex 19,5-6).

No Novo Testamento, a santificação é uma iniciativa divina, assim os cristãos não se consagram por si mesmos, mas, em virtude do batismo, são consagrados a Deus. Pelo batismo, são entregues ao Senhor Ressuscitado, e a essa consagração que os une a Cristo e os faz participantes do mistério da sua morte e ressurreição (Rm 6,3-5) deve corresponder uma consagração vital a Deus, expressa em termos de culto existencial (Rm 12,1).

A figura da Virgem Maria está ligada de forma profunda à Aliança e à consagração do Povo de Deus. Maria é a "consagrada" por Deus que se doa inteiramente a Ele, é aquela que se coloca a serviço da Aliança com Deus em Jesus Cristo, que dá o seu "sim" para viver a Aliança com Deus. Olhar para Maria como modelo de consagração e acolher o seu convite para aceitar a Aliança com Deus em Jesus Cristo não esgotam as atitudes dos cristãos para com a Virgem. Assim, segundo Stefano De Fiores, a cena importante da entrega do discípulo a Maria e vice-versa (Jo 19,25-27) nos dá o fundamento bíblico de uma relação direta com a mãe de Jesus, que também explicita o termo "consagração a Maria".

A cena descreve um significado teológico-salvífico que ultrapassa as relações familiares. A expressão com que o evangelista conclui a cena: "E a partir daquela hora o discípulo a acolheu entre seus bens" (Jo 19,27), trata-se, segundo De Fiores, de uma aceitação de fé, análoga à que foi demonstrada para com Jesus (Jo 1,12), implicando abertura e disponibilidade diante de

---

[1] Para esse nosso itinerário, seguiremos o verbete "Consagração", do *Dicionário de Mariologia*, de DE FIORES, Stefano; MEO, Salvatore (orgs.). Trad. Álvaro A. Cunha, Honório Dalbosco e Isabel F. L. Ferreira. São Paulo: Paulus, 1995, p. 307-325.

Maria, na sua maternidade. O discípulo recebe Maria entre as suas próprias coisas, entre os dons que lhe provêm do fato de ser amado por Jesus e de pertencer a Ele: recebe-a como mãe, abrindo-lhe espaço no ambiente vital de fé em Jesus, onde pôs a sua existência.

Dessa forma, a atitude de fé que recebe Maria na própria existência cristã não pode ser minimizada. E, se se entender por consagração a Maria o reconhecimento filial da sua maternidade dentro da perspectiva aberta pela entrega na cruz, este fundamento é sólido e será vivido de diversas maneiras e expressões ao longo dos tempos, no âmbito da vida espiritual, conforme as circunstâncias.

2. Um olhar na história da Igreja

Logo no início da Igreja, pela interpretação dos Padres da Igreja, Maria é apresentada como consagrada a Deus e modelo de dedicação (entrega/doação) ao Senhor para todos os cristãos, sobretudo para as virgens. No século III, na dimensão cultual, encontramos a breve oração *Sub tuum praesidium*, quando a comunidade, ameaçada por grave perigo, se refugia confiante sob a proteção da Mãe de Deus. Essa ação é como o primeiro passo para a consagração como a atitude de se colocar sob a proteção de Maria e será a base de futuras consagrações de cidades e nações desse período.

Avançando um pouco na história, no século VII, Hildefonso de Toledo, na sua obra *De virginitate sanctae Mariae*, usa a expressão: "Servo da escrava do seu Senhor", não a empregando como um ato de devoção esporádica, mas como atitude permanente de vida. Uma consagração na qual deseja "ardentemente jamais ser excluído do seu serviço", e "para ser servo devoto do Filho, procuro fielmente o serviço da mãe". O serviço de Maria implica o anúncio, o amor, o louvor e a obediência aos mandamentos da Senhora.

No século VIII, em uma homilia sobre a Dormição de Maria, de São João Damasceno, encontramos a expressão: "Nós nos consagramos a ti": "Também nós, hoje, nos apresentamos a ti, ó Soberana mãe de Deus virgem; unimos nossas almas a ti, nossa esperança, como se as prendêssemos a uma âncora totalmente sólida e inquebrantável, consagrando-te nossa mente, nossa alma, nosso corpo, todo o nosso ser...".[2]

Na Idade Média, também encontraremos os sinais da consagração à Virgem Maria, como realizaram Odilon (Abade de Cluny) e Marinho,

---
[2] Homilia de São João Damasceno, PG 96,720.

irmão de São Pedro Damião (séc. XI), ao se oferecerem a ela na qualidade de servos perpétuos. E, mais tarde, no séc. XIII, com a Ordem dos Servos de Santa Maria (Servitas) que se propõe a prestar o serviço ao Senhor mediante a *deditio* (dedicação) à Virgem. Dentro da mentalidade da época, era como que um contrato entre o servo que se doa livremente a Maria, reconhecida como Senhora, e lhe presta serviços, obséquios e reverências, recebendo de Maria a proteção.

Depois, tem-se no séc. XVI as congregações marianas, quando no cerimonial de entrada faz-se um oferecimento a Maria, reconhecendo-a como Senhora e prometendo serviço perpétuo. Ao longo do tempo, as regras comuns vão sofrendo alterações: em 1910, a oblação a Maria recebia o nome de consagração e em 1945, recebeu de Pio XII uma clara elucidação. A partir de 1968 se retira a expressão "consagração a Maria" e se acrescenta "filial amor a Maria". Assim, Maria é apresentada como modelo de colaboração para a missão de Cristo, e a união com ela é considerada um modo de viver a doação total a Deus.

Na tentativa de recuperar um itinerário para compreender em linhas gerais a consagração ao longo da história, reconhecemos que encontraremos tantos outros testemunhos nas ordens religiosas, nas experiências pessoais de doação a Maria, nas diversas formas e expressões como "escravidão para com a mãe de Deus", devoção que se espalhou pela Europa e outras que chegaram a ser condenadas devido aos abusos nessas devoções.

Alguns livros, que recomendam o uso das cadeias ou correntes, são condenados pelo Santo Ofício em 1873, com a intenção de evitar os abusos e de afastar toda e qualquer forma de obrigação constrangedora nas relações com Deus e com Maria. Não são, portanto, atingidos pela condenação os autores como Bérulle, Boudon e Montfort, que propõem uma escravidão de amor, voluntária, santa e harmonizada com a revelação.

Não poderíamos deixar de tratar da consagração a Jesus Cristo por meio de Maria, de São Maria Luís de Montfort, que representa o ápice de uma tradição espiritual da França pós-tridentina. Em São Luís de Montfort, a consagração é cristocêntrica, respeita a mediação única de Cristo e constitui um caminho para chegar à maturidade espiritual. Ele explica a consagração, definindo-a e apoiando-se no conceito de consagração ligado diretamente ao batismo. São João Paulo II assim o afirma: "A figura de São Luís Maria Grignion de Montfort, o qual propõe aos cristãos a consagração a Cristo pelas mãos de Maria, como meio eficaz para viverem fielmente os compromissos batismais."[3] "A perfeita consagração a Jesus Cristo, pois nada

---

[3] *Redemptoris Mater*, n. 48.

mais é do que uma consagração perfeita e total de si mesmo a Maria; ou, em outras palavras, uma renovação perfeita dos votos e promessas do santo batismo. É esta a devoção que ensino."[4]

E, por fim, nesse itinerário histórico, olhando para os últimos Papas, São João Paulo II fez da consagração à Maria um dos pontos programáticos de seu pontificado – *Totus Tuus* –, desde seu lema da insígnia episcopal aos seus gestos nas peregrinações aos santuários marianos e, em circunstâncias particulares, renovou pessoalmente, ou por meio de fórmulas coletivas, a sua consagração a Maria. Nele vemos convergir pontos de tempos anteriores, como de Montfort e Kolbe, os quais ele utiliza com liberdade, segundo a oportunidade pastoral, mas sem se ligar a uma apresentação estereotipada. São João Paulo II dedica uma encíclica para tratar da Bem-Aventurada Virgem Maria na vida da Igreja que está a caminho (*Redemptoris Mater*). A consagração a Maria com São João Paulo II chega ao ápice de cunho oficial, como ato de entrega da Igreja e de todo o gênero humano a Maria. No ato de sua eleição, aceita a nomeação em obediência a Cristo e em total confiança à sua Mãe (1º discurso).

3. Uma fundamentação a partir do Magistério

A partir desse rápido resgate histórico, é importante notar que o desejo de buscar a consagração a Nossa Senhora se fundamenta no encontro pessoal, íntimo, perseverante com Maria, que supõe confiança, pertença, dom de si, disponibilidade e colaboração efetiva na sua missão segundo o plano de Deus. Esses elementos, sem dúvida, enriquecem a vivência cristã hoje, em todos aqueles que buscam a Consagração à Virgem Maria, mas não devemos esquecer as observações do beato Papa Paulo VI:

> Como é bem conhecido, a veneração dos fiéis para com a Mãe de Deus tem revestido, de fato, formas multíplices, de acordo com as circunstâncias de lugar e de tempo, com a diversa sensibilidade dos povos e com as suas diferentes tradições culturais. Disso resulta que, sujeitas ao desgaste do tempo, essas formas em que se expressa a piedade se apresentem necessitadas de renovação, que dê azo a nelas serem substituídos os elementos caducos, a serem valorizados os perenes, e a serem incorporados os dados doutrinais adquiridos pela reflexão teológica e propostos pelo Magistério eclesiástico. Ora, isto põe em evidência a

---

[4] São Luís Maria Grignion de Montfort, *Tratado da Verdadeira devoção à Santíssima Virgem*, n. 120.

necessidade de as Conferências episcopais, as Igrejas locais, as famílias religiosas e as comunidades de fiéis favorecerem uma genuína atividade criadora e procederem, simultaneamente, a uma diligente revisão dos exercícios de piedade para com a Virgem Santíssima. Desejaríamos, entretanto, que tal revisão se processasse no respeito pela sã tradição e com abertura para receber as legítimas instâncias dos homens do nosso tempo.[5]

Jesus é o único caminho para o Pai, e Maria é o caminho mais seguro e fácil para chegarmos a Jesus. O que a fé católica crê acerca de Maria funda-se no que ela crê acerca de Cristo, mas o que a fé ensina sobre Maria ilumina, por sua vez, sua fé em Cristo (CIC, n. 487).

Na Virgem Maria, tudo é relativo a Cristo e depende d'Ele, expressando assim a característica trinitária-cristológica que é essencial, mas também, a característica eclesial.

> Deste modo, o amor pela Igreja traduzir-se-á em amor para com Maria, e vice-versa, pois uma não pode subsistir sem a outra, como perspicazmente observava São Cromácio de Aquileia: "Reuniu-se a Igreja na parte superior (do cenáculo), com Maria, que foi a Mãe de Jesus e com os irmãos d'Ele. Não se pode, portanto, falar de Igreja senão quando estiver aí Maria, Mãe do Senhor, com os irmãos d'Ele" (...) insistimos ainda na necessidade de que a veneração dirigida à bem-aventurada Virgem Maria torne explícito o seu intrínseco conteúdo eclesiológico: isto equivale a dizer lançar mão de uma força capaz de renovar, salutarmente, formas e textos.[6]

Assim, segue que podemos falar em consagração a Nossa Senhora como inserção na única consagração a Deus, como reconhecimento de sua missão e dentro da dimensão eclesial.

Na exortação de São Paulo à comunidade de Roma para que, pela misericórdia de Deus, ofereçam a sua existência como uma oferta agradável, sendo o verdadeiro culto aquele que tem como fruto a conversão (cf. Rm 12,1-2), e nas observações do Magistério a partir do Concílio Vaticano II, sobretudo na *Lumen Gentium*,[7] encontramos uma nova perspectiva de viver a consagração a Maria. Maria deve ser situada no mistério de Cristo e da

---

[5] *Marialis Cultus*, n. 24.
[6] *Marialis Cultus*, n. 28.
[7] Cf. Capítulo VIII da *Lumen Gentium* – A Bem-aventurada Virgem Maria, Mãe de Deus no mistério de Cristo e da Igreja, n. 52-69.

Igreja, e a relação vital com ela se insere no amplo movimento de consagração à Trindade, como parte da resposta existencial ao plano de Deus.

A consagração a Maria nunca deve ser apresentada como uma atitude autônoma, mas sempre dentro do contexto da experiência de Deus; ela não é uma segunda vida espiritual, mas uma nova maneira de vida em Deus. E, ainda, a consagração cristã se dá no batismo, que comunica a vida filial, une a Cristo glorioso e torna o fiel sacerdote mediante a unção do Espírito. O batismo representa o ponto de partida para a consagração a Maria. Assim expressava Montfort, apresentando a consagração a Maria como "perfeita renovação dos votos e das promessas do santo batismo". A consagração se torna, então, um modo privilegiado de despertar a consciência batismal e de ajudar no caminho de fidelidade ao Senhor. Significa deixar-se ajudar pelo exemplo e intercessão de Maria, para encontrar o verdadeiro sentido da vida cristã determinado pelo batismo. Afirma São João Paulo II:

> Como poderemos viver o nosso batismo sem contemplar Maria, a bendita entre todas as mulheres, tão acolhedora do dom de Deus? Ela foi-nos dada como Mãe por Cristo. Deu-a por Mãe à Igreja. Ela mostra-nos o Caminho. Além disso, intercede por nós. Cada católico confia-lhe espontaneamente a sua oração, e consagra-se a Ela para melhor se consagrar a Deus.[8]

A consagração a Maria é um reconhecimento da sua missão. Como já expresso, o texto bíblico que ilumina a consagração à Virgem Maria é a acolhida que o discípulo dá a ela. Nas interpretações dessa cena do Evangelho joanino, o acolhimento dado a Maria se insere no acolhimento dado a Jesus pelo discípulo. Quando acolhe a mãe de Jesus "entre os seus bens", expressa que entre esses bens está a sua fé e comunhão com Jesus. Assim, a relação com Cristo se prolonga na relação nova do discípulo com Maria; acolhe Maria em obediência a Cristo na sua vida de fé. A consagração é sempre a Cristo, a Deus-Trindade, realizada no acolhimento dado a Maria em nossa vida, entre os nossos bens (vida espiritual), a exemplo do discípulo amado. O Papa Francisco evidencia essa dimensão eclesial da fé cristã quando diz:

> O batismo recorda-nos que a fé não é obra do indivíduo isolado, não é um ato que o homem possa realizar contando apenas com as próprias forças, mas tem de ser recebida, entrando na comunhão eclesial que

---
[8] São João Paulo II, *Angelus*, 01/06/1980.

transmite o dom de Deus: ninguém se batiza a si mesmo, tal como ninguém vem sozinho à existência. Fomos batizados.[9]

Assim, a consagração a Deus não é um ato individual, mas todo cristão é consagrado a Deus como membro da Igreja, povo de Deus que lhe pertence e para ele deve viver. Dessa forma, o título de esposa e virgem atribuído à Igreja indica que ela deve corresponder ao amor de Cristo pelo sim da fé e a consagração a ele de toda a sua vida. O exemplo dessa vocação encontramos em Maria, pelo seu sim dado ao Senhor. O cristão que se consagra a Jesus Cristo, com a orientação materna e o exemplo de Maria, sabe que faz emergir no seu gesto a natureza íntima da Igreja, povo consagrado ao Senhor e confiado por Cristo à mãe na pessoa do discípulo amado. Essa relação implica também a comunhão, a fraternidade e a unidade desse povo.

4. A consagração a Nossa Senhora em nossos dias

Em nossos dias, dadas a velocidade e a facilidade das informações, se proliferam muitas expressões pertencentes a determinadas regiões que, pelo processo de globalização, chegam a todos, impondo um olhar crítico e uma revisão, como já apontado pelo beato Papa Paulo VI, para uma autêntica compreensão do significado da consagração a Maria.

O *Diretório sobre a piedade popular e a Liturgia*, da Congregação para o Culto Divino e a Disciplina dos Sacramentos, expressou-se sobre a consagração da seguinte forma:

> ... À luz do testamento de Cristo (cf. Jo 19,25-27), o ato de "consagração" é, de fato, reconhecimento consciente do lugar especial que Maria de Nazaré ocupa no mistério de Cristo e da Igreja, do valor exemplar e universal do seu testemunho evangélico, da confiança em sua intercessão e na eficácia da sua proteção, da múltipla função materna que ela exerce, como verdadeira mãe na ordem da graça, em favor de todos e de cada um de seus filhos. Entretanto, nota-se que o termo "consagração" é usado com certa amplidão e impropriedade: "Por exemplo, diz-se consagrar as crianças a Nossa Senhora", quando, na realidade, se entende apenas "colocar os pequenos sob a proteção da Virgem e pedir para eles a sua materna bênção". Compreende-se também a sugestão de utilizar no lugar de "consagração" outros termos, tais como "entrega", "doação". De fato, em nosso tempo, os

---
[9] *Lumen Fidei*, n. 41.

progressos realizados pela teologia litúrgica e a consequente exigência de um uso rigoroso dos termos sugerem que se reserve o termo *consagração* à oferta de si mesmo, que tem como meta Deus, como características a totalidade e a perpetuidade, como garantia a intervenção da Igreja, como fundamento os sacramentos do batismo e da confirmação.[10]

Parece-nos que a chave de leitura para essa compreensão hoje, também justificada pelas expressões usadas pelos últimos Papas, seja a do acolhimento. Assim, o acolhimento dado a Maria pelo discípulo amado (Jo 19,27) é a expressão de receber e acolher Maria com toda a riqueza de significado deste texto bíblico. A conclusão a que chega Stefano De Fiores é: "Acolher Maria significa abrir-se a ela e à sua missão materna, introduzi-la na própria intimidade espiritual onde já se acolheu Cristo e os outros dons de sua fé"; "o ideal do consagrado consiste em chegar a uma identificação com Maria, de modo que fique habilitado para a comunhão íntima com o Pai, o Filho e o Espírito Santo e, ao mesmo tempo, para o amor cordial e criativo junto ao próximo".

Santa Teresa do Menino Jesus dizia: "Apresentam-nos Nossa Senhora como inacessível, deveriam propô-la como imitável" (NV 23-VIII). Dessa forma, ao propor a Virgem Maria à imitação dos fiéis, a Igreja não a apresenta como modelo pelo tipo de vida que ela levou ou por causa do ambiente em que viveu, mas porque, dadas as condições concretas de sua vida, aderiu totalmente e responsavelmente à vontade de Deus e soube acolher a sua palavra e colocá-la em prática, animada pela caridade e pelo espírito de serviço, apresentando-se, assim, como a primeira e mais perfeita discípula de Cristo.[11]

O Papa Francisco, na visita ao Santuário de Aparecida, por ocasião da JMJ, disse: "A Igreja, quando busca Cristo, bate sempre à casa da Mãe e pede: 'Mostrai-nos Jesus'. É de Maria que se aprende o verdadeiro discipulado. E, por isso, a Igreja sai em missão sempre na esteira de Maria".[12] Então, viver a entrega ("consagração") a Nossa Senhora é assumir o modelo de Maria e, partindo das palavras de Bento XVI, como discípulo, buscando inspirar-se nos ensinamentos de Maria, procurando acolher e guardar dentro do coração as luzes que por mandato divino ela nos envia do alto.[13]

---
[10] Cf. n. 204.
[11] Cf. *Marialis Cultus*, n. 35.
[12] Em 24 de junho de 2013.
[13] Cf. BENTO XVI, "Encontro com os sacerdotes, religiosos e religiosas, diáconos e seminaristas no Santuário de Aparecida", 12 de maio de 2007.

5. O gesto de entrega ou doação ("consagração") à Virgem Maria

Pensando nas condições para realizar este gesto de confiança na Virgem Maria, nas suas variedades de formas, é preciso destacar a necessária preparação. Pois, como toda tarefa requer uma ação planejada para seu bom êxito, não pode ser diferente com este gesto de devoção. Requer também, por parte daqueles que vão realizá-lo, uma preparação amadurecida, dado o significado do ato para ser expressão de um compromisso assumido para desempenhar uma tarefa específica na comunidade eclesial.

O gesto de entrega não pode ser improvisado, deve seguir um caminho de aprofundamento de significado, de oração, das exigências da relação pessoal-comunitária, levando sempre em conta a consagração primeira e fundamental do batismo e as exigências atuais do testemunho da vida cristã.

Um testemunho que leve em conta aquilo que é fundamental e essencial, não deixando se desviar por elementos secundários e superficiais do momento. Um risco sempre presente na sociedade hodierna, influenciada pela ideologia midiática:

> Quando se assume um objetivo pastoral e um estilo missionário, que chegue realmente a todos, sem exceções nem exclusões, o anúncio concentra-se no essencial, no que é mais belo, mais importante, mais atraente e, ao mesmo tempo, mais necessário. A proposta acaba simplificada, sem com isso perder profundidade e verdade, e assim se torna mais convincente e radiosa.[14]

Não podemos deixar de considerar o texto da *Lumen Gentium*:

> Evitem com cuidado, nas palavras e atitudes, tudo o que possa induzir em erro, acerca da autêntica doutrina da Igreja, os irmãos separados ou quaisquer outros. E os fiéis lembrem-se de que a verdadeira devoção não consiste numa emoção estéril e passageira, mas nasce da fé, que nos faz reconhecer a grandeza da Mãe de Deus e nos incita a amar filialmente a nossa mãe e a imitar as suas virtudes.[15]

E ainda, o que o *Diretório sobre a piedade popular* explicita sobre a prática da "consagração":

> Embora apresentando as características de dom total e perene, ela é apenas analógica em relação à "consagração a Deus"; deve ser fruto

---
[14] EG, n. 35.
[15] Cf. n. 67.

não de emoção passageira, mas de uma decisão pessoal, livre e madura, no âmbito de uma visão exata do dinamismo da graça; deve ser expressa de modo correto, numa linha, por assim dizer, litúrgica: ao Pai, por Cristo, no Espírito Santo, implorando a intercessão gloriosa de Maria, à qual alguém se entrega totalmente, a fim de observar com fidelidade os compromissos batismais e de viver na atitude filial em relação a Maria; deve ser realizada fora da celebração do Sacrifício Eucarístico, pois trata-se de um gesto de devoção não assimilável na Liturgia: de fato, a entrega a Maria se distingue substancialmente de outras formas de consagração litúrgica.[16]

Nos diversos momentos em que fazemos o ato de confiança à Virgem Maria, na recitação do Rosário ou na oração do *Angelus*, sempre será uma forma de recordar e renovar a nossa consagração primeira e fundamental a Deus pelo batismo. A piedade popular é uma maneira legítima de viver a fé, um modo de sentir-se parte da Igreja e uma forma de sermos missionários.[17]

Nos dias atuais, urge retomarmos a nossa identidade cristã fundada no seguimento de Jesus, em virtude da graça do batismo, por meio do qual:

cada membro do povo de Deus tornou-se discípulo missionário (cf. Mt 28,19). Cada um dos batizados, independentemente da própria função na Igreja e do grau de instrução da sua fé, é um sujeito ativo de evangelização, e seria inapropriado pensar num esquema de evangelização realizado por agentes qualificados enquanto o resto do povo fiel seria apenas receptor das suas ações. A nova evangelização deve implicar um novo protagonismo de cada um dos batizados.[18]

Cada batizado é chamado a assumir seu lugar na Igreja como "sujeito eclesial". A noção de sujeito remete à noção de criatura distinta do Criador, chamada a dialogar com Ele e eticamente responsável pelo destino de si e da história, como membro de um Povo e na perspectiva do futuro prometido por Deus. Isso também exige o equilíbrio entre o eu e o outro. Cada cristão é um portador de qualidades vivenciadas na vida comum e cresce quando assume essa condição social. O leigo é o cristão maduro na fé, que se dispôs a seguir Jesus com todas as consequências dessa escolha, superando o infantilismo eclesial. O sujeito cristão se realiza como pessoa na comunidade

---
[16] Cf. n. 204.
[17] Cf. DAp, n. 264.
[18] Cf. EG, n. 120.

cristã. A pessoa é uma unidade de consciência e de relação, cujo modelo é a própria pessoa de Jesus Cristo. Essas ideias nos ajudam a compreender a importância de ser "sujeito eclesial" e deixar a postura de comodismo, de conservação, sair da zona de conforto e assumir o protagonismo da fé eclesial, missionária, de comunhão e solidária.[19]

Que assim permaneçamos na escola de Maria, totalmente consagrados ao Senhor como membros de seu Povo Santo e participantes de suas promessas. E certos de que toda formação de mentalidade caminha com vagareza; não esperemos resultados rápidos, mas precisamos iniciar um processo de formação e iniciação ao autêntico culto à Virgem Maria:

> Se se levantam os ventos das tentações, se te feres contra os escolhos das tribulações, olha para a estrela, chama por Maria... Nos perigos, nas angústias, nas perplexidades, pensa em Maria, invoca Maria. Ó Maria, fica sempre em meus lábios e em meu coração.[20]

---

[19] CNBB. *Cristãos leigos e leigas na Igreja e na sociedade* (Documento 105).
[20] Sup. "Missus" 2,17 – São Bernardo, p. 361.

O "NOVO LECIONÁRIO MARIANO". A BÍBLIA, FONTE PERENE DA MARIOLOGIA LITÚRGICA

Prof. Dr. Dom Rafael Maria Francisco da Silva, osb

Em 2016, a CNBB teve a feliz iniciativa de reeditar a esquecida *Coletânea de Missas e Lecionário Mariano de Nossa Senhora*. Tal iniciativa coroa, por assim dizer, o promulgado Ano Mariano Nacional de 2017, por ocasião dos 300 anos do encontro da imagem de Nossa Senhora da Conceição Aparecida.

Este coroamento não poderia ser melhor. Sim, o Brasil renova, no altar celebrativo e na mesa da Palavra, tal iniciativa, fruto do Ano Mariano Internacional, promulgado pelo Papa João Paulo II em 1986.

Graças a nossa proposta perseverante, desde 2004, junto às autoridades competentes, a Igreja no Brasil tem em mãos este "arsenal" litúrgico mariano de valor teológico extraordinário.

Dentro do *X Congresso Mariológico* em Aparecida no ano de 2016, nos foi incumbido estudar, em propostas dos diversos *Seminários* oferecidos, uma particularidade mariológica da Liturgia mariana na vida da Igreja. É interessante notar que a Liturgia da Igreja, quando celebra a Ssma. Virgem, vai às Escrituras Sagradas procurar o sentido exato de como celebrá-la. E não só na Bíblia podemos encontrar respaldo para uma coerente veneração mariana. Buscamos uma síntese que pudesse sintetizar o pensamento da Igreja de como entender a Virgem Maria na piedade e na Liturgia. Na busca, deparamos com um autor medieval do séc. XII, o abade beneditino Ruperto de Deutz († 1130), que afirma, em sua obra *Cantica Canticorum*, por três vezes que a Mãe do Senhor seria "o Tabernáculo/Sacrário de toda a Sagrada Escritura". Esse título de Ruperto provém da antiguidade da tradição da Igreja no seu culto mariano.

Mas o culto mariano segue dois milênios de história na Igreja, seja assinalado pela devoção popular, seja pela sistematização deste culto em modo litúrgico.

Maria é venerada inúmeras vezes em hinos, em homilias, em sermões litúrgicos, em anáforas eucarísticas desde o séc. II. Ora, a presença mariana na Liturgia remonta ainda às interpretações sálmicas já no séc. III. Sua presença é valorizada quando da defesa da fé contra heresias cristológicas nos primórdios eclesiais e em cânones conciliares desde o séc. IV, bem como em festas oriundas do Oriente cristão desde o séc. IV, como a Apresentação de Nossa Senhora, que entra no cristianismo do Ocidente só no séc. XIV; a Anunciação do Senhor, desde o séc. V; a Purificação de Maria, hoje Apresentação do Senhor (Ypapanté), desde os sécs. VI-VII; a Maternidade divina, desde o séc. VI; a Assunção de Maria, desde o séc. VII, e a Conceição de Maria, desde o séc. VIII, no Oriente, hoje a Imaculada Conceição, no Ocidente. Todas essas festas eram de caráter particular, e não universal. Devemos sublinhar que não se trata de um culto isolado, personalístico, mas todo centrado em uma cristologia e eclesiologia.

No séc. IX, com o incentivo do imperador Carlos Magno, o monge beneditino inglês Alcuíno de York († 809) organiza a Liturgia católica e nela inclui a "Missa do Sábado", dedicada a Santa Maria. Tal celebração, longe de ser devocional, é a forma organizativa de colocar um acento na figura de Maria nas celebrações litúrgicas da Igreja. Consideramos, assim, que a *Coletânea de Missas e Lecionário de Nossa Senhora* foi elaborada para o séc. XX nesta perspectiva.

O nosso estudo, à luz da tese rupertiniana indicada acima, seguiu o seguinte esquema temático de estudos:

1. Como Maria pode ser considerada um "tabernáculo/sacrário de toda a Sagrada Escritura"?

A reedição dos 46 formulários eucológicos (orações) e leituras contidos na *Coletânea de Missas e Lecionário de Nossa Senhora* (CMLNS) já bastaria para responder a essa pergunta. Mas, para isso, convém buscar mais fundamentação para que tal Lecionário não caia em *pura celebração devocional* e não se repita o que aconteceu há 30 anos, no esquecimento aqui no Brasil.

O abade beneditino Ruperto foi o primeiro a dar a Nossa Senhora um título que pode parecer exagero devocional na Idade Média, mas não é.

Seu pensamento teológico reflete a experiência de fé da Virgem Maria a partir do mistério da Encarnação do Verbo, que passa pela infância e pela vida pública de Jesus. Não só se limita a este caminho, mas chega até o evento pascal da Paixão, Morte e Ressurreição do Senhor, colocando a "Primeira discípula do Senhor", sua Mãe, em perfeita continuidade e serviço a Cristo em perspectiva da Igreja, seu corpo místico. Ruperto de Deutz conclui sua reflexão e tese com Maria na Ascensão, no Pentecostes e, enfim, na sua própria Páscoa, com a Assunção gloriosa.

Um autor da Igreja do Oriente, anterior a Ruperto, já afirmava que a Sagrada Escritura fala de Maria. Como assim? André de Creta († 740) dizia que, sem usar o nome de Maria, as Escrituras já indicavam sua presença, através de imagens simbólicas. Esses símbolos, a Igreja os valorizou e os utilizou em diversos momentos da piedade popular e da Liturgia. André afirma:

> De fato, não há, em toda a Escritura igualmente inspirada por Deus, nenhum lugar em que não se veja de diversas formas espalhadas as indicações que dizem respeito a Maria; e se vocês procuram esclarecer com bastante atenção, encontrarão, ainda de modo mais evidente, quanta glória ela recebe de Deus. Observem que ela é adornada de títulos muito significativos e apresentada claramente em muitas passagens da Escritura, como quando – por exemplo – a chamam de virgem, jovem, profetisa, e também tálamo, casa de Deus, templo santo, segunda tenda, mesa santa, altar propiciatório, turíbulo de ouro, Santo dos santos, querubins da glória, vaso de ouro, mesa da Aliança, bastão sacerdotal, cetro real, diadema da beleza, chifre contentor do óleo da unção, alabastro, candelabro, fumaça de vapor, pavio, carro, arbusto, rocha, terra, paraíso, campo, fonte, cordeira, orvalho...[1]

A maestria mariológica rupertiniana visa apresentar o mistério mariano não em teorias aleatórias, pietistas e sem fundamento, mas com a Bíblia; para isso, ele utiliza os oito capítulos do Cântico dos Cânticos para desenvolver seu pensamento. Mas ele não foi o primeiro a fazê-lo; antes e depois dele, outros autores ocuparam-se em estudar a *Theotokos* à luz da Palavra divina e com a continuidade de célebres autores da Patrística.

Para Ruperto de Deutz, a Bíblia é a coluna-mestra para se entender Maria e sua relação constitutiva com a obra salvífica.

---
[1] GHARIB, G. (org.). *Testi Mariani del Primo Millennio*, vol. 2. Roma: Città Nuova, 1990, p. 411.

Embora o Lecionário da CMNS não seja uma "coletânea bíblica" exaustiva sobre Maria, os textos celebrados seriam como um todo pelo qual a Igreja sabiamente celebra os mistérios divinos com a Mãe do Senhor.

2. Maria, como "imagem do livro de Deus"

Seguindo a tese rupertiniana de que Maria é um "sacrário de toda a Sagrada Escritura", e não só, mas também a primeira cristã autêntica do seguimento do Filho, alguns autores antigos viram em Maria a "Imagem do Livro de Deus", de modo que neste Deus vai escrevendo e compondo sua história salvífica.

É antigo o título dado a Maria como a Virgem do Livro de Deus. Tal título provém da Igreja do Oriente, inspirado em Is 8,1, que diz: "Toma um livro novo, grande, e escreve". É nos sermões litúrgicos que o diácono Efrém, o Sírio († 373), inicia seu louvor a Maria com uma eloquente contemplação de Maria como "Escritura de Deus". Comentando Lc 1,38, ele diz: "'Eis aqui a serva do Senhor', diz Maria, e é como se dissesse: 'Eu sou uma folha branca de papel onde o escritor pode escrever o que quiser. Faça-se de mim o que o Senhor do universo quiser'".

O autor oriental foi imitado por seu conterrâneo, Tiago de Sarug († 523) e por outros Padres do Ocidente, como, Orígenes, Eusébio de Cesareia, Atanásio e Antípatro de Bostra.

O pensamento reflexivo dos Padres da Igreja e de outros autores eclesiásticos afirma que, para a fé dos antigos, Maria é toda humana, mas toda de Deus. E por ser toda de Deus, ela é considerada como:

* Livro selado de Deus: "Livro não escrito e novo, livro escrito não da mão de um mortal" (Sofrônio de Jerusalém, † 638);
* Novo Livro da Nova Aliança: "Tu és o divino livro de Moisés... e sobre as tábuas foram escritas a lei da mesma mão de Deus como no monte" (Tarásio de Constantinopla, † 806);
* Livro aberto da primitiva dignidade humana: "Hoje, ó Maria, tornaste-te um livro pelo qual foi escrita a nossa regra. Em ti foi escrita a sabedoria do eterno Pai. Em ti, hoje, se manifesta a fortaleza e a liberdade do homem. Digo que se mostra a dignidade do homem, porque, se eu te contemplo, Maria, é porque vejo que a mão do Espírito Santo escreveu em ti a Trindade, formando em ti o Verbo encarnado Unigênito Filho de Deus" (Germano de Constantinopla, † 730);
* Livro para se ler e imitar, na opinião do pensador J. Eck († 1543).

3. História eclesial do "Novo Lecionário Mariano" (NLM)

Estamos comemorando os 30 anos (1986-2016) da promulgação da *Coletânea de Missas e o Lecionário de Nossa Senhora* [CMLNS]. Essa obra-prima da mariologia litúrgica, desconhecida por muitos no Brasil, é novamente reeditada para o serviço da Igreja e do povo. A história desse manual litúrgico, aprovado pelo Santo Padre João Paulo II, coroou o Ano Santo Mariano de 1986-1987, como já dissemos acima.

Enfatizamos mais uma vez que não é um livro de devoção, mas um livro de uso *litúrgico*, elaborado para o uso específico, não aleatório. Ele tem um critério a ser utilizado, para que se evitem os exageros celebrativos que podem direcionar-se meramente a um contexto devocional infrutífero. Pelo contrário, a CMLNS é um instrumento importantíssimo para que algumas devoções marianas espalhadas no Brasil e no mundo afora possam ser compreendidas. Os títulos dos formulários foram estudados minuciosamente e vão buscar o seu sentido teológico na Palavra divina e nas suas histórias particulares.

Não podemos falar do Lecionário de modo isolado, pois ele ficaria capenga, sem falar da Coletânea de Missas. Esses dois pulmões da Liturgia mariana são um *dom* pouco apreciado e utilizado para o bem do povo de Deus. Um livro que revela a essência da mariologia litúrgica, por meio do qual a Igreja oferece uma gama de textos escriturísticos antigos e novos que podem ser utilizados em celebrações marianas patronais. Para muitos, tais textos são desconhecidos.

O grande idealizador da CMLNS foi o Papa João Paulo II, que, com seus colaboradores, a partir do Ano Santo Mariano de 1986-1987, quis oferecer uma forma salutar de celebração mariana. Existem no Missal Romano as chamadas *missas votivas*, com suas respectivas leituras. Essas não foram abolidas, mas a CMLNS é um modo mais amplo para a utilização nos tempos litúrgicos de Advento, Natal, Quaresma, Páscoa e Tempo Comum. É particularmente direcionado aos santuários marianos espalhados pelo mundo, assim como às diversas comunidades sob o patrocínio da Virgem (paróquias e comunidades religiosas).

Padre Inácio Calabuig, osm († 2005), foi o mentor executivo desta CMLNS. Professor de renomado empenho na mariologia litúrgica, foi também o grande idealizador da Carta Encíclica *Marialis Cultus*, que o Papa Paulo VI apresentou em 1974. Tal documento litúrgico mariano é único no seu gênero. É fruto do Concílio Vaticano II e, de modo particular, da Constituição Dogmática sobre a Igreja *Lumen Gentium*, a qual, no capítulo VIII, todo voltado à pessoa de Maria, desenvolve a teologia mariana, dando explicações fundamentais do papel da Mãe de Deus no mistério de Cristo e da Igreja. Embora no documento conciliar tenham sido tratados alguns aspectos da Liturgia mariana, 12 anos depois se fez necessário, com a *Marialis Cultus*, tratar de modo mais específico e profundo o tema de Maria na devoção popular e na Liturgia.

4. Importância do "Novo Lecionário Mariano" para a vida litúrgica da Igreja

Como vimos, nas pistas históricas da Coletânea e do Lecionário, a intenção do Papa João Paulo II foi apresentar à Igreja novas e antigas possibilidades bíblico-litúrgicas para as celebrações marianas. Deste ensinamento, nada mais há que se inventar para uma celebração mariana. Os cuidados oferecidos pela Santa Sé foram justamente direcionar o culto mariano alicerçado à Palavra de Deus. Os excessos devocionais e cultuais podem desvirtuar o grande papel que a Mãe do Senhor exerce na história eclesial. Maria é a única na experiência da Palavra em grau superlativo, portanto merece ser conhecida; biblicamente falando, isso é importantíssimo.

O NLM é um legado da Igreja no seu renovamento litúrgico pós--Vaticano II e na sua atualização ao que toca a questão marial. Não encontramos com facilidade instrumentos como este principalmente com relação ao desempenho bíblico-mariano na história da Igreja.

5. Por que o "Novo Lecionário Mariano" não é um livro devocional

Infelizmente, o que mais encontramos no Brasil são literaturas devocionais e pouco convincentes de uma verdadeira revelação de quem é Maria de Nazaré. Não queremos dizer que os livros devocionais não sejam úteis, principalmente às pessoas de pouca cultura teológica, mas, por vezes, eles são limitados e pouco estimulam a conhecer em profundidade bíblica e teológica o papel da Mãe de Jesus nos mistérios salvíficos. O NLM tem este papel de centralizar o mistério mariano a partir da Palavra divina. A Bíblia é a grande reveladora de quem é Maria, a Virgem de Nazaré, Mãe do Senhor, de seu comprometimento com o Reino e de seu caráter de mestra espiritual na Igreja.

Além de ser para o uso litúrgico, o NLM é um livro bíblico-teológico próprio para a formação dos nossos seminários e casas religiosas, para um bom aprofundamento da mariologia. Por não haver um interesse por uma cultura mariológica, alguns se adentram a críticas ferrenhas – por vezes infundadas – às diversas devoções marianas, detectando-se que não é culpa do povo a veneração a Nossa Senhora, às vezes de modo exagerado, mas da má formação conteudística mariológica em nossos centros acadêmicos. Por falta de pessoal abalizado na matéria, surgem equívocos e incertezas doutrinais a respeito da Mãe do Senhor e do motivo por que a Igreja há dois milênios a invoca e a celebra. Com o seu aparato bíblico-teológico, o NLM ajuda não só a celebrar, mas também a iluminar os temas polêmicos dos venerandos dogmas marianos, que às vezes são apresentados por alguns "acadêmicos devotos" de modo muito mais devocional que histórico-teológico.

6. O "Novo Lecionário Mariano" não celebra Maria

Em todas as celebrações marianas, dentro da Liturgia da Igreja, o centro não é Maria, mas a Trindade, que operou nela maravilhas. Isso diminui o valor da Virgem Maria? Pelo contrário, é ver que a Igreja contempla em Maria de Nazaré o poder do Altíssimo e, com confiança, espera que Deus faça o mesmo em nós, que somos sua Igreja peregrinante. Na Liturgia da Igreja, Maria é exaltada e festejada porque, de modo primeiro e exemplar, amou a Javé, gerou o Filho do Altíssimo, educou e serviu a Jesus Nazareno, o Rei dos Judeus, e não parou aí: continuou como autêntica animadora da Igreja, sendo cumulada com o prêmio dos justos: a sua Assunção e coroação no céu. Portanto, seja no Missal Romano, seja nas 46 missas da Coletânea, assim como nas respectivas leituras, o foco não é Maria, mas a ação salvadora de Deus, por Jesus Cristo, na comunhão do Espírito Santo, na humilde Serva do Senhor.

As leituras nos apontam a realidade da Igreja em perspectiva mariana, mas também falam de nós, não são um exclusivismo mariano. O ator principal da ação da vida de Maria é Deus, na sua Trindade. Assim, como exemplo, temos, na coleta da solenidade da Anunciação do Senhor, o seguinte:

> *Deus, Pai santo,* que na vossa benigna providência quisestes que *o vosso Verbo* assumisse verdadeira carne humana no seio da Virgem Maria, concedei-nos que, *celebrando o nosso Redentor* como verdadeiro Deus e verdadeiro homem, mereçamos também participar da sua natureza divina. Por Nosso Senhor Jesus Cristo, vosso Filho, na unidade do Espírito Santo.

Entretanto, se a Santa Virgem possui um lugar especial na Liturgia da Igreja, ela não é a finalidade da Igreja: o culto de adoração (de *latria*) é devido somente a Deus: só Ele é o objeto primeiro e supremo da Liturgia da

Igreja; Maria recebe, de todos os que pedem a sua intercessão, um culto de veneração especial (de *hiperdulia*), porque a Virgem é mais exemplar sozinha, do que todos os santos e anjos reunidos: "Maria não é o Deus do Templo; ela é o Templo de Deus", como já dizia Santo Ambrósio.

Isso não impede que, desde as origens da Igreja, e em todas as nações do mundo, a Liturgia celebre e honre a Mãe de Deus, aquela que cantou em seu *Magnificat*: "Doravante, todas as gerações me chamarão bem-aventurada... ".[2]

7. A Palavra de Deus revela quem é Maria, Maria revela quem é o Verbo de Deus

Encontramos dois pontos importantíssimos no NLM que são, ao mesmo tempo, um compêndio bíblico-litúrgico-mariológico a respeito da Mãe do Messias encarnado. A Bíblia nos revela quem é esta jovem da Galileia definida por Lc 1,26 como a "Cheia de graça", proclamada por Isabel como a "Mãe do Senhor"; e os magos encontram o Menino com Maria (cf. Mt 2,11). Maria é uma mulher da Liturgia pascal, atenta às necessidades dos irmãos e estimuladora das promessas do Filho (cf. At 1,14).

Mas a Palavra divina nos aponta que Maria é a primeira reveladora do Verbo de Deus. Mais uma vez é Lucas que relata a visita de Maria a Isabel (cf. Lc 1,39s.). João, por sua vez, coloca a Mãe de Jesus como a provocadora da glória do Filho (cf. Jo 2,11s.), portanto, a primeira reveladora do Verbo feito carne e que habita entre nós.

A grande abundância de leituras bíblicas do Lecionário permitiu expor de maneira mais completa o mistério de Cristo. Disso resultou maior número de leituras do Antigo e do Novo Testamento concernentes à Virgem Maria, leituras que – pela evidência de seu conteúdo ou pelas indicações de uma exegese atenta, escutada nos ensinamentos do magistério ou de uma sólida tradição – podem deveras conservar, conquanto de maneira e em graus diversos, seu caráter marial.

Convém observar, além disso, que tais leituras não somente ocorrem por ocasião das festas da Virgem, mas também são proclamadas em muitas outras circunstâncias: em alguns domingos do ano litúrgico, na celebração de ritos que interessam profundamente à vida sacramental do cristão e nas circunstâncias alegres ou dolorosas de sua existência.[3]

---

[2] http://www.mesclondrina.com.br/ezupload/new/O%20culto%20da%20Virgem%20Maria%20na%20Liturgia.pdf
[3] *Idem.*

8. Maria, a mulher da Liturgia pascal

O evangelista Lucas (2,41) é o único que nos informa que a Mãe de Jesus vivenciava a Liturgia com José e Jesus em toda a sua vida. Como verdadeira hebreia, Maria tinha como marco o memorial da Páscoa. A Páscoa era para o judeu a festa por excelência, que marcava uma história de escravidão para uma situação de libertação oferecida por Deus por meio de Moisés, seu mediador. Ora, é neste contexto de memória de libertação, da escravidão injusta na história do tempo, que Lucas insere a Sagrada Família de Nazaré. Foi dessa formação e experiência litúrgica que Jesus, com seus pais, passou a intuir gradativamente a essência de sua missão salvífica e libertadora.

Na escola da Sagrada Família, Jesus cresceu em meio às perseguições, desde sua infância (cf. Mt 2,13ss.), morou em uma cidade marginalizada (cf. Mt 2,23), foi acusado e injustiçado entre os seus, por proclamar o Reino (cf. Mc 3,31-35; 6,1-6). Portanto, foi amadurecendo para assim abraçar com amor o seu caminho sacrifical e pascal.

A sinagoga de Nazaré, o lugar do culto sabático da família de Jesus, era o lugar da celebração da Torá, da reflexão e da escuta. Os pais de Jesus, assíduos na escuta da Palavra, foram para Jesus os educadores para sua futura mestria entre seu povo. Mas é notório que foi desse culto sabático que Jesus se revelou ao seu povo através da passagem de Isaías 61,1 (cf. Lc 4,18).

É sabido que, desde o século VIII até o Concílio de Trento, portanto, no séc. XVI, a Virgem Maria era mencionada no *Exultet* da Vigília pascal, em que autores renomados fizeram uma relação espiritual e teológica da "Abelha casta", do sepulcro virgem do Senhor e da virgindade perpétua de Maria com a ressurreição do Senhor. Além disso, desde o século IV existe uma afirmação da Tradição Patrística de que a Mãe do Senhor foi favorecida com uma singular cristofania após a ressurreição, isto é, Cristo apareceu primeiro à Mãe, imagem da Igreja que esperava, com fé, a sua gloriosa vitória sobre a morte. Surgiu a partir desta Tradição um culto a Nossa Senhora dos Prazeres ou das Alegrias em Portugal, nos sécs. XV e XVI, e no Brasil, no séc. XVII.[4]

A CMNS, com seu Lecionário, nos oferece quatro Liturgias pascais, evocando a presença de Maria, mas evita todo o acesso devocional que decorreu de piedosas tradições eclesiais, como nós abordamos acima. Contudo, nem por isso tais textos litúrgicos fecham a possibilidade de uma experiência do Ressuscitado com sua Mãe. Eles podem e devem ser utilizados no Tempo Pascal, reavivando a eficaz participação de Maria na obra salvífica, estímulo de toda a Igreja.

---

[4] DA SILVA, R. M. F. *Maria, a Senhora da Páscoa*. Juiz de Fora: Editora Martyria, 2014; Id. *Quem viu Cristo ressuscitado primeiro? Maria Madalena ou a Virgem Maria? A Tradição dá a resposta*. Rio de Janeiro: Novaterra, 2015.

9. Maria na vida de Cristo e da Igreja nos tempos litúrgicos

O primeiro documento do Magistério que nos fala dos aspectos litúrgicos de Nossa Senhora é a Encíclica do Papa Paulo VI, a *Marialis Cultus*. Esse documento foi como que o suplemento da Constituição Dogmática *Lumen Gentium*, capítulo VIII. Tal Constituição não se deteve em focar os aspectos da presença de Maria na Liturgia da Igreja, mas em dar ampla e formidável visão teológica da figura da Mãe de Cristo.

No NLM, encontramos o perfil bíblico de Maria na vida litúrgica da Igreja. O ciclo litúrgico que vai do Advento à Páscoa, incluindo o Tempo Ordinário, os vários títulos, nos oferece a realidade eclesial e eclesiológica da Mãe do Salvador.

No tempo do Advento, tempo de espera da vinda do Senhor, nos são oferecidas três missas centradas na figura de Maria, a protagonista, anunciada pelos profetas como a Mãe do Messias. Do tempo do Advento para o tempo do Natal foram criados seis formulários, em que a Filha de Sião gera virginalmente e dá à luz o Prometido das nações. Faz o percurso histórico da infância do menino Deus (Natal) até a manifestação (Epifania) de sua glória nas bodas de Caná (cf. Jo 2,11).

A Quaresma, o tempo de preparação para a Páscoa, nos centra em um caminho de revisão e penitência, onde Maria é invocada, na Liturgia, como Mãe da reconciliação e da vida, a Nova Eva junto à cruz do Senhor (cf. Jo 19,25). São cinco celebrações em que a Mãe de Jesus é vista como discípula no seguimento do Filho e Refúgio dos pecadores.

Na Páscoa do Senhor, Maria é a Senhora da Páscoa, de modo que a recordamos com quatro missas, pois é a sócia do Redentor e Mãe do Ressuscitado, a primeira na celebração da vitória do Filho. Com ela, os novos filhos da Igreja pelo batismo se associam com Cristo morto e ressuscitado. Mas observamos que, nessas celebrações, não se realça até que ponto Nossa Senhora foi a primeira receptora do anúncio da ressurreição de Cristo. Assim, a piedade mariana portuguesa, seguida pelo Brasil, oficializou a celebração litúrgica de Nossa Senhora dos Prazeres, como vimos anteriormente.

Para o Tempo Comum, encontramos vinte e sete celebrações, em que Maria percorre toda a vida de Cristo e da Igreja, seja com as celebrações oficiais, seja com títulos tirados das Sagradas Escrituras (onze formulários), da experiência secular do povo de Deus em várias invocações (oito formulários) e, ainda, de intercessão materna (oito formulários). Títulos que fazem o cotidiano da vida espiritual e teológica da Igreja.

10. Visão geral da CMLNS

Formulário de Missas	Lecionário

TEMPO DO ADVENTO

1. Bem-aventurada Virgem Maria, filha eleita de Israel	Gn 12,1-7 ou 2Sm 7,1-5.8b-11-16; Sl 112 (113),1-8; Mt 1-17
2. Bem-aventurada Virgem Maria na Anunciação do Senhor	Is 7,10-14.8,10c; Sl 39(40),7-11; Lc 1,26-38
3. Visitação da bem-aventurada Virgem Maria	Sf 3,14-18a ou Ct 2,8-14; Is 12,26; Lc 1,39-52

TEMPO DO NATAL

4. Santa Maria, Mãe de Deus	Gl 4,4-7; Sl 21,4-6.10.11.23-24; Lc 15b-19
5. Bem-aventurada Virgem Maria, Mãe do Salvador	Is 9,1-3.5-6; Sl 95,1-3.11-12.13; Lc 2,1-14
6. Bem-aventurada Virgem Maria, na Epifania do Senhor	Is 60,1-6; Sl 71,1-2.7-8.10-11.12-13; Mt 2,1-12
7. Santa Maria na Apresentação do Senhor	Ml 3,1-4; Sl 23,7-10; Lc 2,27-35
8. Santa Maria de Nazaré	(I) Gl 4,4-7; Sl 103,1-3; Lc 2,22.39-40 ou Lc 2,41-52. (II) Cl 3,12-17; Sl 83,2-3.5-6.9-10; Mt 2,13-15.19-23
9. Bem-aventurada Virgem Maria de Caná	Ex 19,3-8a; Sl 118,1-2.10-12.14-16; Jo 2,1-11

TEMPO DA QUARESMA

10. Santa Maria, Discípula do Senhor	Sir 51,13-22; Sl 18,8-9.10-11.15; Lc 2,41-52 ou Mt 12,46-50
11. Bem-aventurada Virgem Maria junto à cruz do Senhor (I)	Rm 8,31b-39; Sl 17,2-3.5-7.19-20; Jo 19,25-27
12. Bem-aventurada Virgem Maria junto à cruz do Senhor (II)	Jd 13,17-20; Sl 144,1-2.4-6.8-9; Jo 19,25-27
13. Recomendação da bem-aventurada Virgem Maria	Mc 7,1.20-29; Sl 17,2-3.5-7.19-20; Jo 19,25-27
14. Bem-aventurada Virgem Maria, Mãe da Reconciliação	2Cor 5,17-21; Sl 102,1-4.8-9.13-14.17-18a; Jo 19,25-27

TEMPO DA PÁSCOA

15. Bem-aventurada Virgem Maria na ressurreição do Senhor	Ap 21,1-5a; Sl/Is 61,10-11.62,2-3; Mt 28,1-10
16. Santa Maria, Fonte de luz e de vida	At 2,14a.36-40a.41-42; Sl 33,2-3.6-9; Jo 12,44-50 ou Jo 3,1-6
17. Bem-aventurada Virgem Maria do Cenáculo	At 1,6-14; Sl 86,1.3.5-7; Lc 8,19-21
18. Bem-aventurada Virgem Maria, Rainha dos Apóstolos	At 1,12-14.2,1-4; Sl 86,1-3.5-7; Jo 19,25-27

TEMPO COMUM I

19. Santa Maria, Mãe do Senhor	1Cr 15,3-4.15-16.16,1-2; Sl 131,11.13-14.17-18; Lc 1,39-47
20. Santa Maria, Nova mulher	Ap 21,1-5a; Sl/Is 61,10a-11.62,2-3; Lc 1,26-38
21. O Santo Nome da bem-aventurada Virgem Maria	Sir 24,23-31; Sl/Lc 1,46-50.53-54; Lc 1,26-38
22. Santa Maria, Serva do Senhor	1Sm 1,24-28; 2,1-1.4-8; Sl/Lc 1,46-55; Lc 1,26-38
23. Bem-aventurada Virgem Maria, Templo do Senhor	1Rs 8,1.3-7.9-11; ou Ap 21,1-5a; Sl 83,3-5.10-11; Lc 1,26-38
24. Bem-aventurada Virgem Maria, Sede da Sabedoria	Pr 8,22-31; Sl 147,12-15.19-20; Mt 2,1-12 ou Lc 2,15b-19 ou Lc 10,38-42
25. Bem-aventurada Virgem Maria, Imagem e Mãe da Igreja (I)	Gn 3,9-15.20; Sl/Jd 13,18-19; Jo 19,25-27
26. Bem-aventurada Virgem Maria, Imagem e Mãe da Igreja (II)	At 1,12-14; Sl 86,1-3.5-7; Jo 2,1-11
27. Bem-aventurada Virgem Maria, Imagem e Mãe da Igreja (III)	Ap 21,1-5a; Sl/Is 12,2-6; Lc 1,26-38
28. Imaculado Coração de Maria	Jd 13,17-20+15,9; Sl/Lc 1,46-55; Lc 11,27-28 ou Lc 2,46-51
29. Bem-aventurada Virgem Maria, Rainha do universo	Is 9,1-3.5-6; Sl 44,11-18; Lc 1,26-38

TEMPO COMUM II

30. Bem-aventurada Virgem Maria, Mãe e Medianeira da graça	Est 8,3-8.16-17a; Sl 66,2-7; Jo 2,1-11
31. Bem-aventurada Virgem Maria, Fonte da salvação	(I) Ez 47,1-2.8-9.12; Sl/Is 12,2-6; Jo 19,25-37 (II) Ct 4,6-7.9.12-15; Sl/Jd 13,18-19; Jo 7,37-39a

32. Bem-aventurada Virgem Maria, Mãe e Mestra espiritual	Pr 8,17-21.34-35 ou Is 56,1.6-7; Sl 14,2-5; Mt 12,46-50 ou Jo 19,25-27
33. Bem-aventurada Virgem Maria, Mãe do Bom Conselho	Is 9,1-3.5-6; ou At 1,12-14. 2,1-4; Sir 14,22-27; Jo 2,1-11
34. Bem-aventurada Virgem Maria, Causa da nossa alegria	Zc 2,14-17 ou 61,9-11; Sl/Lc 1,46-50.53-54; Lc 1,39-47
35. Bem-aventurada Virgem Maria, amparo da fé	Jd 13,14-17-20; Sl 26,1-5; Lc 11,27-28
36. Bem-aventurada Virgem Maria, Mãe do belo amor	Sir 24,23-31; Sl/Ct 2,10-14+4,8-9.11-12.15; Lc 1,26-38
37. Bem-aventurada Virgem Maria, Mãe da santa esperança	Sir 24,14-16.24-31; Sl/Lc 1,46-55; Jo 2,1-11
38. Bem-aventurada Virgem Maria, Mãe da unidade	Sf 3,14-20 ou 1Tm 2,5-8; Sl/Jr 31,10-14; Jo 11,45-52; Jo 17,20-26

TEMPO COMUM III

39. Santa Maria, Rainha e Mãe de misericórdia	Est 4,17n-kk ou 2,4-10; Sl/Lc 1,46-55 ou Sl 102,1-6.8.13.17; Jo 2,1-11 ou Lc 1,39-55
40. Bem-aventurada Virgem Maria, Mãe da divina providência	Is 66,10-14; Sl 103,1-3; Jo 2,1-11
41. Bem-aventurada Virgem Maria, Mãe da consolação	Is 66,1-3.10-11 ou 2Cor 1,3-7; Sl/Is 12,1-6; Mt 5,1-12
42. Bem-aventurada Virgem Maria, Auxílio dos cristãos	Ap 12,1-3.7-12.17 ou Gn 3,1-6; 13-15; Sl/Jd 16,13-15; Jo 1,1-11
43. Bem-aventurada Virgem Maria das Mercês	Jd 15,8-10; 16,13-14; Sl/Lc 1,46-55; Jo 19,25-27
44. Bem-aventurada Virgem Maria, saúde dos enfermos	Is 53,1-5.7-10; Sl 102,1-8.10; Lc 1,39-56
45. Bem-aventurada Virgem Maria, Rainha da paz	Is 9,1-3.5-6; Sl 84,9-14; Lc 1,26-38
46. Bem-aventurada Virgem Maria, Porta do céu	Ap 21,1-5a; Sl 121,1-4.8-9; Mt 25,1-13

11. Exercícios bíblicos de como celebrar liturgicamente a devoção mariana em comunidade

O nosso texto tentará ajudar os participantes a pesquisar e elaborar propostas para bem se celebrarem as festas patronais e comunitárias de que Nossa Senhora é padroeira. Sabe-se que a grande maioria dos padroeiros diocesanos, paroquiais e comunitários são, sob algum título, marianos. Portanto, com a Bíblia na mão, iremos identificar possíveis textos sagrados que possam iluminar alguma invocação mariana sem deixar de lado os textos oficiais da Igreja, mas que, por vezes, não direcionam muito bem a alguns títulos específicos dedicados à Virgem Maria.

★ Coloque nos parênteses da segunda coluna as letras da coluna da esquerda que podem indicar os possíveis textos bíblicos e que podem dar significado bíblico-litúrgico às invocações marianas.

(a) Gn 2,19-25; Sl 29,2-13; Cl 1,1-29; Mt 15,22-39.	1) Nossa Senhora da Cabeça (...)
(b) Ex 15,1-17; Sl 14,1-5; Hb 12,15-24; Mt 15,22-39.	2) Nossa Senhora da Defesa (...)
(c) Eclo 24,1-41; Sl 138,1-24; Ap 2,24-29; Jo 8,12-18.	3) Nossa Senhora da Ajuda (...)
(d) Gn 3,1-15; Sl 139,1-14; Ap 5,1-14; Lc 1,26s.	4) Nossa Senhora da Luz (...)
(e) Gn 28,1-22; At 1,1-26; Sl 138,2-24; Jo 1,45-51.	5) Nossa Senhora da Escada (...)
(f) Jó 13,1-13; Sl 30,1-25; At 7,17-25; Lc 12,1-12.	6) Nossa Senhora do Paraíso (...)
(g) Pr 4,5-14; Sl 88,14-22; Rm 12,1-21; Lc 23,37-43.	7) Nossa Senhora Desatadora dos Nós (...)
(h) Gn 1,1-27; Sl 96,1-12; 2Cor 4,1-12; Jo 3,1-32.	8) Nossa Senhora da Montanha (...)

CONCLUSÃO

Chegar a uma conclusão de estudo litúrgico-mariológico é deixar no meio do caminho tantos elementos importantíssimos da história da mariologia tão pouco conhecida no Brasil. A lacuna literária no âmbito da mariologia, no que diz respeito à história litúrgica mariana, deixa, em vários ambientes de formação, prejuízos históricos graves, levando hoje a só nos deter a uma infinidade de devoções por vezes confusas e sem sentido teológico. O que fazer então? O instrumento fabuloso que a CNBB reeditou pode e deve ser manuseado não só nas comunidades eclesiais, mas também nas aulas de Liturgia, seja acadêmica, seja pastoral.

A liturgia é o único pilar formativo para uma boa e madura espiritualidade mariana. Mas por quê? Porque a Liturgia é a fonte de toda a espiritualidade da Igreja. Nela encontramos todos os elementos necessários para que a *lex credendi*, com a *lex orandi*, possa ser a verdadeira *lex vivendi* do povo de Deus.

A formação mariológica estimulada pelo Magistério da Igreja encontra na CMNS um compêndio sistemático da Liturgia mariana e um verdadeiro manual de como venerar bem a Mãe de Jesus e nossa mãe.

Bibliografia

BEINERT, W (org.). *O culto a Maria hoje*. São Paulo: Paulinas, 1980.
BÍBLIA DE JERUSALÉM. São Paulo: Paulus, 2002.
BISINOTO, E. *Conheça os títulos de Nossa Senhora*. 2ª ed. Aparecida: Editora Santuário, 2010.

BOFF, L. *Culto e práticas de devoção a Maria*. Aparecida: Editora Santuário, 2004.
CARAMUEL, G.; LOBROWITZ, Y. *Maria Liber*. Traduzione italiana a cura di P. Bellazzi. Vigevano, 1980.
DI GIROLAMO M. "Maria: libro di Dio e dell'esistenza umana". In: *Monte Senario* IX (2005), n. 26, p. 61ss.
DE FIORES, S.; DE MEO, S. *Dicionário de Mariologia*. São Paulo, Paulus, 1996.
DE FIORES, S. *Eis aí tua mãe. Um mês com Maria*. 2ª ed. São Paulo: Ave-Maria, 2010.
DEUTZ, R. *Commento al cantico dei cantici*. (De incarnatione Domini). Introduzione, traduzione e note a cura di C. FALCHINI. Magnano: Edizioni Qiqajon/Comunità di Bose, 2005.
GILA A. M. "*Virgo liber Verbi*: Maria libro di Dio". In: *Santa Maria "Regina Martyrum"*, XII (2009), n. 2, p. 19-23; GHARIB, G., "*Virgo liber Verbi* negli scritti dei Padri". In: *Maria di Nazaret: itinerario del lieto annuncio. A cura di M. M. Pedico*. Roma: Ed. Monfortane, 1998.
GONZALES, C. I. *Maria evangelizada e evangelizadora*. São Paulo: Celam-Edições Loyola: 1990.
JOÃO PAULO II. *A Mãe do Redentor* ("Redemptoris Mater"). São Paulo: Paulinas, 1989.
_____. Carta Apostólica *O Rosário da Virgem Maria*. São Paulo: Paulinas, 2002.
MAGGIONI, C. *Maria na Igreja em oração. Solenidades, festas e memórias marianas no ano litúrgico*. São Paulo: Paulus, 1998.
MARTINS MOREIRA, F. A. *Festas litúrgicas de Jesus e Maria*. São Paulo: Edições Loyola, 2003.
PAULO VI. *O culto à Virgem Maria* ("Marialis Cultus"). São Paulo: Paulinas, 1974.

O LUGAR DE MARIA
NO ESPAÇO CELEBRATIVO

Cláudio Pastro

1. O que celebramos?

O mistério pascal do Cristo em nós e só.
O Único Liturgo e a Única Liturgia é Jesus Cristo.

2. O que é o espaço celebrativo?

A celebração do mistério cristão/Liturgia dá-se *no espaço humano*, "*o lugar*" da Teofania, da manifestação, do encontro entre "céu e terra":

- no *espaço* - "o lugar" - *ha maqon* ("o lugar", em hebraico, um dos nomes de Deus);
- no *tempo* - "hic et nunc": aqui e agora; "hodie" – hoje.

Desde o início do cristianismo, há uma desvinculação com determinados lugares (montanhas, bosques sombrios...) e até a desligação com o Templo de Jerusalém.

Os cristãos transplantaram a Liturgia para "todos os lugares", onde o povo santo se reúne diante de Deus (Mt 18,20):

- este mesmo povo é o templo de Deus (2Cor 6,16; 1Cor 3,16);
- "em todos os lugares, do nascer ao pôr do sol, é oferecido um novo sacrifício" (Ml 1,11);
- "o verdadeiro santuário não se encontra nem no monte Garizim nem em Jerusalém. O Pai está em todos os lugares onde os verdadeiros adoradores adoram a Deus em Espírito e Verdade" (Jo 4,21).

O "povo de Deus" é reunido para celebrar no tempo (*nunc - hodie*) e no espaço (*hic - locus iste*) um *memorial*, um *comemorial* da *Nova Aliança*. Desde o séc. I até hoje, podemos celebrar sobre os túmulos, nos cárceres, em lugares públicos etc. Assim nasceu a gloriosa arquitetura e arte sacra já bem antes de Constantino. Sintomático é perceber que a denominação do edifício eclesial, nas línguas em geral, designa a *assembleia eclesial*: *ecclesia*, *chiesa*, *kirche*, *igreja*... O edifício nada mais é que uma condensação material construída para "o templo vivo de Deus". A igreja é a imagem da Igreja.

3. Qual o seu lugar no espaço celebrativo?

O conceito de "participação na Liturgia" (*mistério pascal*) antes e após o Concílio Ecumênico Vaticano II [*ad fontes*].

"É nos vossos mistérios que eu vos encontro" – Sto. Ambrósio (séc. IV).

Participar vem do latim *participare*, que vem da expressão *partem capere*, que significa tomar parte, fazer parte, ou seja, parte de uma *caput* (cabeça). Portanto, ser parte de um corpo. Participar é entrar de corpo e alma, todo inteiro, na ação. Eu sou parte de um só corpo.

Assim, participar da Liturgia não é fazer barulho, muita música, gestos, danças, rezas... O silêncio é a melhor postura para entrar no corpo do Senhor, que celebra em nós.

4. Primeiro milênio até o séc. IX

As comunidades cristãs tinham consciência de que o primeiro participante, o protagonista da ação litúrgica, é o próprio Cristo Vivo e Ressuscitado. Era um compromisso eclesial – comunitário, onde todos estavam *unidos* ao mistério pascal de Cristo. Era um *povo sacerdotal* (Ap 1,6; 5,10; 20,6) com Cristo e em Cristo, participante na obra salvífica realizada por Deus e celebrada na Liturgia.

5. Segundo milênio até antes do Concílio Vaticano II

A Igreja, pela primeira vez, divide-se em duas: a do Oriente e a do Ocidente. Por influência dos povos franco-germânicos, surge o Império Sacro Romano, cujo centralismo é a Igreja de Roma.

Cristo não aparece mais como primeiro participante na Liturgia. A Assembleia dos fiéis perde seu referencial e o clero romano (clero=nobre) torna-se o centro. O Altar se distancia do povo e é encostado na parede. O clero celebra de costas e em latim. A Missa é rezada em voz baixa pelo padre e só para si. O padre reza tudo sozinho, inclusive as leituras e, assim, o povo assiste e não entende. Daí a expressão até hoje: "assistir à Missa". A oração torna-se individualista. Surgem grades no Presbitério. O povo inventa devoções e rezas particulares. Não mais se participa da Comunhão, que é substituída pela adoração da hóstia. Há um devocionismo ao Santíssimo. Ajoelha-se. O mistério pascal cai no esquecimento. Desaparece o eixo central.

Concluindo

O Concílio, longamente preparado pelo Movimento Litúrgico desde os primórdios do séc. XIX, procura, com os documentos conciliares do Vaticano II, resgatar a antiga tradição do primeiro milênio. Então, na Igreja, qual o meu lugar no espaço celebrativo? Qual o lugar da figura de Maria nesse espaço? Celebramos o mistério pascal ou damos lugar a devocionismos? O que celebramos?

6. Arte de culto ou sacra

Arte de devoção ou religiosa

Para melhor compreendermos a iconografia do espaço celebrativo, necessitamos distinguir a "arte de culto" e a "arte de devoção".

Quem, pela primeira vez, referiu-se a essa distinção foi Romano Guardini, lá pelo idos de 1930. Nem toda arte pertence ao culto, é sacra, ou seja, não é o *tema* que difere as artes, mas a *forma*, pois a linguagem da arte é a forma.

Assim, *não* devemos simplesmente usar o *método histórico*, mas *ver* através *do método das diferenças máximas,* isto é, não generalizar, mas partir do fenômeno "em si", indo em busca do seu centro.

Imagem de culto

Com relação à imagem de culto:

- não procede do interior humano (subjetivo), mas do ser objetivo de Deus. Deus opera sobre e dentro do mundo. Habita em sua Palavra e definitivamente em fatos: sua Encarnação e sua Pessoa, Jesus Cristo, e sua instituição salvadora, a Igreja (Mt 16,18);
- a imagem de Culto *vem* da Transcedência e dirige-se à Transcedência; conduz-nos (mistagogicamente) ao centro de nós mesmos, Deus;

- o artista, membro da comunidade, se põe à disposição "d'Aquele que é", para que o Senhor fale na economia da Salvação. Também, por isso, o artista não assina sua obra (pintura, escultura, arquitetura, música...), pois sabe que ele é um mero instrumento nas mãos do Espírito Santo. O artista não cria, mas serve à Presença, contempla;
- a imagem de culto vem da interioridade divina, não tem psicologia, no sentido humano do termo.

A imagem de culto não é divindade, mas *indica* a sua presença. Jamais se dirá "isso é o Cristo" ou "isso representa Cristo". A arte é apenas *um meio*, pressentimento de uma presença, o invisível no visível.

Essa imagem, didaticamente, apresenta-se com poucas e fortes formas e cores. Evitará se parecer muito com os detalhes do corpo humano; sugere. Assim:

- a imagem de culto tem autoridade em si mesma. É *kerigma*. Manifesta que Deus existe. Anuncia!
- a imagem de culto está em relação com o mistério celebrado, com o sacramento, com a realidade objetiva da Igreja.

Imagem de devoção

Sobre a imagem de devoção:

- parte do interior da comunidade crente, do povo, da época, suas correntes e movimentos, da experiência subjetiva daquele que crê e vive a fé. Na realidade, "da luta" do humano com o divino;
- a imagem de devoção surge da imanência, da interioridade psicológica (e não da interioridade de Deus);

Cuidado: estamos acostumados erradamente a comparar o religioso com a interioridade.

- a imagem de devoção não dá expressão à realidade sagrada, mas à realidade experimentada. É o domínio do humano, o homem diante do homem. Quem fala é o homem;
- é a expressão do artista e seu sentimento em relação ao sagrado. Em geral o artista mostra-se um "titã" que pinta bem, que faz uma bela música, que toca o sentimento psíquico e nada além;
- a imagem de devoção não tem autoridade. Eleva o homem acima de si mesmo, numa mesma linha de sensibilidade;
- o artista assina suas obras pintadas, esculpidas com perfeição humana, com paisagens e vestes de sua época;

- diante de uma imagem religiosa, podemos afirmar que é bela. Porém, por ser demasiadamente humana, não podemos dizer que Deus está nela ou é Deus. Simplesmente é uma mulher ou um homem, com vestes estranhas, mas um homem ou mulher. Nada mais. Por essa razão, em geral, tais figuras são reproduzidas em séries, pois o fim é comercial. Onde entra o dinheiro, o sagrado sai.

7. Festas litúrgicas e não litúrgicas da Mãe de Deus no calendário litúrgico

Maria tem um único título (dogma de fé) relativo ao mistério da encarnação, segundo o Concílio de Éfeso, em 11 de outubro de 431: Maria, Mãe de Deus.

Festas litúrgicas

- Maria, Mãe de Deus – 1º de janeiro
- Visitação de Nossa Senhora – 31 de maio
- Nascimento da Mãe de Deus – 8 de setembro
- Concepção da Virgem Imaculada – 8 de dezembro
- Assunção de Maria – 15 de agosto

E tudo o mais onde entra Maria no contexto Evangélico.

Festas não litúrgicas

- Maria, Mãe de Deus – 1º de janeiro
- Visitação de Nossa Senhora – 31 de maio
- Coração Imaculado de Maria – após a festa do Sagrado Coração
- Nossa Senhora do Carmo – 16 de julho
- Nossa Senhora da Conceição Aparecida – 12 de outubro
- Nossa Senhora de Guadalupe – 12 de dezembro
- Nossa Senhora do Rosário – 7 de outubro
- Nossa Senhora de Fátima – 13 de maio
- Nossa Senhora Rainha – 22 de agosto
- Nossa Senhora de Lourdes – 11 de fevereiro
- Nossa Senhora das Dores – 15 de setembro

Além dessas, há um infindável número de comemorações, segundo os títulos populares e regionais.

8. Tipologias da Virgem Maria

Nova Eva, Judite, Rainha Ester, Sede de Sabedoria, Esposa do Cristo, Imagem da Igreja, Sarça Ardente...

9. Comentários de paramentos, mitras, símbolos, cantos, orações, vestes... marianos nas celebrações litúrgicas

O nosso tempo, 50 anos após o Concílio Vaticano II, quando muito se fala de secularização, inculturação e substitui-se muito a espiritualidade por ideologias e pela mída em geral, apresenta uma linguagem na qual Deus não entra, criando um egocentrismo ao extremo e a eficiência técnica desenvolve um mundo onde não se comunica com o invisível (diferenciar o ser religioso do paranoico) e, ainda mais, as Liturgias têm só preocupações de teatro, espetáculos, cópias televisivas... A Liturgia é cada vez mais folclore ou expressão de sentimentos carismáticos pentecostais com predominância do espírito subjetivo, e não de "pertença a um corpo", onde se inventa o que se quer além dos fins comerciais; fica claro: a Liturgia, a celebração do mistério pascal do Senhor é ignorada, não é mais o centro da vida da Igreja, não é mais a fonte e o cume de onde decorre toda a sua ação. Pequenos exemplos:

– Casulas, mitras, estolas com imagens de Nossa Senhora, Santo Antônio, Pai Eterno... elementos que não são do mistério pascal celebrado. É evidente que não devem entrar no espaço celebrativo.

Quem usa tais elementos ignora que, na ação litúrgica, como o batismo, a veste tem o significado de "revestir-se do Cristo", o Novo.

Não me revisto de Nossa Senhora, e, menos ainda, de qualquer padroeiro. Quanto exagero!

– Imagens (escultura) são uma antiga tradição romana de enaltecimento de *personalismos*. Ao enaltecer esse ou aquele santo de uma cidade ou região e elevar a figura de Maria acima do contexto bíblico de seu Filho, ou ainda enaltecer a figura de um fundador de Congregação etc., fica claro que o mistério do Cristo perde seu centralismo e passa a ter um aspecto decorativo no conjunto da celebração. A missa passa a ser um pretexto para outros interesses, como: Campanha da Fraternidade, data de fundação de alguma coisa etc;

– Cantos, a música, como a arte em geral, são extensão do mistério celebrado, e não pequenas operetas ou hinos dissonantes no contexto da celebração. Por exemplo, será um desastre quando o canto de entrada ou de comunhão for um hino de Nossa Senhora só porque, nesse dia, comemora-se sua data. O "canto de entrada" é um canto de elevação, de subida ao monte Sião que é Cristo, razão de nos reunirmos.

10. Qual o lugar de Maria, no espaço celebrativo, tanto no Oriente como no Ocidente?

Sua posição e postura não só se diferenciam, mas também chegam até a divergir. Embora a figura de Maria esteja implicitamente presente, pelo mistério da encarnação, temos enfoques diversos nessas Igrejas.

No Oriente, Maria está presente (por meio do ícone e jamais de escultura) com a figura do Salvador (Cristo *Pantocrator*), um à direita e outro à esquerda da Porta Real, no centro da *Iconostase*. Refere-se Maria não só à Nova Eva, como Cristo ao Novo Adão, mas, igualmente, ao Rei e à Imperatriz no Reino de Deus e, ainda, faz uma alusão àquela que com seu *fiat* abre-nos as portas do Paraíso, como ao Cristo, a porta do Paraíso.

A figura de Maria sempre *carrega* (*téo-tokos*) o Menino Deus e jamais é apresentada só. Ela, sem Ele, não existe. Maria aparece em vários momentos evangélicos (Anunciação, Visitação, Natividade, Apresentação do Senhor no Templo, Bodas de Caná, Crucifixão...), mas jamais como uma "deusa", isolada do contexto.

No Ocidente, fruto de um milênio de devocionismo, ela aparece como auxílio dos cristãos, como intercessora, lá onde não se celebra mais o mistério pascal como a vida de seu povo, mas como "coisas tão somente do clero", coisas de rubricas e leis impostas ou censuradas por Roma.

Esse pensamento permaneceu até antes do Vaticano II, embora ainda hoje...

Assim sendo, ainda estamos no Ocidente, acostumados a ter imagens-bonequinhas (em geral, esculturas) no centro do retábulo, no espaço celebrativo, e não consideramos o altar, o ambão, a sédia, a cruz como sacramentais, em que o protagonista, o Ressuscitado, celebra em seu corpo místico, a Igreja.

Hoje, 50 anos após o Vaticano II, compreendemos que a figura de Maria pode estar próxima do espaço celebrativo, isso, se não quisermos aprender a lição da Igreja Oriental. Note-se bem: as igrejas anteriores ao Vaticano II devem permanecer, tal e qual, como foram concebidas.

C. Pastro

Aparecida, 3 de junho de 2016
Academia Marial